El Cuerpo
ASTRAL

y otros fenómenos astrales

Arturo E. Powell

editorial Sirio, s.a.

© de la presente edición
   EDITORIAL SIRIO, S.A.
   C/ Panaderos, 9
   29005-Málaga
   E-Mail: edsirio@vnet.es

Ed. Sirio Argentina
C/ Castillo, 540
1414-Buenos Aires (Argentina)

I.S.B.N.: 84-7808-314-6
Depósito Legal: B-22.117-2000

Impreso en los talleres gráficos de Romanya/Valls
Verdaguer 1, 08786-Capellades (Barcelona)

Printed in Spain

Conocer al hombre es conocer a Dios.
Conocer a Dios es conocer al hombre.
Estudiar el Universo es estudiar a Dios
y al hombre; porque el Universo es
la expresión del pensamiento divino
y el Universo se refleja en el hombre.
El conocimiento es necesario únicamente
para que el Ser se libere y pueda
conocer a Sí Mismo.

ANNIE BESANT

Introducción

Este libro tiene como objetivo presentar a los estudiantes de Teosofía una síntesis detallada de todo el conocimiento del que disponemos en la actualidad en lo relativo al Cuerpo Astral del hombre, ofreciendo a la vez la descripción y explicación del mundo astral y de sus correspondientes fenómenos. Por ello, esta obra pretende ser la continuación natural de otra que, con el título de: "EL DOBLE ETÉRICO Y LOS FENÓMENOS DEL MISMO", vio la luz en julio de 1944.

Como ya ocurría en el caso de la mencionada publicación, se ha recopilado el material a partir de numerosas obras, que presentamos en una lista aparte. Hemos ordenado este material (que abarca un campo muy amplio y extraordinariamente complejo) del modo más metódico posible. Confiamos en que, gracias a este libro, los estudiosos de estas cuestiones, presentes y futuros, ahorren trabajo y tiempo, ya que en él podrán encontrar toda la información concentrada en un volumen de relativamente pocas páginas.

Con objeto de que la obra no resultara demasiado extensa y, a la vez, cumpliera el objetivo deseado, se ha adoptado como plan general la exposición de los principios subyacentes en los fenómenos astrales, prescindiendo de ejemplos o casos particulares. Los conferenciantes que deseen ilustraciones concretas de los principios que enunciamos, podrán hallarlos en las obras que hemos utilizado para esta recopilación, para lo cual adjuntamos la lista ordenada alfabéticamente al final de esta obra.

Asimismo, en la medida en que la complejidad y ramificaciones del tema lo permiten, el método que hemos adoptado consiste en exponer en primer lugar el aspecto *forma*, y a continuación, el aspecto *vía*; es decir, comenzamos describiendo el mecanismo objetivo del fenómeno, y luego las actividades de conciencia expresadas por medio de dicho mecanismo. Teniendo esto en cuenta, el estudiante no debe sorprenderse si encuentra pasajes que aparentemente puedan parecer repeticiones, pero que en realidad son descripciones de un mismo fenómeno: en primer lugar, desde el punto de vista de la forma material externa y a continuación, desde el punto de vista del Espíritu o conciencia.

Esperamos que este volumen se pueda completar con otros similares, que se ocupen de los Cuerpos Mental y Causal del hombre, recopilando de esta manera todo el conocimiento disponible en lo referente a la constitución del ser humano.

Contamos con una gran cantidad de material sobre estos temas, que por desgracia se encuentra dispersa en numerosos libros que posiblemente no estén al alcance de todos. Por lo tanto, estamos convencidos de que al poner todo ese material a disposición de estudiantes con limitaciones de tiempo, estamos cubriendo una auténtica necesidad.

Estudiar la humanidad de manera adecuada es estudiar al hombre; el tema es tan complejo, tan apasionante y tan importante que consideramos un gran servicio intentar poner al alcance de todos los que sueñan con tal conocimiento la totalidad del material recopilado hasta el momento presente.

Capítulo I

Descripción general

Antes de comenzar el análisis detallado del cuerpo astral y de los fenómenos relacionados con el mismo, conviene presentar un breve planteamiento de la extensión de los puntos que pretendemos tratar. De este modo, intentamos ofrecer una adecuada perspectiva del tema general y de la interdependencia existente entre las distintas partes del mismo.

El cuerpo astral del hombre es un vehículo que, para la visión clarividente, no parece ser muy distinto del físico; está rodeado por un aura de colores brillantes y se compone de materia mucho más fina y sutil que la física. Es el vehículo mediante el cual el hombre expresa sus sentimientos, pasiones, deseos y emociones, sirviendo, además, de puente y medio de transmisión entre el cerebro físico y la mente, la cual actúa en un vehículo de orden superior, denominado cuerpo mental.

Pese a que todos los seres humanos disponen de un cuerpo astral y hacen uso de él, muy pocos son conscientes de su existencia, y aún menos son capaces de regularlo y actuar en él de un modo plenamente consciente. Para la inmensa mayoría, se trata de una masa amorfa de materia astral, cuyos movimientos y actividades no se encuentran aún bajo el dominio del hombre real, o sea, del Ego. En algunas personas, sin embargo, el cuerpo astral es un vehículo bien desarrollado y perfectamente organizado, que tiene vida propia y que proporciona a su poseedor útiles y variados poderes.

El hombre falto de desarrollo, mientras duerme físicamente, vive una existencia vaga y soñolienta en su cuerpo astral relativamente primitivo. Cuando despierta, no es capaz de recordar apenas nada de su vida durante el sueño.

Por el contrario, durante el sueño de su cuerpo físico, la vida del hombre desarrollado en el cuerpo astral es activa, interesante y útil. En determinadas circunstancias, puede ocurrir que dicha vida aparezca como un recuerdo en el cerebro físico. De este modo, la existencia de tales personas deja de ser una sucesión de días de conciencia despierta y noches de olvido, para convertirse en una vida en permanente conciencia, sin solución de continuidad que oscile entre el plano o mundo físico y el astral.

Uno de los primeros puntos que aprende el hombre cuando actúa en el cuerpo astral es a ir de un lado para otro. Ese cuerpo posee un gran dinamismo, pudiendo desplazarse a grandes distancias del cuerpo físico, mientras éste permanece dormido. La comprensión de este fenómeno arroja mucha luz sobre un elevado número de fenómenos de los llamados «ocultos», tales como «apariciones» de diversa índole, conocimiento de lugares nunca visitados físicamente, etc.

Teniendo en cuenta que el cuerpo astral es propiamente el vehículo de los sentimientos y emociones, el conocimiento de su composición y de su forma de actuar es de gran utilidad para comprender diversos aspectos de la psicología humana, tanto individual como colectiva. Por otro lado, aporta una explicación bastante sencilla del mecanismo de numerosos fenómenos revelados por el moderno psicoanálisis.

Para comprender la vida a la que pasan los seres humanos al morir su cuerpo físico, es esencial entender con claridad la estructura y naturaleza del cuerpo astral y sus posibilidades y limitaciones. A medida que se conoce la naturaleza del cuerpo y del mundo astrales se pueden clasificar y comprender los distintos «infiernos», «cielos», y purgatorios en los que creen los seguidores de la mayor parte de las religiones.

El estudio del cuerpo astral también es de gran utilidad para comprender muchos de los fenómenos que ocurren en las sesiones espiritistas, así como determinados métodos físicos y no físicos de curar enfermedades. Aquellos que estén interesados en la llamada cuarta dimensión hallarán la confirmación de muchas de las teorías formuladas a partir de las matemáticas y de la geometría en el estudio de los fenómenos del mundo astral, tal como aparecen descritos por quienes lo han observado.

Por consiguiente, creemos que el estudio del cuerpo astral del hombre nos abre un campo inmenso y amplía extraordinariamente el concepto de la vida, que en nuestros días se contempla desde un punto de vista casi exclusivamente físico y se interpreta bajo este mismo prisma. A medida que avancemos en nuestros estudios, nos daremos cuenta de que los sentidos físicos, aun siendo valiosos, de ninguna manera suponen el límite de lo que el hombre puede aprender en mundos más sutiles, gracias a los vehículos de conciencia que posee. El despertar de las facultades astrales descubre un mundo nuevo dentro del viejo. Una vez que el ser humano es capaz de entender correctamente el significado del nuevo, logra una perspectiva más amplia de su propia vida y de toda la Naturaleza, y es plenamente consciente de las posibilidades casi ilimitadas que subyacen en sí mismo. Con el tiempo y de manera inevitable, gracias a este conocimiento aparecerá en el hombre el anhelo –y más tarde, la firme decisión– de conocer esos mundos y de conocerse a sí mismo, de dominar su destino terrenal y llegar a ser un cooperador inteligente de lo qucon propiedad se ha dado en llamar la Suprema Voluntad en Evolución.

A continuación, pasaremos a estudiar en profundidad elcuerpo astral y muchos fenómenos astrales íntimamente relacionados con el mismo.

Capítulo 2

Composición
y estructura

*a materia astral se clasifica en siete grados u órdenes de finura, que se corresponden con los siete grados de materia física conocidos como sólido, líquido, gaseoso, etérico, superetérico, subatómico y atómico. Dichos estados de la materia astral no han recibido hasta ahora sus propios nombres, de modo que por lo general se les distingue por el número del grado o subplano, asignándole el primero al más sutil, y el séptimo al de menor finura. Cuando hablamos, por ejemplo, de materia astral sólida o densa, nos estamos refiriendo a la variedad séptima o más baja; cuando decimos materia astral etérica, se entiende que aludimos al grado cuarto desde arriba y así sucesivamente.

La materia astral interpenetra a la física, por ser más sutil que ésta. Por tanto, todo átomo físico flota envuelto en un mar de materia astral, que llena todos los intersticios de la materia física. Es de todos conocido que, incluso en la sustancia más dura y densa, no hay dos átomos que se toquen; el espacio existente entre dos átomos adyacentes es mucho mayor que los propios átomos. Desde hace algún tiempo, la ciencia física ortodoxa viene sosteniendo la hipótesis de un éter que interpenetra a todas las sustancias conocidas, desde el sólido más denso hasta el gas más enrarecido. De la misma manera que este éter circula con absoluta libertad entre las partículas de la materia más densa, así también la materia astral interpenetra al éter y se mueve libremente entre las partículas del mismo. En consecuencia, un ser que habite en el mundo astral puede ocupar el mismo espacio de un ser viviente en el mundo físico, sin ser conscientes de la existencia el uno del otro y sin obstaculizar sus movimientos. El estudiante deberá familiarizarse con este concepto básico, puesto que si no lo entiende con total claridad, no podrá comprender un gran número de fenómenos astrales.

El principio de interpenetración nos permite comprender perfectamente que los diferentes planos de la Naturaleza no están separados en el espacio, sino que existen a nuestro alrededor en este preciso instante, de tal modo que para percibirlos e investigarlos no es preciso trasladarse en el espacio: únicamente hemos de desarrollar en nosotros los sentidos a través de los cuales seremos capaces de percibirlos. Por lo tanto, el mundo o plano astral no es un lugar, sino una condición de la naturaleza.

Es importante observar que no se puede desintegrar un átomo físico y reducirlo directamente a átomos astrales. Si la fuerza que hace girar a los aproximadamente catorce mil millones de «burbujas» en un ulterior átomo físico, se hace volver al umbral del plano astral mediante un esfuerzo de nuestra voluntad, el átomo desaparece dejando en libertad a las «burbujas». Esta misma fuerza, al actuar más tarde en un nivel superior, no se manifiesta en un átomo astral, sino en un grupo de cuarenta y nueve de dichos átomos.

Similar relación –representada por el número 49–, existe entre los átomos de cualquiera de dos planos contiguos de la naturaleza. De este modo, un átomo astral contiene 495 o 282.475.249 «burbujas», mientras que un átomo mental posee 494 «burbujas» y así sucesivamente. Hay razones que nos inducen a creer que los electrones son átomos astrales. Los físicos afirman que un átomo químico de hidrógeno probablemente contiene entre 700 y 1.000 electrones. La investigación ocultista declara que el átomo químico de hidrógeno abarca 882 átomos astrales. No parece probable que esto se deba a una simple coincidencia.

Hemos de observar que los átomos físicos ultérrimos son de dos tipos: masculinos y femeninos. En los masculinos, la fuerza proviene del mundo astral, atraviesa el átomo y entra en el mundo físico; en los femeninos, la fuerza procede del mundo físico, pasa por el átomo y se dirige al mundo astral, desapareciendo de esta manera del mundo físico.

La materia astral se corresponde con sospechosa exactitud a la materia física que interpenetra; cada variedad de materia física atrae materia astral de la correspondiente densidad. La materia física sólida interpenetrada por la materia astral que denominamos sólida; la materia física líquida lo está por la astral líquida; es decir, la materia astral del sexto subplano. De manera similar, la gaseosa y los cuatro grados de materia etérica están interpenetradas por materia astral del grado correspondiente.

Del mismo modo que es indispensable que el cuerpo físico contenga en su constitución materia física de todo tipo (sólida, líquida, gaseosa, y etérica), igualmente es imprescindible que el cuerpo astral contenga partículas de los siete subplanos astrales, aunque por supuesto, las proporciones varían enormemente en los distintos casos. Dado que el cuerpo astral del hombre está compuesto por materia de los siete grados, puede experimentar todas las variedades de deseos, emociones y sentimientos posibles, desde los más elevados hasta los más ruines. Esta peculiar capacidad de responder de la materia astral permite que el cuerpo astral sirva de envoltura. Mediante ella, el Ego puede adquirir experiencia a base de *sensaciones*.

Aparte de la materia astral ordinaria, en la composición del cuerpo astral humano aparece lo que conocemos como Tercer Reino Elemental, o simplemente, Esencia Elemental del plano astral. Ésta constituye lo que se denomina el «Elemental-Deseo», del cual vamos a ocuparnos más ampliamente.

La esencia elemental astral está formada por materia de los seis subplanos inferiores del plano astral, siendo vivificada por la Segunda Emanación de la Segunda Persona de la Trinidad. La materia astral del subplano más elevado o atómico se conoce como Esencia Monádica.

En el caso de un hombre falto de desarrollo, su cuerpo astral es una masa de materia astral difusamente perfilada, nebulosa y mal estructurada, en la que destacan las sustancias de los grados inferiores. Dicho cuerpo es tosco, de color oscuro y denso; a menudo tan denso que casi llega a borrar el contorno del cuerpo físico, pudiendo así ceder al estímulo de las pasiones y apetitos. En cuanto al tamaño, se expande en todas direcciones hasta veinticinco o treinta centímetros del cuerpo físico.

En el caso de una persona dotada de una moral e intelectualidad medias, el cuerpo astral es considerablemente mayor, extendiéndose hasta unos cuarenta y cinco centímetros a ambos lados del cuerpo y está compuesto de una materia más fina y mejor equilibrada. La presencia de materia de los grados más sutiles confiere cierta luminosidad al conjunto, y unos contornos más delimitados y precisos. En una persona desarrollada espiritualmente, el cuerpo astral es aún de mayor tamaño y está constituido por las partículas más finas de cada grado, predominando las de los niveles más elevados.

Sobre los colores de los cuerpos astrales hay mucho que comentar, por lo que les dedicaremos un capítulo aparte. No obstante, debemos anticipar que en personas poco desarrolladas, los colores son toscos y borrosos; pero se van volviendo cada vez más luminosos a medida que el hombre se desarrolla en el plano emocional, mental y espiritual. La propia palabra «astral», heredada de los alquimistas medievales, significa «estelar» y es de suponer que se refiere a la apariencia luminosa de la materia astral.

El cuerpo astral de una persona, –como ya hemos mencionado–, no sólo interpenetra al cuerpo físico, sino que además se expande alrededor del mismo en todas direcciones como si fuera una nube. La parte del cuerpo astral que se extiende más allá de los límites del cuerpo físico generalmente se denomina «aura» astral.

Los sentimientos intensos son los responsables de que se origina un aura extensa. No debemos olvidar que la dilatación del aura es uno de los requisitos para la Iniciación, puesto que las «Cualidades» deben ser visibles en ella. El aura se dilata de manera natural en cada Iniciación. Dicen que el radio del aura de Buda mide más de tres millas.

Teniendo en cuenta que la materia del cuerpo físico siente una fuerte atracción por la del cuerpo astral, es natural que la mayor parte (alrededor del 99%) de las partículas astrales estén comprimidas dentro del perímetro del cuerpo físico; el uno por ciento restante completa lo que queda del ovoide y constituye el aura.

Por lo tanto, la porción central del cuerpo astral adquiere exactamente misma forma del físico; de hecho, es muy sólida y precisa y se distingue con nitidez del aura que lo circunda. Suele denominarse la *contraparte* astral del cuerpo físico. Pese a ello, la correspondencia exacta del cuerpo astral con el físico se da únicamente en lo referente a la forma externa, y no implica ninguna similitud de funciones de los diversos órganos, como veremos claramente al tratar el tema de los Chakras o Centros.

Tanto el cuerpo físico del hombre como cualquier objeto físico, poseen materia astral del grado correspondiente en asociación permanente, la cual únicamente se desprende mediante una considerable fuerza oculta; incluso en este caso, la separación sólo dura mientras se esté ejerciendo esa fuerza. En otras palabras, cualquier objeto físico tiene su contraparte astral; sin embargo, no hay asociación permanente entre las partículas físicas y la porción de materia astral que, en un momento dado, actúa como contraparte de las mismas, porque las partículas astrales están en continuo movimiento, al igual que las de un líquido.

Por lo general, la porción astral de un objeto tiene cierta proyección sobre la superficie física; por eso, los metales, las piedras, etc. están rodeados de un aura astral.

Si se le amputa algún miembro al cuerpo físico del hombre, la coherencia de la materia astral viva es más intensa que la atracción de la parte física amputada. En consecuencia, la contraparte astral no acompaña al miembro físico. La parte astral habrá adquirido la costumbre de mantener la forma propia del miembro amputado, por lo que seguirá conservándola, pero en seguida se ajustará a los los límites de la zona lesionada. El mismo fenómeno tiene lugar cuando a un árbol se le corta una de sus ramas. Sin embargo, si se trata de un objeto inanimado, como puede ser una silla o una palangana, no existe vida individual que conserve la cohesión. Por consiguiente, si un objeto físico se rompe, también se fragmenta su contraparte astral.

Totalmente al margen de los siete grados de materia astral por orden de finura, existe otra clasificación completamente distinta, es decir, según el *tipo*. En la literatura teosófica el grado de finura se suele designar como división *horizontal*, y el *tipo* como división *vertical*. Los tipos son siete y están absolutamente entremezclados, constituyendo la atmósfera. Cualquier cuerpo astral contiene material de los siete tipos; sus proporciones revelan el temperamento del hombre, que puede ser devocional o filosófico, artístico o científico, pragmático o místico.

El conjunto de la porción astral de la Tierra y de los planetas físicos, junto con los planetas puramente astrales de nuestro sistema, componen el cuerpo astral de nuestro Logos solar, hecho que confirma que el antiguo concepto panteísta era cierto.

Análogamente, cada uno de los siete tipos de materia astral considerados en su conjunto son, en cierta medida, un vehículo separado, pudiéndosele considerar también como el cuerpo astral de una Deidad subsidiaria, la cual es, al propio tiempo, un aspecto de la Deidad, una especie de *nódulo* o centro de fuerza en Ella. Por eso, el más leve pensamiento, movimiento o alteración de cualquier tipo en la Deidad subsidiaria se ve reflejado instantáneamente, de una manera u otra, en toda la materia del tipo correspondiente. Estos cambios psíquicos tienen lugar periódicamente; tal vez se correspondan con la inspiración y la espiración, o con los latidos de nuestro corazón en el plano físico. Se ha observado que los movimientos de los planetas físicos ofrecen una pista sobre la operación de influencias ocasionadas por dichos cambios; esa es la justificación de la ciencia astrológica. De ahí se deduce también que tales alteraciones afectan a cada ser humano, proporcionalmente a la cantidad de materia del correspondiente tipo que posea su cuerpo astral. Así, un determinado cambio afectará a las emociones, a la mente, o a ambos; otro, puede aumentar la excitación y la irritabilidad nerviosa, y así sucesivamente. Esta proporción es la que determina en los seres humanos, los animales, plantas o minerales, determinadas características básicas, que son inalterables y que, a veces, se llaman su Tónica, Color o Rayo.

Seguir esta línea de ideas nos llevaría mucho más allá del objeto de este libro, por lo que recomendamos que los estudiantes interesados consulten la obra: «EL LADO OCULTO DE LAS COSAS», Tomo I.

Cada tipo de materia astral se compone de siete subtipos, es decir, cuarenta y nueve en total.

Cada tipo o Rayo es permanente durante un periodo planetario completo; de modo que una esencia elemental del tipo A dará vida, en su debido momento, a minerales, plantas y animales del tipo A, y de ella surgirán asimismo seres humanos del mencionado tipo.

El cuerpo astral se va consumiendo de manera lenta y constante, justamente del mismo modo que el físico. En vez de reponerlo por el proceso de alimentación y digestión, las partículas perdidas son sustituidas por otras de la atmósfera que nos rodea. Sin embargo, el sentimiento de individualidad se va transmitiendo a las nuevas partículas a medida que aparecen. Asimismo, la esencia elemental, –contenida en el cuerpo astral de todo ser humano–, se siente a sí misma como una especie de entidad separada y actúa según lo que considera de su propio interés.

Capítulo 3

Colores

Para la visión clarividente, una de las características fundamentales del cuerpo astral radica en los colores que aparecen en él continuamente. En materia astral, los colores constituyen la expresión de sentimientos, pasiones y emociones y se corresponden con ellos.

En cada uno de los planos más elevados de la naturaleza se dan todos los colores conocidos e incluso otros que en la actualidad todavía se desconocen; pero a medida que ascendemos de uno al otro se nos presentan como más delicados y luminosos, de modo que se puede decir que son octavas de color más altas. Como no podemos representar en el papel los colores de las octavas más altas, es preciso tener en cuenta este detalle al analizar los ejemplos que presentamos a continuación.

La siguiente lista es una relación de los colores principales y de las emociones que expresan:

Negro: en nubes densas: odio y maldad.

Rojo: destellos de rojo intenso, por lo general sobre fondo negro: ira.

Una nube escarlata: Irritación.

Escarlata brillante: en el fondo corriente del aura: «Noble indignación».

Rojo cárdeno y sanguíneo: sin lugar a dudas, aunque no es fácil de describir: Sensualidad.

Marrón-grisáceo: un marrón-gris opaco y oscuro: Egoísmo.

Marrón-rojizo: opaco, casi el color del óxido: Avaricia. Generalmente, se halla dispuesto en franjas paralelas a través del cuerpo astral.

Marrón verdoso: iluminado por chispas de rojo oscuro o escarlata: Celos. El hombre corriente suele contener mucho de este color cuando está «enamorado».

Gris: espeso, plomizo: Depresión. Como en el caso del marrón-rojizo de la avaricia, el color gris está distribuido en bandas paralelas, asemejándose a una jaula.

Carmesí: opaco y pesado: Amor egoísta.

Color rosado: Amor desinteresado. Cuando el color es asombrosamente brillante y tiene matices de lila: Amor espiritual hacia la humanidad.

Anaranjado: Orgullo o ambición. Frecuentemente, con irritación.

Amarillo: Intelecto. Varía desde el color profundo y opaco, pasando por el dorado brillante, hasta limón claro y luminoso o amarillo verdoso claro. El *amarillo ocre opaco* indica que la inteligencia se rige por intereses egoístas. El *amarillo índigo,* implica tipo muy elevado; el *amarillo verdoso claro* se relaciona con un intelecto consagrado a fines espirituales; el *dorado,* indica puro intelecto, dedicado a la filosofía o a las matemáticas.

Verde: En general, su significado puede variar mucho y es preciso estudiarlo para poder interpretarlo correctamente; en términos generales, indica adaptabilidad. *Gris verdoso,* de aspecto cenagoso: Engaño y astucia. *Verde esmeralda:* Versatilidad, ingenuidad y habilidad, aplicadas de manera desinteresada. *Azul-verde luminoso, pálido:* Profunda simpatía y compasión, con la capacidad de total adaptabilidad que únicamente ellas pueden dar. *Verde manzana brillante:* acompaña siempre a una fuerte vitalidad.

Azul: Oscuro y limpio: Sentimiento religioso. Suele aparecer con matices de otras tonalidades, desde el índigo o un hermoso violeta oscuro, hasta el gris-azul barro. *Azul claro*: Dedicación a un noble ideal espiritual; el matiz *violeta* representa mezcla de afecto y de devoción. *Lila-azul luminoso,* acompañado por lo general de resplandecientes estrellas doradas: La espiritualidad más elevada, con exaltadas aspiraciones espirituales.

Ultravioleta: Desarrollo más elevado y puro de las facultades psíquicas.

Ultrarrojo: Facultades psíquicas inferiores de seres que trabajan con formas malvadas y egoístas de magia.

El gozo se trasluce en la luminosidad y radiación generales, tanto del cuerpo mental como del astral, y en la particular ondulación de la superficie corporal. La jovialidad se manifiesta en forma de burbujas y también en una serenidad estable.

La sorpresa se hace patente en una repentina contracción del cuerpo mental, que por lo general se transmite al astral y al físico, junto con una mayor intensidad del brillo de la banda del afecto, en caso de que la sorpresa sea agradable; si es desagradable, el marrón y el gris se vuelven más intensos. La contracción a veces produce una sensación desagradable, que suele afectar al plexo solar, provocando desmayo o enfermedad; en otras ocasiones, afecta al centro cardiaco, produciendo palpitaciones e incluso la muerte.

Hemos de tener en cuenta que, como las emociones humanas casi siempre están mezcladas, lo normal es que tales colores aparezcan mezclados y raramente son colores completamente puros. Por eso, la pureza de muchos colores aparece empañada por el denso marrón-gris del egoísmo, o matizada por el anaranjado intenso del orgullo.

A la hora de interpretar el significado de los colores, debemos tener presentes otros puntos; por ejemplo, el brillo general del cuerpo astral, la relativa precisión o imprecisión de los contornos, la brillantez relativa de los distintos centros de fuerza (véase Cap. V).

El amarillo del intelecto, el rosa de los afectos y el azul de la devoción religiosa se hallan siempre en la parte superior del cuerpo astral; los colores del egoísmo, la avaricia, el engaño y el odio se encuentran en la parte inferior; la masa del sentimiento sensual suele flotar entre estas dos zonas.

De ello se deduce que, en el hombre carente de desarrollo, la porción inferior del ovoide tiende a ser mayor que la superior, de modo que el cuerpo astral posee la apariencia de un huevo con la parte más estrecha arriba. En el hombre más desarrollado sucede lo contrario: la parte más estrecha está abajo. Siempre se produce una tendencia hacia la simetría, la cual se alcanza gradualmente; así pues, tales apariencias son sólo temporales.

Cada cualidad se manifiesta en un color y posee su propio tipo especial de materia astral. La posición de tales colores en el cuerpo astral depende de la gravedad específica de los respectivos grados. El principio general es que las cualidades malignas o egoístas se expresan en vibraciones relativamente lentas de materia más grosera, mientras que las buenas y abnegadas se manifiestan en materia más fina.

Por suerte para nosotros, si esto es así, las emociones positivas duran más tiempo que las negativas; el efecto del amor intenso o de la devoción se mantienen en el cuerpo astral hasta mucho después de haber olvidado el hecho que los provocó.

Aunque no sea corriente, es posible que ocurran simultáneamente y con fuerza dos grados de vibración en el cuerpo astral; por ejemplo, una de amor y otra de cólera. Los efectos serán paralelos, pero uno se produce a un nivel mucho más alto que el otro. En consecuencia, el primero durará más que el segundo.

El afecto y la devoción desinteresados se encuadran dentro del subplano astral más elevado (el atómico) y se reflejan en la materia del grado correspondiente del plano mental; por tal motivo, llegan al cuerpo causal (mental superior), no al mental inferior. Este es un punto primordial que debe ser tenido muy en cuenta por los estudiantes. Al Ego, que habita en el plano mental superior, sólo le afectan los pensamientos desinteresados. Los pensamientos de orden inferior no influyen en él, estos sólo repercuten en los átomos permanentes.

Como consecuencia de ello, en el cuerpo causal habrá vacíos, pero no colores negativos, correspondientes a los sentimientos y pensamientos más bajos. El egoísmo, por ejemplo, se manifestará como *ausencia* de afecto o de simpatía y cuando sea sustituido por su opuesto, se llenará el vacío existente en el cuerpo causal.

Para poder apreciar la apariencia del cuerpo astral, es preciso tener en cuenta que las partículas que entran en su composición están siempre en movimiento. En la gran mayor parte de los casos, las nubes de color se funden unas en otras, sobreponiéndose mutuamente, a la vez que aparecen y desaparecen. La superficie del vapor luminoso se asemeja ligeramente a la superficie del agua hirviendo. En otras palabras, los distintos colores no permanecen en las mismas posiciones, aunque existe una posición normal a la que tienden a volver.

Recomendamos a los estudiantes interesados la obra: «EL HOMBRE VISIBLE E INVISIBLE», de C. W. Leadbeater y las ilustraciones de la apariencia de los cuerpos astrales:

Lámina VII, Cuerpo Astral del salvaje (pág. 93).
Lámina X, Cuerpo Astral del hombre vulgar (pág. 97).
Lámina XXIII, Cuerpo Astral del hombre evolucionado (pág. 124).

Las características dominantes de los tres tipos ilustrados: el salvaje, el hombre vulgar y el hombre evolucionado, se pueden resumir de la siguiente manera:

Tipo salvaje: En él destacan considerablemente el sensualismo, el engaño, el egoísmo y la codicia; la ira violenta está representada por manchas y salpicaduras de color escarlata opaco; muestra pocos afectos; el intelecto y el sentimiento religioso que aparezcan será del tipo más inferior. El perímetro del cuerpo astral es irregular y los colores borrosos, densos y pesados. Todo el cuerpo aparece a simple vista mal regulado, confuso y desordenado.

El hombre vulgar: El sensualismo, aun siendo menor, es todavía destacado, así como el egoísmo, y aparece cierta capacidad para el engaño con fines personales. El verde, que comienza a dividirse en dos tonalidades distintas, demuestra que la astucia se está transformando progresivamente en adaptabilidad. La ira está todavía marcada; los afectos, el intelecto y la devoción son más evidentes y de calidad superior. En general, los colores están definidos con mayor nitidez y son más brillantes, aunque ninguno sea totalmente puro. El contorno del cuerpo se ve más definido y regular.

El hombre evolucionado: Las cualidades indeseables han desaparecido casi por completo. Atravesando la parte superior del cuerpo aparece una franja de color lila, que indica aspiración espiritual. Una nube de color amarillo brillante de intelecto se encuentra por encima de la cabeza, envolviéndola; por debajo se aprecia una ancha franja del azul de la devoción; a continuación, a través del tronco, se ve una franja aún más ancha del color rosa de los afectos, y en la parte inferior del cuerpo, se encuentra una gran cantidad de verde, indicativo de adaptabilidad y de simpatía.Los colores son brillantes, luminosos, dispuestos en bandas claramente definidas; el contorno del cuerpo está perfectamente delimitado y parece estar bien ordenado y bajo absoluto dominio.

Aunque en esta obra no nos ocuparemos del cuerpo mental, debemos decir que a medida que el hombre progresa, su cuerpo astral se va pareciendo cada vez más al cuerpo mental, hasta que prácticamente se convierte en reflejo de éste en la materia más grosera del plano astral. Lógicamente, esto indica que la mente del hombre domina por completo todos sus deseos, y no es probable que sea arrastrado por impulsos emotivos. No cabe duda de que un hombre así estará sujeto a irritabilidad ocasional y a anhelos indeseables de diversa índole, pero sabe lo suficiente como para reprimir estas bajas pasiones y no caer en ellas.

En una fase más avanzada, el propio cuerpo mental se convierte en un reflejo del cuerpo causal, puesto que entonces, el hombre, aprende a responder únicamente a los impulsos del Ser superior –el Ego–, y son éstos los que guían EXCLUSIVA-MENTE sus razonamientos.

El cuerpo mental y el astral de un Arhat no sólo poseen una coloración característica propia, sino que reproducen los colores del cuerpo causal, en la medida en que las octavas inferiores de dichos cuerpos puedan expresarlos. Son colores extremadamente iridiscentes, con una especie de efecto de madreperla tornasolada, imposible de describir o representar.

Un hombre evolucionado dispone en su cuerpo astral de cinco grados de vibración; el hombre vulgar muestra por lo menos nueve grados, además de presentar mezclas de varios tonos. Muchas personas llegan a tener 50 o 100 grados, de manera que la superficie completa aparece cubierta de infinidad de pequeños remolinos y de corrientes entrecruzadas, todas ellas luchando unas contra otras en alocada confusión. Esto está motivado por emociones y preocupaciones innecesarias; los occidentales suelen presentar esta condición, la cual acarrea que derrochen gran parte de su energía.

Un cuerpo astral vibrando al mismo tiempo de cincuenta maneras distintas no sólo es feo, sino que además representa una grave molestia. Se puede comparar con un cuerpo físico que sufre una parálisis grave, con todos los miembros sacudiéndose simultáneamente en distintas direcciones. Tales efectos astrales son contagiosos y afectan a cualquier persona sensible que se encuentre cerca, la cual siente una dolorosa sensación de inquietud y preocupación. A las personas sensibles les resulta tan incómodo vivir en una gran ciudad o mezclarse con la multitud precisamente porque están rodeados de millones de seres humanos innecesariamente inquietos por todo tipo de torpes deseos y sentimientos. Las perturbaciones astrales constantes pueden llegar a afectar al doble etérico y originar enfermedades nerviosas.

Los centros de inflamación del cuerpo astral se asemejan a los tumores del cuerpo físico: no sólo son tremendamente incómodos, sino también puntos débiles por los que se malgasta la vitalidad. Además, no ofrecen ninguna resistencia efectiva contra las malas influencias, al tiempo que impiden que las buenas sean beneficiosas. Por desgracia, esta condición está muy extendida; el remedio consiste en eliminar las preocupaciones, el temor y los disgustos. El estudiante de ocultismo debe evitar, a toda costa, sentimientos personales que puedan afectarle.

Únicamente los malvados poseen un aura blanca, o relativamente carente de color, pues los colores comienzan a aparecer a medida que se desarrollan las cualidades. El cuerpo astral de un niño a menudo es un hermoso objeto, de colores puros y brillantes, libre de manchas de sensualismo, avaricia, mala voluntad y egoísmo. En él pueden apreciarse los gérmenes latentes y tendencias procedentes de la vida anterior: unos malos y otros buenos. De este modo, se pueden percibir las posibilidades de la vida futura del niño.

El amarillo del intelecto, que se encuentra casi siempre próximo a la cabeza, es el origen del nimbo o gloria que se coloca alrededor de la cabeza de los santos, debido a que éste es el color más destacado de los colores del cuerpo astral y el que con más facilidad percibe la persona que está a punto de desarrollar la clarividencia. En algunas ocasiones, a causa de la extraordinaria actividad del intelecto, el amarillo llega a hacerse visible incluso en la materia física, pudiéndose apreciar a simple vista.

Como ya hemos visto, el cuerpo astral tiene una distribución normal, conforme a la cual tienden a agruparse sus diferentes partes. Sin embargo, un repentino acceso de pasión o de sentimiento puede hacer vibrar momentáneamente la totalidad, o casi la totalidad, de la materia de dicho cuerpo hasta un determinado grado, produciendo así resultados inesperados. En esos casos, toda la materia del cuerpo astral se agita como impulsada por un violento huracán, lo cual origina que los colores se entremezclen durante un cierto tiempo. Ejemplos coloreados de este fenómeno pueden encontrarse en «EL HOMBRE VISIBLE E INVISIBLE» en las siguientes láminas:

Lámina XI. Repentina efusión de afecto (pág. 99).
Lámina XII. Repentina oleada de devoción (pág. 101).
Lámina XIII. Cólera intensa (pág. 103).
Lámina XIV. Acceso de temor (pág. 105).

En el caso de una repentina efusión de afecto, como sucede, por ejemplo, cuando una madre coge a su hijo en brazos y lo cubre de besos, todo el cuerpo astral se agita con fuerza y los colores originales quedan casi oscurecidos durante un tiempo.

El análisis detallado de este fenómeno revela cuatro efectos diferentes:

1- Son visibles determinados remolinos o vórtices de colores vivos, bien definidos, sólidos y que despiden un brillo intenso procedente del interior. Cada remolino es, realmente, una forma mental de afecto intenso, creada en el cuerpo astral y dispuesta a acudir desde dicho cuerpo hasta el objeto que produce el sentimiento. Las nubes de luz intensa en veloz rotación poseen una belleza indescriptible, aunque no son fáciles de representar.

2- Todo el cuerpo astral aparece atravesado por líneas horizontales de una luz carmesí intermitente, aún más difíciles de representar, debido a la velocidad con que se desplazan.

3- Toda la superficie del cuerpo astral está cubierta por una especie de película de color rosado, por medio de la cual todo se ve como a través de un cristal coloreado.

4- Una especie de reflejo carmesí envuelve todo el cuerpo astral, matizando en cierto modo a los restantes colores y condensándose por todas partes en copos flotantes, semejantes a nubes a medio formar.

Este despliegue de vórtices tiene una duración de sólo unos segundos, tras los cuales el cuerpo vuelve a su estado habitual, situándose nuevamente los distintos grados de materia en sus respectivas zonas, en función de su gravedad específica. Sin embargo, cada acceso de sentimiento añade algo de color carmesí a la parte superior del óvalo, facilitando así un poco más la respuesta del cuerpo astral a la próxima efusión de afecto que se produzca.

Análogamente, en las personas que suelen sentir una devoción elevada, la zona de color azul de su cuerpo astral se ensancha muy pronto. Los efectos de tales impulsos son acumulativos y la emisión de intensas radiaciones de amor y gozo ejerce, además, una influencia positiva en los otros.

En una religiosa dedicada a la contemplación, un repentino acceso de devoción transformará el color carmesí en azul y provocará un efecto casi idéntico al que hemos descrito.

En el caso de cólera intensa, se producen unos remolinos o vórtices de espesas y centelleantes masas negras como el hollín, iluminados desde el interior por el brillo cárdeno del odio activo, que oscurecen el trasfondo habitual del cuerpo astral. Todo el cuerpo astral aparece manchado por fragmentos de la misma nube oscura, con flechas de fuego de ira desatada, lanzadas entre chispazos relampagueantes. Estos tremendos chispazos son capaces de penetrar en los cuerpos astrales como si fueran espadas, ocasionando daños a otras personas. En este caso, como en otros, cada arrebato de ira predispone a la materia de todo el cuerpo astral a responder ante tan indeseables vibraciones con más facilidad que antes.

En un inesperado ataque de terror, todo el cuerpo se cubre instantáneamente de una curiosa neblina de color gris pálido, al tiempo que aparecen líneas horizontales del mismo tono, que vibran con una violencia tal que apenas son apreciables como líneas separadas. El efecto es tan horrible que resulta difícil describirlo; durante un cierto tiempo desaparece toda la luz del cuerpo y toda la masa gris se dilata como si fuera gelatina.

La oleada de emoción no afecta de manera considerable al cuerpo mental, aunque temporalmente puede hacer casi imposible que la actividad de dicho cuerpo afecte al cerebro físico, porque el cuerpo astral, que sirve de puente entre el cuerpo mental y el cerebro, está vibrando a un único ritmo incapaz de transmitir ninguna onda que no esté en armonía con el mismo.

Los ejemplos anteriores se refieren a los efectos de ataques repentinos y transitorios de sentimiento. Existen otros efectos semejantes de carácter más permanente, que se producen por determinadas disposiciones y tipos de carácter.

Por ejemplo, cuando un hombre corriente se enamora, su cuerpo astral se transforma tanto, que apenas se puede reconocer como perteneciente a la misma persona. El egoísmo, el engaño y la avaricia desaparecen, mientras que la parte inferior del óvalo muestra un desarrollo considerable de pasiones animales. El verde de la adaptabilidad se sustituye por el marrón verdoso de los celos. Si éstos son intensos, se aparecen en forma de chispazos del color escarlata brillante característico de la cólera. Pero los cambios indeseables son neutralizados por magníficas bandas de color carmesí, que cubren gran parte del óvalo. Durante un tiempo, ésta es la característica más sobresaliente y todo el cuerpo astral resplandece con su luz. Bajo la influencia de esta luz, desaparece la común opacidad del cuerpo astral ordinario; todos los tonos se vuelven brillantes y bien definidos, tanto los positivos como los negativos. Es como una intensificación de la vida en diversos sentidos. El azul de la devoción mejora también en gran medida, e incluso se aprecia un toque violeta pálido en la cúspide del óvalo, indicando capacidad para responder a un ideal auténticamente elevado y desinteresado. Por el contrario, el amarillo del intelecto desaparece casi por completo durante un tiempo.

Quizás, este hecho pueda ser considerado, cínicamente, como característico del enamoramiento.

El cuerpo astral de una persona irritable por lo general muestra una franja ancha de color escarlata como característica dominante; además, todo el cuerpo astral está cubierto de copos flotantes de este mismo color, de una forma parecida a signos de interrogación.

En el caso de un avaro, el egoísmo, la avaricia, el engaño y la adaptabilidad están lógicamente intensificados, pero el sensualismo está reducido. El cambio más destacable, sin embargo, se hace patente en una curiosa serie de líneas paralelas horizontales que atraviesan el óvalo, asemejándolo a una jaula. Las barras son de color marrón oscuro, prácticamente como un color siena calcinado.

La avaricia parece poseer el efecto de detener provisionalmente el desarrollo, y es muy difícil desembarazarse de él, una vez que se ha adherido con firmeza.

La depresión profunda origina un efecto de color gris, en lugar de marrón, muy parecido al del avaro. El resultado es extraordinariamente sombrío y deprimente para el que lo observa. Ningún estado emocional es tan contagioso como el sentimiento de depresión.

En el caso de una persona no intelectual, pero decididamente religiosa, el cuerpo astral adquiere un aspecto característico. Un toque de color violeta insinúa la posibilidad de responder a un ideal elevado. El azul de la devoción está excelentemente desarrollado, pero el amarillo del intelecto es poco abundante. Se manifiesta una proporción regular de afecto y de adaptabilidad, pero se ve más sensualismo de lo normal; el engaño y el egoísmo también destacan. Los colores están irregularmente repartidos y se funden mutuamente; el contorno es difuso, lo que simboliza vaguedad en los conceptos devocionales de la persona.

Frecuentemente se asocian el temperamento devocional y el sensualismo extremo, quizás debido a que las personas de este tipo viven sobre todo de sus sentimientos, dejándose regir por ellos, en lugar de intentar regularlos por medio de la razón.

Un hombre de tipo científico presenta un gran contraste. La devoción está completamente ausente; el sensualismo es muy inferior al término medio; pero el intelecto está desarrollado en grado anormal. El afecto y la adaptabilidad son escasos y de baja calidad. Muestra una buena proporción de egoísmo y de avaricia, así como de celos. Un enorme cono de color naranja brillante, en medio del amarillo dorado del intelecto, revela orgullo y ambición en relación al conocimiento adquirido. El hábito científico y ordenado de la mente ocasiona que los colores estén distribuidos en franjas regulares, con líneas de demarcación bien delimitadas y perfectamente marcadas.

Recomendamos la lectura del excelente libro «EL HOMBRE VISIBLE E INVISIBLE», uno de los más valiosos de los muchos escritos por C. W. Leadbeater y del que se han extraído los datos que hemos presentado anteriormente.

Tras haber analizado los colores del cuerpo astral, debemos añadir que los medios de comunicación con los elementales, tan íntimamente asociados al cuerpo astral del hombre, se llevan a cabo por medio de sonidos y colores. Los estudiantes recordarán las oscuras alusiones que se han hecho en repetidas ocasiones a un lenguaje de colores, y el hecho de que en el antiguo Egipto los manuscritos sagrados se escribían en colores y eran castigados con la muerte los errores de copia. Para los elementales, los colores son tan inteligibles como las palabras lo son para los seres humanos.

Capítulo 4

Funciones

n líneas generales, podemos agrupar las funciones del cuerpo astral en tres divisiones:

1- Hacer posibles las sensaciones.
2- Servir de puente entre la mente y la materia física.
3- Actuar como vehículo independiente de conciencia y de acción.

Trataremos estas tres funciones en orden consecutivo. Si analizamos el ser humano en sus «principios», es decir, por su modo de manifestar vida, hallamos los cuatro principios inferiores, a los que con frecuencia se denominan como el «Cuaternario Inferior». Son los siguientes:

Cuerpo físico.
Cuerpo etérico.
Prâna o Vitalidad.
Kâma o Deseo.

El cuarto principio, Kâma, es la vida que se manifiesta en el cuerpo astral y está condicionada por éste. Su característica es el atributo del sentimiento, el cual, en su forma rudimentaria, es sensación y, en su forma compleja, es emoción, con numerosas gradaciones entre las dos. Algunas veces, esto se resume como deseo; lo atraído o rechazado por objetos, según provoquen placer o dolor.

Kâma, por tanto, contiene sentimientos de todo tipo, y se puede definir como naturaleza pasional y emocional. Abarca todos los apetitos animales, tales como: hambre, sed, deseo sexual; todas las pasiones tales como: bajos amores, odio, envidia, celos, etc. Es el deseo de existencia sensible, de experiencia de gozos materiales, «la concupiscencia de la carne, de los ojos, el orgullo de la vida».

Kâma es el bruto que se esconde en cada uno de nosotros, el «simio tigre» de Tennyson, la fuerza que nos mantiene ligados con más fuerza a la tierra, y con las ilusiones de los sentidos, ahoga todos nuestros anhelos más elevados. Es la parte más material de la naturaleza del hombre y la que lo sujeta con más firmeza a la vida terrena. «No es materia constituida molecularmente, menos aún el cuerpo humano, Sthula Sharira, el más grosero de todos nuestros "principios", sino, en realidad, el principio medio, el verdadero centro animal; en la medida en que nuestro cuerpo es tan sólo su envoltura, el factor o instrumento irresponsable, por medio del cual actúa la bestia en nosotros». («LA DOCTRINA SECRETA», tomo I, pp. 456-457).

Kâma, o deseo, se define como el reflejo, o aspecto inferior, de Atma o Voluntad. La diferencia radica en que Voluntad es autodeterminación, mientras que el deseo es impulsado a la actividad a causa de las atracciones o repulsiones de los objetos que nos rodean. Deseo es, por tanto, voluntad derrocada, cautiva, la esclava de la materia.

Ernesto Wood en su esclarecedor libro «LOS SIETE RAYOS», nos ofrece otra definición muy acertada de Kâma: «Kâma comprende todos los deseos. Deseo es el aspecto del amor dirigido hacia afuera, el amor hacia las *cosas* de los tres mundos; mientras que el amor propiamente dicho es amor a la vida, amor a lo divino, y pertenece al Ser Superior o vuelto hacia el interior».

En la presente obra, deseo y emoción aparecerán con frecuencia como términos prácticamente sinónimos. Sin embargo, hablando con propiedad, emoción es el producto de deseo e intelecto. Al cuerpo astral se le denomina, frecuentemente, Kâma Rupa; en algunas ocasiones, en la nomenclatura antigua, se le llamaba Alma Animal.

Al golpear en el cuerpo físico, los impactos desde afuera se transmiten como vibraciones por medio de prâna o vitalidad; pero si Kâma, el principio de sensación, no tradujera las vibraciones en sentimientos, éstos seguirían siendo únicamente vibraciones, simples movimientos en el plano físico. El placer o el dolor sólo se producen cuando las vibraciones llegan hasta el centro astral. Por esa razón, a Kâma, unido a prâna, se le denomina «aliento de vida», el principio vital sensible que se extiende a cada partícula del cuerpo.

Según parece, determinados órganos del cuerpo físico, como el hígado y el bazo, están vinculados específicamente con las actividades de Kâma. En este punto, es preciso recordar que Kâma, o deseo, comienza a hacerse sentir en el reino mineral, en el que se manifiesta como afinidad química.

En el reino vegetal, se halla mucho más desarrollado, y revela mayor capacidad para utilizar materia astral inferior. Los estudiantes de botánica saben que las «simpatías o antipatías», es decir, los deseos se observan mucho mejor en el reino vegetal que en el mineral, y que muchas plantas demuestran un gran ingenio y sagacidad a la hora de lograr sus fines.

A las plantas les afectan los sentimientos que las personas manifiestan hacia ellas y responden rápidamente al cuidado amoroso. Se complacen ante las muestras de admiración y son también capaces de sentir apegos individuales, además de ira y antipatía.

Los animales pueden sentir intensamente los bajos deseos; pero su capacidad para sentir deseos superiores es más reducida. Pese a ello, en casos excepcionales, un animal es capaz de expresar afecto y devoción en grados muy elevados.

En cuanto a la segunda función del cuerpo astral, o sea, la de actuar de puente entre la mente y la materia física, apreciamos que un impacto recibido por los sentidos físicos y transmitido al interior por prâna, se transforma en *sensación* por la acción de los centros sensitivos, situados en Kâma, y es *percibido* por Manas o Mente. Por ello, sin la acción general del cuerpo astral, no existiría conexión entre el mundo exterior y la mente del hombre; no habría relación entre los impactos físicos y la percepción de los mismos por la mente.

Por el contrario, cuando pensamos, ponemos en movimiento nuestra materia mental; las vibraciones generadas de este modo se transmiten a la materia de nuestro cuerpo astral. Ésta afecta a la materia etérica y ésta, por su parte, actúa sobre la materia del cuerpo denso, la materia gris del cerebro.

El cuerpo astral es, por consiguiente, un auténtico puente entre nuestra vida física y la mental; actúa como transmisor de vibraciones, tanto del físico al mental como de éste a aquél, y de hecho se desarrolla gracias al tránsito continuo de vibraciones en ambas direcciones.

En la evolución del cuerpo astral del hombre, se distinguen dos etapas distintas: en primer lugar, este cuerpo se desarrolla como vehículo transmisor a un grado regularmente elevado; más tarde, se desarrolla como cuerpo independiente, en el que el hombre puede funcionar en el plano astral.

En el ser humano, la inteligencia normal del cerebro se produce gracias a la unión de Kâma con Manas, o Mente. Esta unión se designa como Kâma-Manas. H. P. Blavatsky la describe con estas palabras: «Intelecto racional, pero terreno o físico, encerrado y limitado por la materia; por tanto, sujeto a la influencia de esta última»; esto es el yo inferior, el cual, actuando en el plano de ilusión, se imagina que es el Yo real o Ego, y de esta manera cae en lo que la filosofía budista denomina la «herejía de la separatividad».

Otra curiosa definición de Kâma-Manas, o sea, Manas con deseo, es: «Manas mostrando interés por cosas externas».

De paso, debemos hacer notar que para comprender el proceso de la reencarnación es esencial entender con claridad que Kâma-Manas pertenece a la personalidad humana y que actúa en el cerebro físico y por medio de él. Además, es suficiente para demostrar que no puede haber memoria de las vidas anteriores mientras la conciencia no pueda elevarse por encima del mecanismo cerebral. Dicho mecanismo, junto con el de Kâma, se forma de nuevo en cada vida; por lo tanto, no puede tener contacto directo con las vidas anteriores.

Manas, por sí solo, no puede afectar a las moléculas de las células del cerebro físico; pero unido a Kâma, pone en movimiento las moléculas físicas, produciendo así la «conciencia del cerebro», que abarca la memoria y todas las funciones de la mente humana, tal como normalmente la conocemos. No es, sin embargo, Manas Superior, sino Manas Inferior (es decir, materia de los cuatro subplanos inferiores del plano mental), que aparece asociado con Kâma. En la Psicología occidental, este Kâma-Manas se convierte en una parte de lo que en dicho sistema se denomina Mente. Dado que Kâma-Manas constituye el vínculo entre la naturaleza superior y la inferior del hombre, es el campo de batalla a lo largo de la vida. Por otra parte, como veremos más adelante, desempeña un destacado papel en la existencia *post mortem*.

Al ser tan estrecha la asociación de Manas y Kâma, los hindúes dicen que el hombre posee cinco envolturas, una de las cuales sirve para todas las manifestaciones del intelecto activo y del deseo. Estas cinco envolturas son:

1 - Ânandamayakosha, la envoltura de la Beatitud; Buddhi.
2 - Vignânamayakosha, la envoltura discriminatoria; Manas superior.
3 - Manomayakosha, la envoltura del intelecto y deseo; Manas inferior y Kâma.
4 - Prânamayakosha, la envoltura de vitalidad; Prâna.
5 - Ânnamayakosha, la envoltura de alimento; Cuerpo físico denso.

En la clasificación empleada por el Manú, el prânamayakosha y el ânnamayakosha aparecen juntos, y son conocidos como Bhûtâtman o yo elemental, o cuerpo de acción.

El vignânamayakosha y el manomayakosha los denomina como cuerpo de sentimiento, asignándoles el nombre de Jiva. Los define como el cuerpo en el cual el Conocedor, el Kshetragna, se vuelve sensible a los placeres y al dolor.

En sus relaciones externas, el vignânamayakosha y el manomayakosha, en especial este último, están ligados al mundo de los Devas. Se dice que estos últimos han «entrado» en el hombre; la referencia es a divinidades que presiden los elementos. Estas deidades gobernantes originan las sensaciones en el hombre, transformando los contactos externos en sensaciones, o sea, el reconocimiento de contactos desde dentro, lo cual es básicamente acción del Deva. De ahí procede el vínculo con todos estos devas inferiores. Cuando ha conseguido someterlos, hace al hombre dominador en todas las regiones del Universo.

Manas, o mente, al ser incapaz (como se ha dicho antes) de afectar a las partículas groseras del cerebro, proyecta una parte de sí mismo, o sea, el Manas inferior, el cual se recubre de materia astral y, más tarde, con la ayuda de la materia etérica, impregna todo el sistema nervioso del niño antes de su nacimiento. La proyección de Manas se suele denominar su reflejo, su sombra o rayo, y se la conoce también bajo nombres alegóricos. H. P. Blavatsky escribe en su obra LA CLAVE DE LA TEOSOFÍA: «Una vez aprisionada, o encarnada, su esencia (de Manas) se hace doble; es decir, los *rayos* de la eterna Mente divina, considerados como entidades individuales, asumen un doble atributo, el cual es: 1° la mente esencial, inherente, característica que aspira al cielo (Manas superior); 2° la cualidad humana del pensamiento, de reflexión animal, racionalizada a causa de la superioridad del cerebro humano, que se inclina a Kâma (deseo) o Manas inferior».

Manas inferior está así ocupado en el cuaternario, y podemos imaginarlo con una mano sujetando a Kâma, mientras que la otra se aferra al padre, Manas superior. El problema que se plantea y se resuelve en cada encarnación sucesiva, consiste en saber si Manas inferior será totalmente arrastrado por Kâma, separándolo de la Tríada (Atma, Buddhi, Manas), a la que pertenece por naturaleza, o si regresará triunfante a su fuente, cargado con las experiencias de la vida terrenal. Este punto será tratado con más extensión en los capítulos dedicados a *La Vida después de la Muerte.*

Kâma proporciona los elementos animales y pasionales y Manas inferior reflexiona sobre ellos, añadiendo las facultades intelectuales. En el hombre, estos dos principios están entretejidos, y raramente actúan por separado.

A Manas se le puede considerar como la llama, a Kâma y al cerebro físico como la mecha y el combustible que alimenta el fuego. Los Egos de todos los seres humanos, evolucionados o no, poseen la misma esencia y sustancia. Lo que convierte a uno en un gran hombre y a otro en una persona vulgar y torpe es la calidad y constitución del cuerpo físico, y la capacidad del cerebro y del cuerpo para transmitir y expresar la luz del auténtico hombre interno.

Para resumir, diremos que Kâma-Manas es el ser, o yo personal del hombre; Manas inferior le imprime el toque de individualidad, gracias al cual la personalidad se reconoce como «yo». Manas inferior es un rayo del Pensador inmortal, *iluminando* a *la personalidad*. Manas inferior proporciona el último toque de placer a los sentidos y a la naturaleza animal, otorgándoles el poder de anticipación, memoria e imaginación.

Aunque se pueda considerar fuera de lugar introducirse demasiado en el dominio de Manas y del cuerpo mental, a los estudiantes les ayudará saber que el libre albedrío reside en Manas, representante de Mahat, la Mente Universal. En el hombre físico, Manas inferior es el agente del libre albedrío. De Manas procede el sentimiento de libertad, la certeza de que podemos gobernarnos a nosotros mismos y de que la naturaleza superior puede dominar a la inferior. Por tanto, un paso importante en el dominio de uno mismo consiste en identificar a la conciencia con Manas en lugar de con Kâma.

La propia lucha de Manas por afirmar su superioridad es el mejor testimonio de que es libre por naturaleza. La presencia y el poder del Ego permiten al hombre escoger entre ceder a los deseos o renunciar a ellos. A medida que Manas inferior dirige a Kâma, el cuaternario inferior se hace cargo de la posición que le corresponde como subordinado de la Tríada superior (Atma-Buddhi-Manás).

Los principios del hombre se pueden clasificar de la siguiente manera:

$$1-\left\{\begin{array}{l} \text{Atma} \\ \text{Buddhi} \\ \text{Manas Superior} \end{array}\right\} \text{Inmortal}$$

2-   Kâma-Manas   Condicionalmente Inmortal

3- { Prâna / Doble Etérico / Cuerpo denso } Mortal

La tercera función del cuerpo astral, es decir, la de vehículo independiente de conciencia y de acción la trataremos paso a paso en la mayor parte de los siguientes capítulos, dedicándonos a analizar el uso, desarrollo, posibilidades y limitaciones del cuerpo astral. De momento, será suficiente con que enumeremos muy escuetamente los principales usos del cuerpo astral como vehículo independiente de conciencia. A saber:

1 - Durante el período de conciencia normal despierta, es decir, mientras el cerebro físico y los sentidos están despiertos, se pueden poner en acción los poderes de los sentidos astrales. Algunos de ellos son la correspondencia de los sentidos y poderes de acción que posee el cuerpo físico. De estos nos ocuparemos en el capítulo siguiente sobre los Chakras o Centros.

2 - Durante el sueño, o en trance, el cuerpo astral puede separarse del físico denso, vagar y actuar libremente en su propio plano. De esto trataremos en el capítulo dedicado a *Vida de Sueño.*

3 - Se pueden desarrollar los poderes del cuerpo astral para que el hombre sea capaz de abandonar el cuerpo físico y pasar en continuidad de conciencia al cuerpo astral, de una manera consciente e intencionada, en cualquier momento que quiera. De este tema trata el capítulo titulado: *Continuidad de Conciencia.*

4 - Tras la muerte física, la conciencia se recoge en el cuerpo astral; así, la vida puede continuar en ese plano,

variando notablemente en intensidad y duración, lo cual está en función de varios factores. De este aspecto nos ocuparemos en los capítulos sobre: *La Vida después de la Muerte*. La mayor parte de los capítulos restantes de este tratado están destinados a las divisiones de este tema, con sus múltiples ramificaciones.

Capítulo 5

Chakras o centros

La palabra Chakra procede del sánscrito y significa literalmente: rueda o disco giratorio. Se emplea para designar lo que se suele llamar Centros de Fuerza en el hombre. Esos chakras existen en todos los vehículos del ser humano; son puntos de conexión por los que fluye la fuerza de un vehículo a otro. Están estrechamente relacionados con los poderes o sentidos de los distintos vehículos.

Los chakras del cuerpo etérico se describen extensamente en otra obra: «EL DOBLE ETÉRICO», que recomendamos a los estudiantes, puesto que el conocimiento de los chakras etéricos les hará más fácil comprender todo lo relacionado con los chakras astrales.

Los chakras etéricos se localizan en la superficie del doble etérico y comúnmente se designan con el nombre del órgano físico al que corresponden. Son los siguientes:

1 - Chakra de la base de la columna vertebral.
2 - Chakra del ombligo.
3 - Chakra del bazo.
4 - Chakra cardíaco.
5 - Chakra laríngeo.
6 - Chakra entre cejas.
7 - Chakra coronario.

Además, existen tres chakras inferiores, pero éstos son empleados por algunas escuelas de «magia negra», y no nos conciernen de momento.

Los Chakras astrales, que se encuentran a menudo en el interior del cuerpo etérico, son vórtices de cuatro dimensiones (véase Capítulo XVIII), que se extienden en una dirección muy diferente de los del etérico. Por consiguiente, aunque se corresponden con los chakras etéricos, de ningún modo son limítrofes con ellos, aun cuando algún fragmento siempre coincide. Se asignan a los chakras astrales los mismos nombres que a los etéricos. Sus funciones son las que siguen:

1 - *Chakra de la base de la columna vertebral:* Es el asiento del ruego Serpentino, Kundalini; una fuerza existente en todos los planos, a través de la cual se ponen en actividad todos los restantes chakras.
En su origen, el cuerpo astral era una masa casi inerte, poseedora de una conciencia muy vaga, carente de poder y sin un claro conocimiento del mundo que lo rodeaba. Lo primero que sucedió fue el despertar de Kundalini en la esfera astral.

2 - *Chakra del ombligo:* Después de que Kundalini entrara en actividad en el primer Chakra, avanzó hasta el del ombligo y lo vivificó, despertando de este modo el poder de sentir en el cuerpo astral, con una sensibilidad a todo tipo de influencias, pero sin poseer aún nada comparable a la comprensión precisa que resulta de ver y oír.

3 - *Chakra del bazo:* Kundalini se dirigió a continuación hasta el Chakra del bazo, y por medio de éste vitalizó todo el cuerpo astral, dado que una de las funciones de este chakra es absorber prâna, la fuerza vital, que también existe en todos los planos. La vivificación del Chakra del bazo permite que el hombre viaje de manera consciente en su cuerpo astral, aunque sólo tenga una comprensión vaga de lo que encuentra en sus viajes.

4 - *Chakra cardiaco:* Este Chakra permite que el hombre comprenda las vibraciones de otras entidades astrales y simpatice con ellas, pudiendo entender instintivamente los sentimientos de dichas entidades.

5 - *Chakra laríngeo:* Este Chakra otorga al hombre, en el mundo astral, el poder que corresponde al oído en el mundo físico.

6 - *Chakra entre cejas:* Este Chakra concede el poder de apreciar con nitidez la forma y la naturaleza de los objetos astrales, en vez de percibir simplemente su presencia de un modo vago.

Asociado a este Chakra aparece también el poder de agrandar a voluntad las minúsculas partículas físicas o astrales hasta el tamaño deseado, como si se tratara de un microscopio. Este poder permite al investigador ocultista percibir y estudiar moléculas, átomos, etc. No obstante, el perfecto dominio de esta facultad pertenece al cuerpo causal.

El poder de agrandar es uno de los *siddhis* descritos en los libros orientales como «el poder de hacerse a uno mismo grande o pequeño a voluntad». La descripción es acertada, puesto que el método utilizado es el de emplear un mecanismo visual provisional de pequeñez inimaginable. En cambio, el empequeñecimiento de la visión se puede lograr construyendo un mecanismo visual también provisional de enormes dimensiones.

El poder de agrandar es totalmente diferente de la facultad de funcionar en un plano más elevado. Al igual que el poder del astrónomo para observar los planetas y las estrellas, es completamente distinto de poder moverse o funcionar entre ellos.

En muchos aforismos hindúes, se asegura que la meditación en una determinada zona de la lengua, confiere la visión astral. Esta afirmación es un «velo», ya que alude al cuerpo pituitario, situado justamente sobre esa parte de la lengua.

7 - Chakra coronario. Este Chakra redondea y completa la vida astral, dotando al hombre de la perfección de sus facultades. Según parece, funciona de dos formas diferentes. En un tipo de personas, los Chakras sexto y séptimo convergen en el cuerpo pituitario, el cual supone para ellos el único vínculo directo que existe entre el plano físico y los más elevados.

Por el contrario, en otro tipo de personas, el Chakra coronario se ladea o inclina hasta que su vórtice coincide con la glándula pineal, a pesar de que el sexto Chakra se mantiene adherido al cuerpo pituitario. En las personas de este tipo, la glándula pineal se vivifica así y se convierte en la línea de comunicación directa con el mental inferior, sin pasar aparentemente por el plano astral intermedio, como es habitual.

En el cuerpo físico, como es sabido, disponemos de órganos especializados para cada sentido: el ojo para ver, el oido para oír, etc. Sin embargo, en el plano astral no ocurre lo mismo. Las partículas del cuerpo astral están fluyendo y girando continuamente, como el agua hirviendo; por ello, no hay partículas que permanezcan invariablemente en un Chakra. Por el contrario, la totalidad de las partículas del cuerpo astral pasan por todos y cada uno de ellos. Cada Chakra posee la función de despertar cierto poder de reacción en las partículas que pasan por él; un Chakra despierta el poder de ver, otro el de oír, y así sucesivamente.

Por consiguiente, ninguno de los sentidos astrales está propiamente localizado, ni confinado en una parte concreta del cuerpo astral. Es más apropiado decir que todas las partículas de tal cuerpo poseen la capacidad de reaccionar. Por tanto, el hombre que haya desarrollado la visión astral utiliza para ver cualquier porción de materia de esa clase. Por eso, puede ver igual de bien objetos que estén delante, detrás, arriba, abajo o a los lados. Lo mismo sucede con los demás sentidos. En otras palabras, los sentidos astrales están activos en todas las partes del cuerpo humano.

No es fácil describir cómo se transmiten las ideas astralmente, es decir, cuál es el sustituto del lenguaje. El sonido, en el sentido corriente de la palabra, no se da en el plano astral, puesto que ni siquiera es posible en la parte más elevada del plano físico. Tampoco sería correcto afirmar que el lenguaje en el mundo astral es transferencia del pensamiento; lo mejor que podemos hacer es describirlo como transferencia de pensamientos formulados de una forma peculiar.

En el mundo mental, un pensamiento se transmite en un instante a la mente de otro, sin ningún tipo de palabra; en consecuencia, en dicho mundo el lenguaje no tiene ninguna importancia. La comunicación astral se halla, por así decirlo, a medio camino entre la transferencia del pensamiento, en el mundo mental, y el lenguaje de sonidos en el mundo físico; pero aún es preciso formular el pensamiento por medio de las palabras. Para este intercambio se requiere que ambos comunicantes posean un lenguaje común.

Los Chakras astrales y etéricos mantienen una estrecha correspondencia; pero entre unos y otros, e interpenetrándolos de un modo difícil de describir, hay una envoltura o tela de textura apretada, compuesta por una sola capa de átomos físicos muy comprimidos e impregnados de un tipo especial de prâna. La vida divina, que por lo general va desde el cuerpo astral hasta el físico, está sintonizada como para atravesar fácilmente esta cobertura; pero es una barrera infranqueable para todas las fuerzas incapaces de emplear la materia atómica de ambos planos. Esta tela es una protección natural para evitar que se abra prematuramente la comunicación entre los planos, lo cual no haría más que provocar daño.

Esta tela es la que por lo general no nos permite recordar los sueños con claridad; es asimismo la causa de la momentánea inconsciencia que siempre se produce en el momento de la muerte. A no ser por esta protección, el hombre vulgar en cualquier momento podría ser sometido por una entidad astral a una influencia de fuerzas que no podría dominar. Se veía permanentemente sujeto a obsesiones de entidades astrales deseosas de apropiarse de sus vehículos.

Dicha tela se puede dañar de las siguientes maneras:

1 - Un gran *shock* en el cuerpo astral, por ejemplo, un susto repentino puede rasgar este delicado organismo y, como vulgarmente se dice, volver loca a la persona. Un ataque muy fuerte de ira también puede producir ese efecto, al igual que cualquier otra emoción muy intensa de carácter negativo, que producirá una especie de explosión en el cuerpo astral.

2 - El consumo de alcohol o de narcóticos, incluido el tabaco. Estas sustancias contienen elementos que se volatilizan al romperse, pasando algunos de ellos del plano físico al astral. Incluso el té y el café contienen tales elementos, aunque en cantidades infinitesimales, de modo que solamente causan efecto cuando se abusa de ellos durante un tiempo prolongado.

Estos elementos se precipitan por los Chakras en dirección opuesta a la que deberían y al hacerlo inesperadamente, no sólo dañan esa delicada tela, sino que también la destruyen.

Este deterioro o destrucción puede producirse de dos maneras, según el tipo de persona de que se trate y la proporción de dichos elementos contenidos en sus cuerpos astral y etérico.

En un tipo de personas, la precipitación de la materia volátil quema la tela, abriendo así la puerta a toda clase de fuerzas irregulares e influencias perjudiciales. Los así afectados sufren de *delirium tremens*, de obsesión o de locura.

En otra categoría de personas, los elementos volátiles, al fluir a través de la tela, de algún modo, endurecen los átomos, de forma que detienen u obstaculizan la pulsación de los mismos y no pueden ser fortalecidos por la clase particular de prâna que los une a fin de formar la tela. Esto acarrea una especie de endurecimiento de la tela, de modo que, en lugar de pasar demasiada fuerza de un plano a otro, pasa muy poca. Las personas sujetas a este proceso tienen tendencia a desmerecer en sus cualidades, se vuelven materialistas y brutales, pierden sus sentimientos más nobles y la facultad de dominarse a sí mismos.

Todas las impresiones que van de un plano a otro deben pasar exclusivamente por los subplanos atómicos, sean del físico o del astral; pero al producirse el proceso endurecedor contagia no sólo a la materia atómica, sino también a la materia del segundo y del tercer subplano. De ese modo, la única comunicación posible tiene lugar a través de los subplanos inferiores, en los cuales sólo se pueden encontrar influencias desagradables y negativas.

La conciencia del hombre corriente aún no puede utilizar materia atómica pura, ni física ni astral; por lo tanto, no suele tener comunicación consciente posible y a voluntad entre los dos planos. La manera más adecuada de conseguir tal comunicación es purificando los vehículos hasta que la materia atómica en ambos esté totalmente vivificada, de modo que todas las comunicaciones entre los dos atraviesen dicho camino. En ese caso, la tela mantiene su posición y actividad en alto grado, y deja de ser obstáculo para la perfecta comunicación, al tiempo que continúa impidiendo el estrecho contacto con los subplanos inferiores indeseables.

3 - También se puede dañar la tela mediante lo que se llama en términos espiritistas «someterse a desenvolvimiento». Es muy probable (en realidad, es muy común) que una persona tenga sus Chakras astrales bien desarrollados, pudiendo actuar libremente en el plano astral; sin embargo, puede no recordar nada de su vida astral al volver a la conciencia del mundo físico. Sobre este fenómeno y su explicación nos ocuparemos debidamente en el Capítulo dedicado a *Los Sueños*.

Capítulo 6

Kundalini

n nuestra obra EL DOBLE ETÉRICO ofrecemos una descripción de Kundalini haciendo especial hincapié en el cuerpo etérico y en los Chakras del mismo. Ahora nos interesa volver a este punto en relación con el cuerpo astral.

Las tres fuerzas que conocemos como emanadas del Logos son:

1- Fohat, que se manifiesta como electricidad, calor, luz, movimiento, etc.
2- Prâna, que se manifiesta como vitalidad.
3- Kundalini, también conocido como Fuego Serpentino.

Estas tres fuerzas existen en todos los planos de los que tenemos conocimiento. Que sepamos, ninguna de ellas se puede convertir en otra; cada una se mantiene separada y distinta.

En *«La Voz del Silencio»* se denomina a Kundalini «Poder ígneo» y «Madre del Mundo». El primer nombre se debe a que se asemeja al fuego líquido, cuando circula por el cuerpo. Su curso es espiral, como una serpiente enroscada. Se le llama «Madre del Mundo», porque, gracias a él, se pueden vivificar diversos vehículos, para que se nos abran sucesivamente los mundos superiores.

La posición de Kundalini en el cuerpo humano se ubica en el centro situado en la base de la columna vertebral. En un hombre corriente, permanece en ese lugar, dormido y desconocido durante toda la vida. Es mucho mejor que siga dormido hasta que el hombre haya alcanzado el desarrollo moral adecuado; hasta que su voluntad sea lo bastante fuerte como para regularlo, y sus pensamientos sean lo bastante puros como para afrontar el despertar sin riesgos. Nunca se debería experimentar con Kundalini sin contar con instrucciones precisas de algún instructor verdaderamente experto en estas cuestiones, porque los peligros son reales y tremendamente graves. Algunos de ellos son meramente físicos. La circulación no regulada de Kundalini suele producir dolores físicos agudos, y puede rasgar tejidos con facilidad e incluso destruir la vida física. Asimismo puede dañar de modo permanente algunos vehículos superiores al físico.

Un efecto muy generalizado del despertar prematuro de Kundalini es que se precipita hacia abajo, en lugar de hacia arriba, estimulando las pasiones más indeseables. No sólo las excita sino que, además, las intensifica hasta tal punto que es prácticamente imposible que el hombre las resista, por lo que pone en acción una fuerza ante la cual es impotente. Tales individuos se convierten en auténticos sátiros, monstruos de depravación, pues se trata de una fuerza que va más allá de la capacidad de resistencia del ser humano. Posiblemente, llegarán a desarrollar determinados poderes supranormales, pero éstos pertenecen a una clase que los hace entrar en contacto con una evolución de orden inferior, con la cual la humanidad no debería tener intercambios. Para liberarse de tal condición, se puede necesitar más de una encarnación.

Existe una escuela de magia negra que utiliza intencionadamente el mencionado poder de la manera indicada, con objeto de vivificar los Chakras inferiores, que nunca son utilizados por quienes se ciñen a la Buena Ley.

El despertar prematuro de Kundalini origina otras consecuencias desagradables. Lo intensifica todo en la naturaleza del hombre y llega a las cualidades bajas y malignas antes que a las buenas. En el cuerpo mental, se despierta muy pronto la ambición desmedida hasta unos niveles insospechables, probablemente acompañada de un considerable poder intelectual, con un orgullo anormal y satánico, en proporciones casi inconcebibles para el común de los mortales.

Si alguien que carezca de instrucciones al respecto, se da cuenta de que Kundalini ha despertado accidentalmente, debe consultar de inmediato con alguna persona entendida en estas materias.

El método para despertar a Kundalini no se enseña públicamente, como tampoco se enseña el orden que sigue al pasar de un Chakra a otro. Esta reserva es intencionada. Nadie debería intentar despertarlo, a no ser bajo expresa indicación de un Maestro, quien vigilará al alumno durante las diferentes fases del experimento.

Los ocultistas experimentados advierten seriamente del peligro que encierra despertar a Kundalini, excepto si se hace con un guía experto, por los grandes y graves riesgos que ello conlleva. Como dice el *Hathayogapradipika:* «Kundalini libera a los yoguis y encadena a los imprudentes».

En ciertos casos, Kundalini despierta sin previo aviso; en tales ocasiones, se siente un calor sordo. Incluso puede comenzar a circular por sí mismo, aunque esto sucede muy raramente. En este último caso causará, con toda probabilidad, un dolor agudo, pues como los caminos no están preparados, tendrá que abrirse paso, quemando una gran cantidad de escoria etérica, lo cual es necesariamente un proceso doloroso. Cuando se despierta de este modo, o de manera fortuita, por lo general se precipita por el interior de la columna vertebral, en lugar de seguir el curso en espiral, como el ocultista aprende a dirigirlo. A ser posible, se debe poner en acción la voluntad para interrumpir el ascenso. Si esto resultara imposible, no hay que alarmarse, pues probablemente escapará a la atmósfera a través de la cabeza, sin causar más efecto que un leve debilitamiento. Lo peor que puede ocurrir es un desmayo pasajero. El mayor peligro no está en la precipitación hacia arriba, sino en la que se produce hacia abajo o hacia dentro.

La principal función de Kundalini, con respecto al desarrollo oculto, radica en que, al hacerlo circular por los Chakras del cuerpo etérico, los vivifica y los convierte en puertas de comunicación entre los cuerpos físico y astral. *«La Voz del Silencio»* dice que cuando Kundalini llega al centro entre las cejas y lo vivifica por completo, concede el poder de oír la voz del Maestro; lo cual quiere decir, en este caso, la voz del Ego o Ser Superior. La explicación es que cuando el cuerpo pituitario entra en acción, se convierte en un eslabón perfecto con el vehículo astral, de manera que, gracias a él, se pueden recibir todo tipo de comunicaciones del Ser interno.

Además, todos los centros superiores deben despertarse a su debido tiempo, y cada uno de ellos ha de responder a toda clase de influencias astrales procedentes de los correspondientes subplanos. La mayor parte de las personas no alcanzan dicho despertar durante la encarnación actual, si es ésta la primera en que se han interesado en serio por estos temas.

Algunos hindúes tal vez lo consigan, porque sus cuerpos son, genéticamente, más adaptables que muchos otros; pero para la mayoría de los seres humanos es una tarea para una Ronda posterior.

La conquista de Kundalini se debe repetir en cada encarnación, puesto que los vehículos son nuevos en cada una de ellas. Pero, una vez que se ha logrado dominarlo, las repeticiones son cada vez más fáciles. La acción del mismo varía según las distintas clases de personas. Algunas «percibirán» al Ser Superior en vez de «oír» Su voz. Además, este contacto con lo superior cuenta con varios grados. Para la personalidad quiere decir creciente influencia del Ego, pero para el propio Ego representa el poder de la Mónada; para la Mónada, a su vez, significa llegar a ser consciente de la expresión del Logos.

No parece que haya límite de edad para el despertar de Kundalini, pero se necesita salud física, debido a la tensión que ello conlleva.

Uno de los símbolos más antiguos de Kundalini es el tirso, es decir, un palo con un cono de pino en la punta. En la India se encuentra el mismo símbolo, pero, en lugar del palo, se trata de una caña de bambú con siete nudos. En algunas modificaciones de los misterios se utilizaba, en vez del tirso, una varilla hueca de hierro, la cual, según se cuenta, contenía fuego. El palo con siete nudos representa la columna vertebral, con sus siete centros. El fuego oculto es, por supuesto, Kundalini. El tirso no sólo era un símbolo, sino también un objeto de explicación práctica. Era un instrumento de extraordinario magnetismo, que los iniciados empleaban para liberar al cuerpo astral del físico cuando pasaban, plenamente conscientes, a la vida superior. El sacerdote que lo había magnetizado lo aplicaba a la columna vertebral del candidato, y de este modo le transmitía algo de su propio magnetismo, para ayudarle en esa vida tan difícil, y en los esfuerzos que se veía obligado a realizar.

Capítulo 7

Formas de pensamiento

os cuerpos mental y astral son los que intervienen esencialmente en la producción de formas mentales. La expresión «formas mentales» no es completamente exacta, porque en la mayoría de los casos contienen no sólo materia mental, sino también astral, aunque las formas que se producen puedan estar compuestas exclusivamente de materia mental.

Pese a que en esta obra nos centramos principalmente en el astral y no en el mental, teniendo en cuenta, como acabamos de decir, que las formas mentales contienen en la mayor parte de los casos materia de ambos planos, nos ocuparemos del último a fin de conseguir que el tema sea más comprensible, tanto desde el aspecto mental como del astral.

Un pensamiento puramente intelectual e impersonal, de la misma manera que uno relacionado con la geometría o el álgebra, se compone de pura materia mental; pero si el pensamiento contiene algún sentimiento, como puede ser el egoísmo o el deseo personal, atraerá en torno a sí materia astral, además de la mental. Si el pensamiento es de carácter espiritual, si está matizado por el amor y la aspiración o por un sentimiento profundo y abnegado, también contendrá algo de la gloria y del esplendor del plano búdico.

Cada pensamiento preciso produce dos efectos: primero, una vibración radiante; y segundo, una forma flotante. La vibración establecida en el cuerpo mental, que irradia del mismo, va acompañada de un juego de colores, que se podría describir como algo comparable al rocío de una catarata al chocar en ella la luz del sol, pero elevado a un grado infinito de color y de intensa delicadeza.

Esta vibración radiante tiende a reproducir su propio ritmo de movimiento en cualquier cuerpo mental con el que choque, es decir, tiende a generar pensamientos de la misma índole de los que originaron la vibración. Hay que tener en cuenta que la vibración radiante no lleva implícito el tema del pensamiento, sino el carácter del mismo. Así, las oleadas de pensamiento-emoción que desprende un hindú, sentado en extática devoción a Shri Krishna, estimularán el sentimiento devocional en aquel que caiga bajo su radio de acción, no precisamente hacia Shri Krishna, sino hacia Cristo, en el caso de un cristiano; hacia el Señor Buddha, en el caso de un budista, etc.

El poder de la vibración para producir tales efectos depende básicamente de la claridad y precisión del pensamiento-emoción, además de la intensidad de la fuerza del mismo, como es lógico suponer.

Estas vibraciones radiantes reducen su eficacia proporcionalmente a la distancia de su fuente; aunque es probable que la variación sea proporcional al cubo de la distancia, en lugar del cuadrado (como en la gravitación y en otras fuerzas físicas), debido a la otra dimensión (la cuarta) implicada.

La distancia que puede alcanzar con eficacia una onda mental, depende también de la oposición que encuentre a su paso. Las ondas de clase baja de materia astral suelen ser desviadas o contrarrestadas por una infinidad de otras vibraciones del mismo nivel. Esto es comparable a un sonido suave que queda amortiguado por el estruendo de una ciudad.

El segundo efecto –el de la forma flotante–, es originado por el cuerpo mental al proyectar un fragmento vibrante de sí mismo, y se forma según el carácter del pensamiento. Este atrae hacia sí materia del grado correspondiente de finura, que toma de la esencia elemental del plano mental. Esta es una forma pura y simple de pensamiento, pues se compone única y exclusivamente de materia mental. Si está constituida por la materia más fina, poseerá un enorme poder y energía y podrá emplearse como un poderoso agente, siempre que lo dirija una voluntad firme y constante.

Cuando el hombre encauza su energía hacia objetos externos de deseo, o se dedica a actividades pasionales o emotivas, tiene lugar un proceso similar en su cuerpo astral: una porción de este cuerpo se desprende y concentra a su alrededor esencia elemental del plano astral. Tales formas de pensamiento-deseo son el producto de Kâma-Manas, pues la mente se halla bajo el dominio de la naturaleza animal, o lo que es lo mismo: Manas dominado por Kâma.

Dicha forma pensamiento-deseo tiene como cuerpo la esencia elemental, animada, por llamarlo de alguna manera, por el deseo o pasión que hizo que se desprendiera. Tanto las formas pensamiento-deseos, como las formas puramente mentales se denominan *Elementales Artificiales*. La gran mayoría de las formas mentales lo son de pensamiento-deseo, ya que los pensamientos de las personas corrientes libres de deseos, pasión o emoción son muy escasos.

Tanto la esencia mental como la astral poseen vida medio inteligente y responden fácilmente al pensamiento y al deseo humanos. Consecuentemente, cada impulso procedente del cuerpo mental o del astral del hombre se reviste de inmediato de un vehículo de esencia elemental. Estos elementales artificiales se convierten, temporalmente, en una especie de criaturas vivientes, entidades de intensa actividad, animadas por la idea que las originó.

Así, cuando uno piensa en un objeto concreto, por ejemplo un libro, una casa, un paisaje, etc., fabrica una minúscula imagen del mismo con materia de su cuerpo mental. Esta imagen flota próxima a su cabeza, por lo general frente a la altura de los ojos. Se mantiene en esta posición durante todo el tiempo que la persona contempla el objeto e incluso un poco después, ya que la permanencia está en función de la intensidad y la claridad del pensamiento. La forma es perfectamente objetiva y puede ser contemplada por quien posea clarividencia mental. Si pensamos en otra persona, creamos un diminuto retrato de ella según el modo que acabamos de describir.

Las formas mentales se han comparado con una pila de Leyden (es decir, un frasco cargado de electricidad estática), correspondiendo la pila a la esencia elemental y la carga de electricidad al pensamiento-emoción. Al ponerse en contacto con otro objeto, la pila descarga en éste la electricidad estática, y del mismo modo, el elemental artificial descarga su energía mental y emocional cuando choca contra un cuerpo mental o astral.

Los principios que subyacen en la producción de todas las formas de pensamiento-emoción son:

1 - *El color* viene determinado por la *calidad* del pensamiento o de la emoción.
2 - *La Forma* estará predeterminada por la *naturaleza* del pensamiento o de la emoción.

3 - *La Nitidez del contorno* la establece la *precisión* del pensamiento o de la emoción.

La duración o vida de una forma mental está en función de:

1 - De la intensidad inicial.
2 - De la fuerza que reciba posteriormente por la repetición del pensamiento, sea por su creador o por otros. Dicha vida puede reforzarse continuamente, por medio de la repetición, puesto que al reflexionar sobre un pensamiento, éste adquiere una forma más estable. Además, atrae formas mentales análogas, fortaleciéndose recíprocamente y creando así una forma poseedora de gran energía e intensidad.

Hemos de añadir que una forma mental parece tener el deseo instintivo de alargar su vida, tendiendo además a reaccionar sobre su creador y evocando en él la renovación del sentimiento que la produjo. También reaccionará, aunque no de un modo tan perfecto, sobre todos aquellos con los que entre en contacto.

Las formas mentales se expresan mediante colores que son idénticos a los del aura. Su brillantez y profundidad representan por lo general la medida de la fuerza y de la actividad del sentimiento.

Para nuestros propósitos, podemos clasificar las formas mentales en tres grupos:

1 - Las vinculadas únicamente con el originador.
2 - Las vinculadas con otra persona.
3 - Las que no son exactamente personales.

Si el pensamiento de una persona se relaciona consigo misma o está basado en un sentimiento personal (como ocurre con la gran mayoría de los pensamientos), la forma se mantendrá en la proximidad inmediata de su creador. En los momentos en que la persona se encuentre en actitud pasiva, como sus pensamientos y sentimientos estarán desocupados, la forma mental volverá y se descargará en ella. Por otra parte, toda persona actúa como un imán, atrayendo hacia sí misma las formas mentales de otros que son parecidas a las suyas; de ese modo atrae del exterior energía de refuerzo. Las personas sensibles se imaginan, en tales ocasiones, que han sido tentadas por el «diablo», olvidando que la tentación es una de sus propias formas de pensamiento-deseo. Una reflexión prolongada sobre un único tema puede generar una forma de poder enorme. Esa forma puede perdurar a lo largo de muchos años, pudiendo poseer, durante un tiempo, la apariencia y el poder de una entidad viviente real. La mayoría de los seres humanos pasan la vida literalmente encerrados en una jaula de creación propia, rodeados de masas de formas producidas por sus pensamientos cotidianos. Uno de los efectos importantes de todo esto es que cada persona contempla el mundo *a través* de sus propias formas mentales, y lo ve todo coloreado por ellas.

Por tanto, las formas mentales de una persona reaccionan sobre ella misma, con tendencia a reproducirse y establecer así modos de pensar y de sentir, que pueden ser beneficiosos, si son de carácter elevado, aunque a menudo limitan y obstaculizan el desarrollo, oscureciendo la visión mental y fomentando la creación de prejuicios, ideas o actitudes fijas, que pueden llegar a convertirse en auténticos vicios.

Un Maestro escribió: «El hombre puebla continuamente su corriente en el espacio de un mundo propio, ocupado por los hijos de sus fantasías, deseos, impulsos y pasiones». Estas formas mentales permanecen en su aura, creciendo en número y en intensidad, hasta que algunas de ellas predominan en su vida mental y emocional de tal modo, que el hombre prefiere responder a ellas antes que crear otras. Así se construyen los hábitos, que son la expresión externa de la fuerza acumulada y así también se moldea el carácter.

Por otra parte, cada ser humano deja tras sí un rastro de formas mentales. Por ello, cuando caminamos por la calle, atravesamos un océano de pensamientos ajenos. Si dejamos la mente en blanco por un instante, esos pensamientos ajenos la llenan de inmediato; si uno de esos pensamientos consigue atraer la atención de la mente, ésta se apodera de él, lo vivifica con su fuerza y más tarde vuelve a lanzarlo para que influya en otra persona. El hombre, por tanto, no es responsable de los pensamientos que flotan y penetran en su mente, pero sí es responsable si se apropia de ellos, reflexiona y a continuación los lanza con nueva fuerza.

Un ejemplo de formas de pensamiento lo constituyen las nubes sin forma de color azul denso que, a veces se ven flotando como coronas de humo sobre las cabezas de la congregación de una iglesia. En las iglesias en que el nivel de espiritualidad es bajo, las mentes de los hombres llegan a crear hileras de cifras, que simbolizan cálculos de operaciones comerciales o especulaciones; por su parte, las mentes de las mujeres crean formas de sombreros, vestidos, joyas, etc.

El hipnotismo ofrece otro ejemplo de formas mentales. El operador crea una forma mental y la proyecta sobre un papel en blanco, en un lugar que sea visible para el sujeto hipnotizado. Puede, asimismo, hacer la forma tan objetiva que el sujeto la vea y la sienta como si fuera un objeto físico real. Las obras sobre hipnotismo están repletas de ejemplos de este tipo.

Si una forma mental se dirige a otra persona, llegará a esa persona. El resultado será una de estas dos cosas: 1 - Si el aura de la persona contiene materia capaz de responder simpáticamente a la vibración de la forma mental, ésta permanecerá cerca de la persona, e incluso en su aura, y en cuanto encuentre la oportunidad se descargará en ella, tendiendo a fortalecer en esa persona el ritmo particular de vibración. Si la persona a quien va dirigida la forma mental está ocupada en alguna línea concreta de pensamiento, la forma mental, no pudiendo descargarse en un cuerpo mental que vibra a un ritmo determinado, permanecerá en los alrededores hasta que el cuerpo mental del destinatario esté lo suficientemente sosegado como para permitirle la entrada y sólo entonces se descargará.

Al depositarla, desplegará lo que parece notable inteligencia y adaptabilidad, aunque en realidad es una fuerza que actúa en la línea de menor resistencia, presionando siempre en un sentido y aprovechando todos los canales que encuentra a su paso. Tales elementales naturalmente pueden ser fortalecidos, de modo que sus vidas se prolonguen, gracias a la repetición del pensamiento.

2 - Por otra parte, si el aura de la persona a quien va dirigida no posee materia capaz de responder, la forma mental no puede influir en ella. En consecuencia, rebotará con una fuerza proporcional a la energía con que ha chocado con el aura y regresará a su creador.

El pensamiento-deseo de bebida, por ejemplo, no puede penetrar en el cuerpo mental de una persona sobria. La forma chocará contra su cuerpo astral, pero no podrá penetrar en ella y retornará al emisor.

El antiguo dicho de que «las maldiciones (y también las bendiciones) vuelven al punto de partida», es completamente acertado y explica casos en los que ciertos pensamientos malignos, dirigidos a una persona buena y muy avanzada, no la han afectado en absoluto, pero algunas veces han reaccionado con terrible y demoledor efecto contra su creador. De ahí también la natural conclusión de que el corazón y la mente puros son la mejor protección contra asaltos de pensamientos y sentimientos malignos.

Por otra parte, una forma mental de amor y de deseo de proteger, dirigida con fuerza a alguna persona amada, actúa como agente protector y de defensa; buscará todas las ocasiones de servir y de defender; vivificará las fuerzas amigas y debilitará a las contrarias que choquen contra el aura del ser al que protegen. Incluso puede preservarlo de la impureza, de la irritabilidad, del temor, etc.

Los pensamientos amistosos y los buenos deseos sinceros originan y mantienen lo que prácticamente equivale a un «Ángel Guardián», siempre junto a la persona en quien se piensa, esté donde esté. Muchos pensamientos y oraciones maternales, por ejemplo, son ayuda y protección para los hijos. Los clarividentes pueden verlos a menudo; en raras ocasiones, tales pensamientos llegan a materializarse y se vuelven físicamente visibles. Se ve, pues, que el hecho de enviar un pensamiento de amor de una persona a otra, conlleva la transferencia de una cierta cantidad tanto de energía como de materia, desde el que la envía hasta el que la recibe. Si el pensamiento es lo bastante fuerte, la distancia no tiene ninguna importancia; pero un pensamiento débil y mal definido sólo es eficaz en una zona limitada.

Una variante del primer grupo de formas mentales consiste en aquellos casos en que un hombre se imagina intensamente a sí mismo residiendo en un lugar lejano. La forma así creada contiene un gran porcentaje de materia mental, la cual toma la imagen del pensador. Primeramente es pequeña y comprimida y más tarde, atrae a su alrededor una cantidad considerable de materia astral y por lo general se extiende hasta alcanzar su tamaño natural, antes de hacer su aparición en el punto de destino. A veces, los clarividentes ven tales formas y, a menudo, las confunden con el cuerpo astral e incluso con el propio hombre.

Cuando esto sucede, el pensamiento o deseo debe ser lo bastante fuerte como para realizar una de las siguientes tres acciones:

1 - Evocar, por medio de la influencia mesmérica, la imagen del pensador en la mente de la persona ante la cual desee aparecer.

2 - Mediante el mismo poder, estimular momentáneamente las facultades psíquicas de dicha persona, para que sea capaz de ver a su visitante astral.

3 - Producir una materialización temporal, que pueda ser visible físicamente.

Las apariciones en el momento de la muerte –que ocurren con bastante frecuencia–, son en realidad la forma astral del moribundo. Pueden ser también formas de pensamiento, que cobran vida al ser evocadas por el ferviente deseo del moribundo de ver, antes de su muerte, a algún amigo. En ciertos casos, se puede ver al visitante un instante después de producirse el fallecimiento, en lugar de antes; pero, por distintos motivos, estas apariciones son menos comunes que las mencionadas anteriormente.

Un fantasma familiar puede ser:

1 - Una forma de pensamiento.

2 - Una impresión especialmente brillante de la luz astral.

3 - Un auténtico antepasado apegado a la tierra, que aún deambula en un lugar concreto.

Con referencia a esto, podemos añadir que dondequiera que se haya experimentado alguna pasión intensa (terror, dolor, tristeza, odio, etc.), queda una impresión tan poderosa en la luz astral, que incluso aquellas personas dotadas de un débil destello de facultad psíquica pueden verse impresionadas por ella. Una leve intensificación temporal de la sensibilidad permitirá visualizar toda la escena. De ahí proceden los numerosos relatos de lugares frecuentados por fantasmas, y las desagradables influencias que se advierten en determinados lugares.

Las apariciones en lugares donde se ha cometido un crimen son por lo general formas mentales proyectadas por el propio criminal, quien –vivo o muerto–, en especial si ha muerto, piensa continuamente en las circunstancias que rodearon su delito. Como estos pensamientos son particularmente intensos el día en que se cumplen años del crimen, la forma mental se vuelve lo bastante fuerte como para materializarse y hacerse visible a la vista física, hecho que explica los casos en que esta manifestación es periódica.

Del mismo modo, una joya que haya sido la causante de muchos crímenes, conservará la impresión de las pasiones que los han provocado, con perfecta claridad durante miles de años, y seguirá irradiándola.

Un pensamiento dotado de energía y concentración extraordinarias, sea una bendición o una maldición, despierta a la existencia a un elemental que será como una batería de acumuladores, provista de algo parecido a un mecanismo de relojería. Se puede programar de modo que descargue con regularidad a una hora determinada o en determinada fecha; también se puede hacer depender la descarga de ciertos acontecimientos. Se conocen muchos ejemplos de intervención de esta clase de elementales, sobre todo en las tierras altas de Escocia, donde se presentan avisos antes de que ocurra la muerte de algún miembro de la familia. En tales casos, quien avisa es por lo general la potente forma mental de un antepasado, dependiendo de la intención con la que tal forma haya sido cargada.

Un deseo lo bastante intenso, un esfuerzo concentrado de profundo amor, de odio emponzoñado, crearán esa entidad de una vez para siempre. Ésta quedará totalmente desligada de su creador y llevará a cabo la misión impuesta, sean cuales sean posteriormente las intenciones y los deseos de su creador.

El simple arrepentimiento no podría anularla ni impedir la acción de dicha entidad, lo mismo que no se puede detener una bala, una vez que se ha apretado el gatillo. Hasta cierto punto, se puede neutralizar su poder, enviando pensamientos de tendencia contraria.

En ocasiones, un elemental de este tipo, al no poder descargar su fuerza sobre su objetivo ni sobre su creador, se transforma en una especie de diablo errante, que será atraído por alguna persona con sentimientos semejantes, a la cual se adherirá. Si es lo bastante fuerte, se puede apropiar de algún cascarón y habitar en él; de esa manera, puede emplear sus recursos con más prudencia. En esta forma se puede manifestar a través de un médium y, haciéndose pasar por un buen amigo, podrá influir en personas que de otro modo no le harían ningún caso.

Los elementales, estén formados consciente o inconscientemente, una vez que se han convertido en diablos errantes, invariablemente intentan prolongar su vida, ya sea nutriéndose, como vampiros, de la vitalidad de la persona, o induciéndolas a que les hagan ofrendas. Entre las primitivas tribus semisalvajes, tales elementales consiguen frecuentemente que los reconozcan como dioses familiares o de la aldea. Los menos malos, tal vez, se contenten con ofrendas de arroz o de alimentos cocidos, pero los más bajos y malvados exigen sacrificios sangrientos. Ambos tipos existen hoy día en la India y son mucho más numerosos en África.

Estos elementales prolongan su existencia durante años e incluso siglos, absorbiendo principalmente la vitalidad de sus devotos y con el alimento que puedan conseguir de las ofrendas. Algunas veces, incluso pueden producir algún sencillo fenómeno con objeto de estimular el celo de sus seguidores, y en caso de que los sacrificios no sean de su agrado, intentan hacer daño de una manera u otra.

Los magos negros de la Atlántida, conocidos como «señores de la faz oscura», al parecer están especializados en ese tipo de elementales artificiales, algunos de los cuales, según se cuenta, siguen existiendo. La temible diosa india Kali muy bien podría ser una reliquia de este tipo.

La gran mayoría de las formas mentales son meras copias o imágenes de personas o de objetos materiales. Primero, toman forma en el interior del cuerpo mental; luego, salen de él y se mantienen en suspenso frente al hombre. Pero se aplican a todo lo que uno piensa, sean personas, casas, paisajes, o cualquier otra cosa.

Un pintor, por ejemplo, forma en materia de su cuerpo mental una imagen de su próximo cuadro, lo proyecta al espacio frente a él, lo mantiene ante su «ojo mental» y después lo copia. Esta forma de pensamiento-emoción continúa, pudiéndosela considerar como la contraparte del cuadro, que desprende sus propias vibraciones e influye en todos los que penetran en su círculo de influencia.

Análogamente, un novelista construye en materia mental imágenes de sus personajes; más tarde, según su voluntad, los mueve como si fueran marionetas llevándolos de un lugar o agrupamiento a otros, de manera que las escenas literalmente se desarrollan ante sus ojos.

Sin embargo, puede surgir en ese caso un curioso efecto. Puede suceder que algún travieso espíritu de la naturaleza (Véase Cap. XX) dé vida a las imágenes y haga que actúen de un modo diferente a como el autor había planeado. Con mayor frecuencia, algún escritor fallecido percibe las imágenes y, al estar interesado aún en el arte, las moldea y las obliga a actuar conforme a sus propias ideas. Por eso, el verdadero autor se encuentra con que sus personajes se comportan de una manera muy diferente a como él lo había imaginado en su planteamiento original.

Cuando un auténtico estudiante lee un libro, con su atención completamente concentrada en él, puede entrar en contacto con la forma mental original que se corresponde con la idea del autor al escribirlo. Incluso se puede llegar al autor, a través de la forma mental y obtener del mismo información complementaria o la aclaración de puntos oscuros.

En los mundos astral y mental existen numerosas reproducciones de las obras más conocidas, que cada país presenta a su modo, con los personajes ataviados con trajes nacionales. Así se encuentran allí formas de pensamiento de personajes tales como Sherlock Holmes, el Capitán Kettle, Robinson Crusoe, Shakespeare, y muchos otros.

De hecho, en el plano astral hay innumerables formas mentales de carácter relativamente permanente. Muchas de ellas son el resultado de la obra acumulativa de varias generaciones. Un gran número de ellas están relacionadas con la historia religiosa, cuya visión ha originado variados relatos genuinos, proporcionados por videntes competentes de ambos sexos. Cualquier gran acontecimiento histórico, sobre el cual hayan pensado intensamente una gran cantidad de personas, existe en el plano mental como forma de pensamiento concreta. Cada vez que se despierte una fuerte emoción que tenga relación con él, se materializa también en el plano astral y, en consecuencia, puede ser percibida por un clarividente. Esto mismo se puede aplicar también, como es de suponer, a escenas y situaciones de novelas, dramas, etc.

Consideradas en su conjunto, puede uno darse cuenta de la poderosa influencia que tienen tales formas mentales o elementales artificiales a la hora de producir sentimientos nacionales y raciales. De esta manera, pueden inclinar las mentes y crear prejuicios, puesto que las formas mentales semejantes tienden a agruparse y a constituir una especie de entidad colectiva. Todo lo vemos a través de esa atmósfera; cada pensamiento se refracta, en mayor o menor proporción, en ella y nuestros propios cuerpos astrales vibran en armonía con ella. Dado que la mayoría de las personas son de naturaleza más receptiva que iniciadora, se comportan casi como reproductores automáticos de los pensamientos que les llegan, y de este modo se intensifica constantemente la atmósfera nacional. Esto explica con claridad muchos de los fenómenos de conciencia colectiva. (Véase Cap. XXV).

La influencia de estas formas mentales agrupadas va todavía más lejos. Las destructivas actúan como agentes desintegradores y, a menudo, ocasionan trastornos en el plano físico provocando «accidentes», convulsiones, tormentas, terremotos, inundaciones u oleadas de crímenes, plagas, revueltas sociales y guerras.

También se dan casos de personas fallecidas u otras entidades no humanas, como por ejemplo, espíritus malignos de la naturaleza, que penetran en tales formas mentales y las vivifican. El vidente experto debe aprender a distinguir entre la forma mental, aunque esté vivificada, y el ser viviente. Además, debe saber distinguir entre los hechos destacados del mundo astral y los moldes provisionales en los cuales adquieren forma.

El tercer tipo de formas de pensamiento-emoción son aquellas que no tienen relación directa con ningún objeto natural. Por tanto, se expresan bajo formas propias, extendiendo sus cualidades inherentes en la materia que reúnen a su alrededor. En este grupo se halla, por tanto, un indicio de las formas naturales de los planos astral y mental. Las formas mentales de este tipo se manifiestan casi siempre en el plano astral, ya que la inmensa mayoría de ellas expresan tanto sentimientos como pensamientos.

Esta forma simplemente flota en la atmósfera, difundiendo sin cesar vibraciones semejantes a las enviadas originalmente por su creador. Si no llega a ponerse en contacto con ningún otro cuerpo mental, la radiación agota progresivamente su energía y la forma acaba por desintegrarse. Sin embargo, si es capaz de despertar vibraciones simpáticas en algún cuerpo mental próximo, se establece una fuerte atracción y la forma mental suele ser absorbida por dicho cuerpo.

De todo ello se deduce que la influencia de una *forma* de pensamiento es de menor alcance que la *vibración* del pensamiento, pero actúa con mayor precisión. Una vibración mental reproduce pensamientos de orden *similar* al que la originó. Una forma mental reproduce el mismo pensamiento. Las radiaciones pueden afectar a miles y despertar en ellos pensamientos del mismo nivel que el original, aunque puede suceder que ninguno de ellos sea idéntico. La forma mental afecta únicamente a unos pocos, pero incluso en estos pocos reproducirá fielmente la idea original.

En una obra clásica sobre este tema: «FORMAS DE PENSAMIENTO», de Annie Besant y C. W. Leadbeater, aparecen ilustraciones en color de muchos tipos de formas de pensamiento y de emociones. De hecho, este capítulo es, en gran medida, un resumen de los enunciados más sobresalientes de la obra citada.

Los pensamientos y los sentimientos vagos aparecen como nubes igualmente vagas. Los pensamientos y los sentimientos bien definidos originan formas concretas. Así, una forma de afecto determinado, dirigida a una persona concreta, adquiere una forma parecida a la de un proyectil; una forma de afecto protector toma una forma semejante a un pájaro, con una zona central amarilla y dos proyecciones a modo de alas de color rosado; una forma de amor universal se convierte en un sol rosado despidiendo rayos en todas direcciones.

Los pensamientos en los que predominan el egoísmo y la codicia adquieren por lo general una forma ganchuda; en algunas ocasiones, incluso aparecen garfios clavados en el objeto codiciado.

Como norma general, la energía de un pensamiento egoísta se mueve en una curva cerrada; así, irremediablemente retorna y se descarga en su propio nivel. Por el contrario, un pensamiento o sentimiento de carácter completamente altruista se desplaza en una curva abierta, así que *no vuelve,* en sentido ordinario, sino que entra en el plano superior, porque solamente en tal condición, gracias a su dimensión adicional, puede disponer de espacio para expandirse. Al atravesar la barrera, ese pensamiento o sentimiento abre una puerta, simbólicamente hablando, con unas dimensiones equivalentes al diámetro del mismo. De este modo, facilita un canal por donde las fuerzas superiores pueden fluir hacia el inferior, a menudo, con excelentes resultados (como en el caso de la oración), tanto para el pensador como para los otros.

En esto radica la mejor y más elevada parte de la creencia en la oración escuchada. En los planos superiores existe siempre un caudal inmenso de fuerza preparada para fluir, tan pronto como se le proporcione un canal. Un pensamiento de devoción completamente altruista es un canal de este tipo, cuya parte más noble y elevada asciende hasta el propio Logos. La respuesta es el descenso de la gracia divina, la cual fortalece y eleva grandemente al constructor del canal, difundiendo en torno a él una poderosa y benéfica influencia que fluye desde los planos superiores para ayudar a la humanidad. Este suplemento al depósito de fuerza espiritual es la verdad que subyace en la idea católica, en lo relativo a las obras de supererogación. Los Nirmanakayas tienen especial vinculación con este depósito de fuerza.

La meditación sobre un Maestro establece una relación con el mismo, que se manifiesta a la visión clarividente como una especie de rayo de luz. El Maestro siente siempre en su subconsciente el contacto con ese rayo, y envía como respuesta una corriente magnética continua que se mantiene activa mucho después de finalizar la meditación. La regularidad es un factor de vital importancia en esa meditación.

Un pensamiento concreto de devoción, bien mantenido, adquirirá una forma muy parecida a una flor, mientras que la aspiración devocional originará un cono azul, con el vértice hacia arriba.

Algunas veces, estas formas de devoción poseen una belleza extraordinaria, de muy diversos contornos, con pétalos curvados dirigidos hacia arriba como si fueran llamas de color azul celeste. Es probable que esta semejanza con las flores haya originado la costumbre de ofrendarlas en el culto religioso, puesto que las flores evocan formas perceptibles a la visión astral.

La curiosidad intensa o el deseo de saber adquieren la forma de una culebra amarilla; la ira explosiva o la irritación se presentan como una rociada de color rojo y naranja; la ira mantenida aparece como un puñal rojo puntiagudo; los celos rencorosos se asemejan a una culebra de color pardo.

Las formas creadas por personas de mente y emociones perfectamente controlados y expertas en meditación, son objetos limpios, simétricos y de gran belleza. A menudo presentan formas geométricas, como triángulos, dos triángulos entrelazados, estrellas de cinco puntas, hexágonos, cruces y otras figuras parecidas, que revelan pensamientos relacionados con el orden cósmico o con conceptos metafísicos.

Cuando varias personas unen sus pensamientos, el poder de los mismos es siempre mayor que la suma de sus pensamientos por separado; se aproxima más a ser el producto de la multiplicación de los mismos.

La música también produce formas, aunque desde un punto de vista técnico, tal vez no pueden denominarse mentales, a no ser que las consideremos (como bien podría ocurrir) el resultado del pensamiento del compositor y expresado, gracias a su pericia, mediante el instrumento del músico.

Estas formas musicales varían dependiendo del estilo, el tipo de instrumento que las reproduzca y la habilidad y méritos del músico. Una misma pieza de música, interpretada con exactitud, creará siempre la misma forma; pero si se ejecuta en el órgano de una iglesia o en una orquesta, será considerablemente más grande, y también de textura diferente que si se interpreta al piano. También habrá diferencias de textura entre una pieza de música ejecutada por un violín y la misma pieza interpretada por un flautista. Igualmente habrá muchísima diferencia entre la radiante belleza de la forma producida por un auténtico artista, perfecta en expresión y en ejecución, y el opaco efecto originado por un instrumento mecánico de madera.

Las formas musicales se conservan como estructuras coherentes durante un tiempo considerable, al menos durante una hora o dos; a lo largo de todo este tiempo emiten sus vibraciones características en todas direcciones, al igual que las formas mentales.

En la obra: «FORMAS DE PENSAMIENTO», citada más arriba, aparecen ilustradas en color tres formas musicales de obras de Mendelssohn, Gounod y Wagner.

Las formas creadas por la música son muy variadas, dependiendo de los compositores. Una obertura de Wagner construye un extraordinario conjunto, como si fuera una montaña con piedras llanas. Una de las fugas de Bach crea una forma ordenada, atrevida, pero precisa, áspera pero simétrica, con arroyos paralelos dc plata y oro o rubí fluyendo a través de ella, a la vez que marca las sucesivas apariciones del *motif*. Uno de los «Lieder ohne Worte» de Mendelssohn elabora una airosa estructura, similar a un castillo de filigrana de plata deslucida.

Estas formas, compuestas por los ejecutantes de la música, son muy diferentes de las formas mentales creadas por el propio compositor, y, a veces, persisten a lo largo de los siglos, sobre todo si se entienden y valoran hasta tal punto que la obra original se fortalezca con los pensamientos de sus admiradores. El autor de un poema épico construye edificios semejantes, o el concepto del escritor sobre su tema. En determinadas ocasiones, se observan multitudes de espíritus de la naturaleza que admiran las formas musicales y se sumergen en las ondas de influencia que de ellas se desprenden.

A la hora de estudiar las representaciones pictóricas de las formas mentales, es preciso tener presente que son objetos cuadrimensionales. Por lo tanto, resulta casi imposible describirlas apropiadamente con palabras pertenecientes a nuestras experiencias tridimensionales, y mucho menos reproducirlas sobre el papel en cuadrados de dos dimensiones. Los estudiantes de la cuarta dimensión saben que lo único que se puede hacer es representar una sección de la forma cuadrimensional.

Es destacable y tal vez profundamente significativo que muchas de las formas mentales de tipo superior adquieran formas muy similares a las vegetales y animales. Esto nos induce al menos a suponer que las fuerzas de la naturaleza funcionan de una manera muy parecida a como lo hacen el pensamiento y la emoción. Teniendo en cuenta que todo el universo es una poderosa forma de pensamiento, traída a la existencia por el Logos, bien podría ser que las diminutas partes del mismo fueran el resultado de formas de pensamiento de entidades menores, dedicadas a la misma obra creadora. Obviamente, este concepto nos recuerda la creencia hindú de que existen 330.000.000 Devas.

Asimismo es digno de notar que, pese a existir algunas formas mentales tan complicadas y minuciosamente modeladas que no hay mano humana capaz de reproducirlas, pueden ser reconstruidas con mucha aproximación por medios mecánicos. El instrumento conocido como harmonógrafo consiste en una punta fina guiada en sus trazos por varios péndulos, cada uno de los cuales oscila independientemente. Todos ellos se combinan en un movimiento complejo que se comunica al marcador, el cual lo traza en una superficie apropiada.

Otras formas más simples se parecen a las figuras producidas en la arena por la conocida placa sonora de Chladni o por el Eidófono. Las escalas y arpegios forman curvas y lazos; un canto coral crea con su melodía varias cuentas ensartadas en un hilo de plata; un canto humorístico a coro da lugar a hilos entrelazados de distintos colores y texturas. Un himno procesional construye una serie de formas rectangulares precisas, como los eslabones de una cadena o los vagones de un tren. Un canto anglicano produce fragmentos relucientes, muy diferentes de la resplandeciente uniformidad del canto gregoriano, el cual no se diferencia mucho del efecto originado por los versículos sánscritos, entonados por un pandit indio.

La música militar ocasiona una larga corriente de formas que vibran rítmicamente, cuyo compás regular tiende a fortalecer las vibraciones del cuerpo astral de los soldados. El impacto de una sucesión de continuas y potentes oscilaciones proporciona momentáneamente la fuerza de voluntad que, debido a la fatiga, haya podido debilitarse.

Una tormenta de truenos crea una franja chispeante de color; el estallido da lugar a una forma que recuerda la explosión de una bomba, o una esfera irregular de la cual se desprenden espigones. Las olas del mar, al romperse en la orilla, producen líneas paralelas onduladas de color variable, que se convierten en cordilleras de montañas bajo un temporal. El viento en las hojas de un bosque lo cubre de una red iridiscente, ascendiendo y descendiendo, en un suave movimiento ondulado.

El canto de los pájaros se manifiesta en curvas y lazos de luz, desde los dorados globos del pájaro campanero hasta el amorfo y áspero colorido del chillido de un loro o de un guacamayo. El rugido del león también es visible en materia superior; muy probablemente algunas criaturas de la selva lo vean clarividentemente aumentando así su pánico. El ronroneo del gato rodea al animal de películas nebulosas concéntricas de color rosado; el ladrido de un perro lanza proyectiles bien definidos de punta aguda, bastante similares a las balas de un fusil, que atraviesan los cuerpos astrales de las personas, causándoles serias perturbaciones. El aullido de un sabueso lanza esferas semejantes a balones de fútbol, de movimiento más lento y menos peligrosas. Dichos proyectiles suelen ser de color rojo o pardo, según la emoción del animal y el tono de su voz.

El mugido de una vaca origina formas de cantos romos parecidas a troncos de madera. Un rebaño de ovejas crea una nube amorfa con muchas puntas, muy semejante a una nube de polvo. El arrullo de las palomas dibuja graciosas formas curvadas como una S invertida.

En cuanto a los sonidos humanos, una exclamación de enfado se proyecta como una lanza de color escarlata; una conversación insulsa da lugar a una intrincada red de líneas metálicas de color marrón grisáceo, constituyendo una barrera casi perfecta para pensamientos y sentimientos más nobles y elevados. El cuerpo astral de una persona habladora es una chocante lección objetiva sobre lo absurda que es la charla innecesaria, inútil y desagradable.

La risa de un niño se manifiesta en curvas rosadas; la carcajada de una persona de mente vacía causa el efecto explosivo en una masa irregular de color, generalmente pardo o verde sucio. La burla lanza un proyectil amorfo de color rojo opaco, habitualmente manchado de verde pardusco y con puntas agudas.

La carcajada del consciente de sí mismo se asemeja en apariencia y color a un charco de barro hirviendo. La risita nerviosa produce una maraña de algas marinas, de líneas de color marrón y amarillo opaco, generando un efecto muy negativo para el cuerpo astral. La risa alegre y bonachona asciende en formas redondeadas de color oro y verde. Un silbido suave y musical emite un efecto muy parecido al del flautín, aunque más agudo y metálico. Un silbido desafinado lanza pequeños proyectiles agudos de un tono marrón sucio.

El nerviosismo o agitación genera vibraciones trémulas en el aura, de manera que no puede entrar ni salir ningún pensamiento ni sentimiento sin deformarse; incluso los buenos pensamientos que se le envían, adquieren un temblor que prácticamente llega a neutralizarlos. Uno de los puntos esenciales es la exactitud de pensamiento, pero se debe alcanzar sin prisas, con absoluta calma.

El pitido estridente de una locomotora da origen a un proyectil mucho más penetrante y potente que el ladrido de un perro, generando en el cuerpo astral un efecto similar al de una espada al penetrar en el cuerpo físico. Una herida astral se cura en pocos minutos, pero la conmoción del cuerpo astral no desaparece en tan breve tiempo.

El disparo de un cañón causa un grave efecto en las corrientes astrales, al igual que en los cuerpos astrales. Los disparos de rifle y de pistola emiten corrientes formadas por pequeñas agujas.

Los ruidos repetidos influyen en los cuerpos mental y astral, del mismo modo que los golpes afectan al cuerpo físico. El resultado en este último será dolor; en el cuerpo astral, significará irritabilidad; y en el cuerpo mental, una sensación de fatiga e incapacidad para pensar con claridad.

No cabe duda de que cualquier persona que desee conservar sus vehículos astral y mental en buen estado, debe evitar todos los sonidos ruidosos, agudos o repentinos. El efecto producido por el incesante ruido y estruendo de una ciudad, en los cuerpos plásticos astral y mental de los niños, es particularmente nefasto.

Todos los sonidos de la naturaleza se funden en un solo tono, que los chinos llaman el «Gran Tono» o *Kung*. Este posee también su propia forma, vasta y cambiante como el mar, la cual simboliza la nota de nuestra tierra en la música de las esferas. Algunos escritores aseguran que es la nota 'fa' de nuestra escala.

Lógicamente, es posible destruir una forma mental y de hecho, esto se hace en algunas ocasiones; como, por ejemplo, cuando una persona, después de muerta, se ve perseguida por una forma mental maligna, creada probablemente por el odio de aquellos a quienes esa persona había perjudicado en el mundo físico. Aunque dicha forma mental parezca casi una criatura viviente (se cuenta el caso de una que parecía un enorme gorila deformado), es sencillamente una creación temporal de una pasión negativa y de ningún modo una entidad en evolución. Por ello, hacerla desaparecer es tan sencillo como destruir una pila de Leyden, y no constituye en absoluto una acción criminal.

La mayor parte de las personas admiten que los actos que perjudican a otros, sin lugar a dudas, son erróneos; pero son pocos los que consideran que también es malo sentir celos, odio, ambición, etc., aunque tales sentimientos no se expresen con palabras o mediante acciones. Un análisis de las condiciones de vida después de la muerte (Capítulos XIII-XV) revela que tales sentimientos perjudican a la persona que los alberga y le producen un agudo sufrimiento después de su muerte.

El estudio de las formas mentales nos hace entender las enormes posibilidades de dichas creaciones, y la responsabilidad que conlleva el correcto uso de las mismas. Los pensamientos no sólo son cosas, sino que además son cosas extraordinariamente fuertes. Todos las generan sin parar. A menudo resulta imposible prestar ayuda física a quienes la precisan; pero en todos los casos se puede ayudar con el pensamiento, el cual nunca cesa de producir resultados definidos. Nadie debería vacilar en utilizar este poder en toda su plenitud, siempre que lo emplee con propósitos desinteresados y para impulsar el plan divino de evolución.

Capítulo 8

Vida física

En el Capítulo II se ha tratado, a grandes rasgos, de la composición y estructura del cuerpo astral. Ahora procederemos a analizar más detalladamente cómo es y cómo se utiliza durante la conciencia normal, es decir, mientras el cuerpo físico está despierto.

Los factores determinantes de la naturaleza y la calidad del cuerpo astral durante la vida en el mundo físico, pueden agruparse de la siguiente manera:

1.- La vida física.
2.- La vida emocional.
3.- La vida mental.

1 - Vida física

Como ya hemos visto, cada partícula del cuerpo físico dispone de su correspondiente «contraparte» astral. De ese modo, al igual que los sólidos, líquidos, gases y éteres que componen el físico, pueden ser toscos o refinados, groseros o delicados, de la misma índole serán las respectivas envolturas astrales. Un cuerpo físico nutrido con alimento impuro, generará un cuerpo astral igualmente impuro, mientras que un cuerpo físico alimentado con sustancias limpias contribuirá a purificar el vehículo astral.

Si tenemos en cuenta que el cuerpo astral es el vehículo de las emociones, de las pasiones y de las sensaciones, es lógico que uno de tipo grosero sea particularmente sensible a las pasiones y emociones más bajas; mientras que un cuerpo astral refinado responderá con mayor diligencia a emociones y aspiraciones más nobles.

Resulta imposible poseer un cuerpo físico tosco y tratar de organizar el astral y el mental para propósitos más refinados. Tampoco puede ocurrir que se tenga un cuerpo físico puro y el mental y el astral impuros, puesto que los tres cuerpos son interdependientes.

Los alimentos que se ingieren no sólo afectan al cuerpo físico, sino también a los más sutiles. La dieta carnívora es nefasta para el auténtico desarrollo oculto; quienes la adoptan ponen graves e innecesarios obstáculos en su camino, ya que la carne intensifica todos los elementos indeseables, así como las pasiones de los planos inferiores.

En los Misterios antiguos participaban hombres de la máxima pureza y todos eran vegetarianos. El Baja Yogui pone especial cuidado en purificar el cuerpo físico, adoptando un complicado sistema de alimentación, bebida, sueño, etc., que requiere alimentos *sátvicos* o «rítmicos». Para ello, se ha elaborado un sistema completo, en lo referente a la alimentación, con objeto de preparar el cuerpo para que pueda ser utilizado por la conciencia más elevada. La carne es un alimento *rajásico*, es decir, responde a la cualidad actividad, puesto que es estimulante y apto para expresar deseos y actividades animales. Dichos alimentos son absolutamente inapropiados para una constitución nerviosa más refinada. El yogui, por consiguiente, no puede emplearlos para los procesos superiores del pensamiento.

Los alimentos en proceso de descomposición, como la caza, la carne de venado, etc., al igual que el alcohol, son *tamásicos* o pesados y asimismo deben ser evitados.

Los alimentos con tendencia a crecer, como los cereales y las frutas, son *sátvicos* o rítmicos, siendo los más idóneos y los más vitalizados para construir un cuerpo sensible, a la vez que robusto.

Algunas otras sustancias también afectan de modo desfavorable al cuerpo físico. Una de ellas es el tabaco, que impregna el cuerpo físico de partículas impuras, provocando emanaciones tan materiales, que a veces son perceptibles al olfato. Desde el punto de vista astral, el tabaco no sólo causa impureza, sino que también tiende a debilitar la sensibilidad del cuerpo, por lo que se dice que «calma los nervios». Con las condiciones de la vida moderna, esto puede ser menos perjudicial que dejar los nervios «sin calmar», aunque es verdaderamente indeseable para el ocultista, quien debe ser capaz de responder al instante la mayor cantidad posible de vibraciones, naturalmente siempre bajo el más estricto control.

Por otro lado, es innegable que el consumo del alcohol es nocivo desde el punto de vista de los cuerpos astral y mental.

Es posible que, al despertar la conciencia superior, los cuerpos alimentados con carne y alcohol caigan enfermos. Las enfermedades nerviosas, por ejemplo, en parte se deben a que la conciencia superior intenta expresarse a través de cuerpos obstruidos por el consumo de carne y envenenados por el alcohol. El cuerpo pituitario, en particular, se envenena con mucha facilidad, aunque la cantidad de alcohol sea pequeña, lo cual frena su evolución superior. Es precisamente el envenenamiento del cuerpo pituitario por el alcohol lo que acarrea las visiones anormales e irracionales de los que sufren *delirium tremens*.

Aparte de ser los causantes de que el cuerpo físico y el astral se vuelvan más toscos, la carne, el alcohol y el tabaco presentan el grave inconveniente de que atraen entidades astrales indeseables, que disfrutan con las emanaciones de la sangre y del alcohol. Dichas entidades se mueven en torno a la persona, tratando de transmitirle sus pensamientos y de influir en el cuerpo astral. Principalmente por este motivo, la carne y el vino están prohibidos en el sistema yogui del Sendero de la Derecha.

Las entidades citadas son elementales artificiales originados por los pensamientos y deseos humanos, así como por seres depravados, aprisionados en sus cuerpos astrales, que se conocen como elementales humanos. Estos se ven atraídos hacia personas con cuerpos astrales constituidos por materia de su misma naturaleza. Naturalmente, los últimos buscan satisfacer los vicios que tenían mientras se encontraban en el cuerpo físico. Un clarividente astral puede ver hordas de horribles elementales agrupados en torno a las carnicerías, mientras que en las tabernas y bares se dan cita los elementales humanos, disfrutando de las emanaciones del alcohol, e introduciéndose incluso en los cuerpos de los bebedores.

Prácticamente todas las drogas como el opio, la cocaína, la teína, la cafeína, etc., producen efectos aniquiladores sobre los vehículos superiores. En ocasiones, como es natural, sirven para el tratamiento de ciertas enfermedades; en todo caso, el ocultista debe consumirlas lo menos posible. Aquellos que conozcan el procedimiento, pueden borrar los efectos del opio (empleado para aliviar dolores agudos) sobre los cuerpos astral y mental, una vez que la droga haya actuado sobre el cuerpo físico.

La suciedad de todo tipo es también problemática en los mundos superiores, incluso más que en el físico, porque atrae a una clase muy baja de espíritus de la naturaleza. Por tanto, el ocultista será muy meticuloso en cuestiones de limpieza. Debe prestar especial atención a las manos y pies, ya que las emanaciones fluyen con más facilidad a través de las extremidades.

Los ruidos físicos, como los que predominan en las ciudades, alteran los nervios y son motivo de irritación y de fatiga. Su efecto se intensifica debido a la aglomeración de infinidad de cuerpos astrales que vibran a diferente ritmo, todos excitados y solivizantados por menudencias. Aunque esa irritación sea superficial y pueda desaparecer de la mente, el efecto producido en el cuerpo astral puede durar hasta cuarenta y ocho horas. Por eso a los habitantes de las grandes ciudades les resulta tan difícil evitar la irritabilidad, sobre todo a aquellos con un cuerpo astral más refinado y sensible que el del hombre corriente.

A grandes rasgos, podemos decir que todo lo que contribuye a la salud del cuerpo físico, también actúa favorablemente sobre los vehículos superiores.

Los viajes constituyen asimismo otro de los muchos factores que influyen en él, puesto que el viajero recibe las distintas influencias etéricas y astrales características de los lugares y regiones que visita. El océano, la montaña, las cascadas, tienen cada uno su tipo especial de entidades vivientes astrales y etéricas, al igual que visibles; en consecuencia, también tienen su propia serie de influencias. Muchas de las entidades invisibles emanan vitalidad; en cualquier caso, el efecto sobre los cuerpos etérico, astral y mental de las personas debe ser saludable y beneficioso a largo plazo, aunque momentáneamente el cambio produzca una sensación de cansancio. De ahí que, de vez en cuando, sea recomendable el cambio de la ciudad al campo, por ser beneficioso tanto para la salud emocional como para la física.

El cuerpo astral también puede verse afectado por objetos como los talismanes. La manera de prepararlos se describe en la obra: «EL DOBLE ETÉRICO». En este apartado solamente nos ocuparemos de sus efectos generales.

Un objeto se convierte en un talismán cuando ha sido intensamente cargado de magnetismo por una persona competente para un fin determinado. Si está bien hecho, seguirá descargando su magnetismo con la misma fuerza durante muchos años.

Un talismán se puede utilizar para numerosos fines. Por ejemplo, se le puede cargar con pensamientos de pureza, que se expresarán en vibraciones de ritmo preciso en materia astral y en mental. Estas vibraciones, por ser directamente opuestas a los pensamientos de impureza, tienden a neutralizar o a superar los pensamientos impuros que surjan en la mente. En muchos casos, el pensamiento impuro será alguno recogido por casualidad; por lo tanto, no poseerá gran poder en sí mismo. El talismán, por otro lado, ha sido cargado de manera intencionada e intensa; por ello, al chocar las dos corrientes de pensamiento, los conectados con el talismán sin lugar a dudas, harán desaparecer a los otros. Además, la confrontación inicial entre los pensamientos opuestos atraerá la atención del hombre y le dará tiempo a recogerse en sí mismo, de modo que no lo cogerán desprevenido, como suele ocurrir.

Otro ejemplo es un talismán cargado con pensamientos de fe y de valor. Este se comportará de dos maneras: en primer lugar, las vibraciones irradiadas por el talismán se opondrán a los sentimientos de temor, en cuanto éstos aparezcan, impidiendo que se acumulen y se fortalezcan unos a otros, como suelen hacer hasta volverse irresistibles. El efecto se puede comparar con el del giroscopio que, cuando se pone en movimiento en un sentido, se resiste con fuerza a que se le haga girar en el sentido contrario.

Además, el talismán actúa directamente sobre la mente del que lo emplea. En cuanto éste sienta los primeros síntomas de temor, probablemente se acordará del talismán y evocará la fuerza de reserva de su voluntad para ofrecer resistencia al sentimiento indeseable.

Una tercera posibilidad del talismán es vincularlo con la persona que lo haya cargado: si quien lo usa se encuentra en una situación desesperada, puede llamar a quien cargó el talismán y pedir su ayuda. El magnetizador puede o no ser consciente de esta llamada, pero en cualquier caso, su Ego sí lo será y responderá intensificando las vibraciones del talismán.

Determinados artículos son, en gran medida, amuletos o talismanes naturales, por ejemplo: todas las piedras preciosas, pues cada una de ellas tiene una influencia distinta. Estas pueden utilizarse de dos maneras: 1. - La influencia atrae hacia sí esencia elemental de un cierto tipo, además de pensamientos y deseos que se expresan de modo natural por medio de tal esencia. 2. - Estas características naturales las convierten en vehículos adecuados para el magnetismo que deberá actuar en el mismo sentido que dichos pensamientos y emociones. Así, por ejemplo, para un amuleto de pureza, se deberá elegir una piedra cuyas emanaciones naturales no estén en armonía con las que manifiestan pensamientos impuros.

A pesar de que las partículas de la piedra son físicas, por hallarse en este plano están sintonizadas con la tónica de pureza de los planos superiores. Incluso aunque la piedra esté magnetizada, detendrán el pensamiento o sentimiento de impureza. Además, la piedra puede cargarse fácilmente en los planos astral y mental por medio de las ondulaciones de pensamiento y sentimiento puros ajustadas a la misma tónica.

Otros ejemplos son: 1. - Los granos de rudraksha, frecuentemente empleados en la India para hacer collares, se prestan especialmente a ser magnetizados, a fin de ayudar a la meditación sostenida y alejar cualquier influencia perturbadora. 2. - Los granos de la planta tulsi, cuyo efecto es un poco diferente a la primera.

Los objetos que despiden un fuerte olor son talismanes naturales. Así, las gomas escogidas para fabricar incienso despiden radiaciones favorables al pensamiento espiritual y devocional, y no están en armonía con ninguna forma de perturbación o preocupación. Las brujas medievales combinaban, en ocasiones, los ingredientes del incienso para producir el efecto contrario; esto mismo se hace también hoy en las ceremonias luciferinas. Como regla general, se recomienda evitar los olores pesados como el del almizcle, dado que muchos de ellos poseen un carácter sensual.

Algunas veces, un objeto que no haya sido cargado a propósito, puede poseer la fuerza de un talismán, por ejemplo, un regalo de un amigo, como puede ser un anillo, o una cadena, incluso hasta una carta.

Los objetos que se suelen llevar en el bolsillo, pueden llegar a cargarse de magnetismo, y ser capaces de emanarlo para generar efectos determinados en quien lo reciba, como sucede en el caso de los relojes. Las monedas y los billetes de banco generalmente están cargados de magnetismo, mezcla de pensamientos y sentimientos; por tanto, pueden desprender influencias perturbadoras e irritantes.

Los pensamientos y sentimientos de una persona no sólo influyen en ella y en otras personas, sino que además pueden impregnar a los objetos inanimados que la rodean, así como las paredes y el mobiliario. La persona magnetiza inconscientemente dichos objetos físicos, de manera que estos adquieren el poder de sugerir pensamientos y sentimientos similares a otras personas, dentro del radio de su influencia.

2 - *Vida emocional*

No es necesario recalcar que la calidad del cuerpo astral está determinada, en gran parte, por el tipo de sentimientos y emociones que lo hacen vibrar continuamente.

El hombre emplea su cuerpo astral, de manera consciente o inconsciente, cada vez que expresa una emoción; de igual modo, utiliza su cuerpo mental cada vez que piensa, y su cuerpo físico cuando realiza algún trabajo físico.

Esto, evidentemente, no es lo mismo que utilizar el cuerpo astral como vehículo *independiente,* por medio del cual se pueda manifestar plenamente la conciencia. De este tema nos ocuparemos en otro momento.

Como ya hemos visto, el cuerpo astral constituye el campo de manifestación del deseo. Es el espejo que refleja instantáneamente cualquier sentimiento y en él se debe expresar cualquier pensamiento que contenga algo que afecte al ser personal. Con material del cuerpo astral se da forma corporal a los «elementales» oscuros que los hombres crean y ponen en acción con sus deseos y sentimientos negativos; de ese mismo material, también adquieren forma corporal los elementales benéficos, a los que dan vida los buenos deseos, la gratitud y la caridad.

El cuerpo astral se desarrolla con el uso, al igual que cualquier otro cuerpo y posee también sus propios hábitos y tendencias, formados y fijados por medio de la repetición constante de actos semejantes. El cuerpo astral, durante la vida física, recibe y responde a estímulos procedentes tanto del cuerpo físico como del mental inferior, y tiende a repetir automáticamente las vibraciones a las que está habituado; de la misma manera que la mano repite un gesto familiar, así también el cuerpo astral repite un sentimiento o pensamiento con el que se haya familiarizado.

Todas las actividades calificadas como negativas, sean pensamientos egoístas (mentales) o sentimientos del mismo carácter (astrales), invariablemente se manifiestan como vibraciones en la materia más grosera de dichos planos; mientras que los pensamientos y sentimientos altruistas se manifiestan como vibraciones en la materia de clase superior. Dado que la materia fina se mueve con más facilidad que la grosera, un pensamiento o un sentimiento bueno generan, tal vez, cien veces más fuerza que la materia más grosera. Si no fuera por eso, lo más probable es que el hombre corriente no experimentara ningún progreso.

El efecto del diez por ciento de fuerza, destinada a hacer el bien, compensa con creces al otro noventa por ciento, dedicado a fines egoístas; de esa manera, el hombre progresa conside-rablemente de vida en vida. Una persona que tenga solamen-te un uno por ciento de bueno realiza un ligero progreso. Una persona cuyo porcentaje esté equilibrado exactamente, es decir, que ni avanza ni retrocede, debe llevar mala vida; mien-tras que para retroceder, hay que ser un malvado extraordina-riamente implacable.

Incluso las personas que conscientemente no hacen nada por mejorar, y dejan que la vida siga su curso, evolucionan pro-gresivamente, gracias a la fuerza irresistible del Logos, que los empuja continuamente hacia adelante. Sin embargo, avanzan con tanta lentitud que necesitarán millones de años de encar-nación, dificultades e inutilidad para adelantar un solo paso.

El progreso se asegura gracias a un método sencillo e ingenioso. Como hemos visto, las cualidades negativas son vibraciones en la materia más grosera del plano correspon-diente, de la misma manera que las cualidades buenas son vibraciones en la materia de orden superior. De esto se des-prenden dos resultados importantes.

No hay que olvidar que cada subplano del plano astral tiene relación especial con el correspondiente subplano del plano mental, por lo que los cuatro subplanos inferiores del astral se corresponden con las cuatro clases de materia del pla-no mental, al tiempo que los tres subplanos superiores del astral tienen su correspondencia en las tres clases de materia del cuerpo causal.

En consecuencia, las vibraciones astrales inferiores no encuentran en el cuerpo causal materia que sea capaz de responder a ellas; por eso, las cualidades superiores son las únicas que cons-truyen el cuerpo causal. Por tanto, todo lo bueno que el hombre lleve a cabo se registra de forma permanente, gracias al efecto ori-ginado en el cuerpo causal. En cambio, todo lo malo que haga, sienta o piense no puede afectar en absoluto al Ego, sólo puede ocasionar perturbaciones y malestar en el cuerpo mental, que se renueva en cada encarnación. El resultado del mal se almacena en los átomos permanentes astral y mental. Por eso, el hombre aún tendrá que enfrentarse a ellos hasta hacerlos desaparecer, y por fin consiga arrancar de sus vehículos cualquier tendencia a responder al mal. Como resulta evidente, esto no tiene nada que ver con incorporarlo al Ego y hacerlo formar parte del mismo.

La materia astral responde con mayor rapidez que la física a los impulsos procedentes del mundo de la mente; por eso, el cuerpo astral del ser humano, al estar formado por dicha materia, participa de esta celeridad para responder a los impactos del pensamiento y vibra en respuesta a todos ellos tanto si proceden del exterior, es decir, de otras mentes, como si provienen de su propia mente.

De ello se deduce que un cuerpo astral, cuyo poseedor le permita responder asiduamente a malos pensamientos, se convierte en un imán que atrae pensamientos y emociones de la misma índole que se encuentren próximos. Por otro lado, un cuerpo astral puro actúa para rechazar decididamente tales pensamientos y emociones y, en cambio, atrae hacia sí formas de pensamiento y emoción de materia y vibración comparables a las suyas. Hemos de tener en cuenta que el mundo astral está poblado de pensamientos y emociones de otras personas, que ejercen una presión constante, chocan continuamente con los cuerpos astrales y tratan de obligarlos a vibrar a un ritmo igual al suyo.

Al mismo tiempo, existen los espíritus de la naturaleza de bajo orden, los cuales disfrutan con las groseras vibraciones de la cólera y del odio, y se lanzan a cualquier corriente de esa naturaleza, intensificando así las ondulaciones y otorgándoles nueva vida. Las personas que ceden a esos sentimientos pueden tener la seguridad de estar rodeadas de esos «cuervos» del mundo astral, que se empujan unos a otros en ávida anticipación del siguiente estallido de pasión.

Una gran parte del mal humor que mucha gente siente, tiene su origen, en mayor o menor medida, en influencias astrales extrañas. Aunque la depresión puede deberse a causas puramente físicas, tales como una indigestión, un resfriado, el cansancio, etc., con mayor frecuencia es originada por alguna entidad astral que sufre una depresión, y deambula alrededor, ya sea en busca de simpatía o con la esperanza de robar al sujeto la vitalidad que le falta.

Por otro lado, un hombre que esté sufriendo un ataque de ira, pierde temporalmente el dominio de su cuerpo astral y el elemental del deseo se vuelve altísimo. En tales condiciones, el hombre puede obsesionarse, sea por algún fallecido con un carácter parecido, o por algún elemental artificial maligno.

Los estudiantes deberían evitar a toda costa la depresión, puesto que es un gran obstáculo para el progreso. Como mínimo, deben intentar que nadie vea que la está sufriendo, porque indica que piensan más en sí mismos que en su Maestro, lo cual hace más complicado que la influencia de Este actúe sobre ellos. La depresión ocasiona muchos sufrimientos a las personas sensibles; además, es la culpable del miedo que los niños sienten por la noche. No es conveniente que la vida interna del aspirante esté sujeta a constantes alteraciones emocionales.

Ante todo, el aspirante debe aprender a no dejarse dominar por las preocupaciones. La dicha no es incompatible con la aspiración. El optimismo está justificado por la convicción de que el bien siempre vence. No obstante, es cierto que si tenemos en cuenta solamente el plano físico, no resulta fácil mantener esa actitud.

Si el hombre se deja llevar por la tensión de emociones muy fuertes, corre el peligro de morir, de caer en la locura o en la obsesión. Ésta puede no ser necesariamente mala, pero de todas formas, no hay duda de que cualquier obsesión es contraproducente.

Este fenómeno se puede ilustrar con las «conversiones» que suceden en un despertar religioso. En esos casos, algunos individuos alcanzan un estado de excitación emocional tan fuerte que llegan a perder el control de sí mismos; en tal estado pueden obsesionarse por un predicador muerto perteneciente a su misma confesión religiosa. Incluso puede ocurrir que trabajen temporalmente los dos con un mismo cuerpo. La enorme cantidad de energía de estos excesos esotéricos es contagiosa y se extiende con rapidez entre la muchedumbre.

Una perturbación astral genera una especie de remolino gigantesco, hacia el que se precipitan las entidades astrales cuyo único objetivo es experimentar sensaciones. Éstas son espíritus de la naturaleza que se complacen sumergiéndose en las vibraciones de excitación de cualquier índole, tanto religioso como sexual, y se comportan como niños que juegan con las olas; así, proporcionan y refuerzan la energía tan arriesgadamente derrochada. La idea que predomina en quienes sufren tal perturbación suele ser la egoísta de salvar su propia alma, pero la materia astral es de calidad grosera y los espíritus de la naturaleza son asimismo de naturaleza primitiva.

El efecto emocional de un despertar religioso es muy poderoso. En ciertos casos, un hombre puede ser beneficiarse de su «conversión» de un modo auténtico y permanente; sin embargo, los estudiantes de ocultismo que se lo tomen en serio, deberían evitar los mencionados excesos de agitación emocional, que encierran un gran peligro para muchos. «La excitación es ajena a la vida espiritual».

La locura puede obedecer a muchos motivos: puede ser debida a defectos en uno o más vehículos, sea el físico, el etérico, el astral o el mental. En algunos casos, está originada por algún fallo en el ajuste entre las partículas astrales y las del etérico o las del mental. En ese caso, el demente no recupera la cordura hasta que llega al mundo celestial, es decir, una vez que haya abandonado su cuerpo astral y haya pasado al mental. Este tipo de locura es poco frecuente.

El efecto provocado por las vibraciones de un cuerpo astral se conoce en Oriente desde hace mucho tiempo; ésta es una de las razones por las que es enormemente beneficioso para un alumno vivir en las proximidades de otro ser más evolucionado que él. Un instructor hindú no sólo prescribe a su alumno ejercicios y estudios especiales destinados a purificar los vehículos, a desarrollar y fortalecer el cuerpo astral, sino que además lo tiene cerca de él físicamente, con objeto de que esta estrecha asociación armonice y sintonice los vehículos del discípulo con los del instructor. Este último ya habrá apaciguado los suyos y los habrá acostumbrado a vibrar a unos cuantos ritmos seleccionados, y no a cientos de ellos mezclados. Estos escasos grados de vibración son muy fuertes y estables, de modo que, día y noche, dormido o despierto, actúan sin pausa sobre los vehículos del alumno y van elevando paulatinamente la vibración de éste hasta la tónica de su instructor.

Por motivos similares, el hindú que desee llevar una vida superior se retira al bosque, al igual que los de otras razas se apartan del mundo y viven como ermitaños. Así, disfruta de un espacio donde respirar y descansar del perpetuo conflicto provocado por los constantes choques de sus vehículos con los sentimientos y pensamientos de otras personas, y dispone de tiempo para pensar de manera coherente. Por otra parte, las apacibles influencias de la naturaleza le ayudarán también en cierta medida.

Algo parecido ocurre con el efecto producido sobre los animales que viven en estrecha relación con seres humanos. La fidelidad de un animal hacia el dueño a quien ama, y el esfuerzo del primero para entender los deseos del segundo y complacerle, desarrollan extraordinariamente la inteligencia del animal, así como su capacidad para sentir afectos y devoción. Además, la influencia continua de los vehículos del hombre sobre los del animal refuerza, en gran medida, su desarrollo y prepara el camino para su individualización.

Mediante un esfuerzo de voluntad, se puede construir una concha o coraza de materia astral en la periferia del aura astral. Esto persigue tres objetivos:

1 - Protegerse de las vibraciones de índole emocional, tales como las del odio, la ira o la envidia, enviadas intencionadamente por otra persona.

2 - Resguardarse de las vibraciones que flotan en el mundo astral y que chocan contra la propia aura.

3 - Preservar al cuerpo astral durante la meditación.

Dichas conchas o corazas no duran mucho, y hay que renovarlas a menudo, si se van a necesitar durante un tiempo prolongado.

Como es lógico, esa coraza protegerá tanto de las vibraciones externas como de las internas. Por tanto, se debe construir la coraza de modo que no puedan penetrar las vibraciones indeseables, pero que deje pasar las vibraciones de orden superior que se pretendan enviar hacia fuera.

En líneas generales, podemos decir que cuando uno utiliza una concha o coraza para su protección, hasta cierto punto está admitiendo su debilidad, ya que si se sintiera fuerte no necesitaría ninguna protección de este tipo. Por otro lado, las corazas pueden servir para ayudar a otros que requieran protección.

Como ya hemos mencionado, el cuerpo astral humano contiene, aparte de la materia astral ordinaria, una cantidad de esencia elemental. Durante la vida del hombre, esta esencia elemental se recoge del océano de materia similar del ambiente, y se transforma en lo que podemos designar como elemental artificial, es decir, una especie de entidad separada semi-inteligente, conocida como Elemental de Deseo. Este Elemental sigue el curso de su propia evolución en descenso hacia la materia, ignorando (o sin tener en cuenta) las conveniencias o intenciones del Ego al cual está unido. El interés del Elemental se encuentra en total contraposición con el del hombre, ya que busca vibraciones más fuertes y groseras. De ahí la interminable lucha que describe San Pablo, cuando dice: «... la ley de los miembros en guerra contra la ley de la mente». Cuando este Elemental descubre que la asociación con la materia del cuerpo mental del hombre le proporciona vibraciones más intensas, trata de agitar la materia mental en simpatía, e induce al hombre a creer que *desea* las sensaciones que el Elemental está buscando.

Por ello, se convierte en una especie de tentador. No obstante, el Elemental de Deseo no es una entidad maligna; de hecho, no es ninguna entidad en evolución, ya que no puede reencarnar y lo único que evoluciona es la esencia de la que está compuesto. Tampoco alimenta intenciones malignas contra el hombre, puesto que no sabe absolutamente nada del hombre del que, provisionalmente, forma parte. Por eso, no lo debe considerar como un enemigo, a quien se mira con horror, sino como parte de la vida divina, como el hombre mismo, aunque en una fase distinta de desarrollo.

Es erróneo suponer que al negarse a satisfacer al Elemental de Deseo con vibraciones groseras, uno está retrasando la evolución del mismo, porque no es así. Al dominar las pasiones y desarrollar cualidades superiores, el hombre abandona la esencia inferior y ayuda a desarrollar la de clase superior. Las vibraciones de orden inferior puede proporcionarlas un animal, incluso mejor que el hombre; mientras que únicamente el hombre puede evolucionar la esencia de calidad superior.

Durante toda su vida el hombre debería oponerse a la tendencia del Elemental de Deseo a buscar vibraciones físicas bajas y groseras, sin olvidar que la conciencia y las simpatías y antipatías del mismo, no son las del hombre real.

Él es quien ha creado el Elemental, pero no debe ser su esclavo, sino que lo debe dominar y considerarse separado del mismo. En el capítulo XXI estudiaremos con más detenimiento este tema.

3 - Vida mental

El último de los factores que afectan al cuerpo astral, durante la conciencia de vigilia, es la vida mental. Las actividades mentales ejercen considerables influencias sobre el cuerpo astral, a causa de los dos motivos siguientes:

1- Porque la materia mental inferior está tan íntimamente relacionada con la astral (kâma), que a la inmensa mayoría de las personas les resulta casi imposible utilizar la una sin la otra. Por ejemplo, pocos son capaces de pensar sin sentir, o sentir sin pensar al mismo tiempo, de una manera u otra.

2 - Porque la organización y el dominio del cuerpo astral es una función de la mente. Esto prueba el principio general, según el cual cada cuerpo es construido por una conciencia que actúa en el plano inmediato superior. Sin el poder creador del pensamiento, el cuerpo astral no podría organizarse.

Cualquier impulso enviado por la mente al cuerpo físico debe atravesar el cuerpo astral y produce, además, un efecto sobre éste. Por otra parte, la materia astral responde a las vibraciones mentales mucho más rápidamente que la física, de manera que el efecto de dichas vibraciones está proporcionalmente más marcado en el astral que en el cuerpo físico. Por consiguiente, una mente regulada, entrenada y desarrollada también tiene tendencia a regular y desarrollar al cuerpo astral. Sin embargo, cuando la mente no controla activamente al cuerpo astral, éste recibe estímulos externos y responde prestamente a ellos, por ser particularmente susceptible a las corrientes mentales pasajeras.

Hasta el momento, hemos analizado los efectos generales producidos sobre el cuerpo astral, durante la vida ordinaria, en sus aspectos físico, emocional y mental. Ahora vamos a ocuparnos, aunque sólo sea a grandes rasgos, del empleo de las facultades especiales del cuerpo astral, durante el estado de conciencia de vigilia o despierto.

En el Capítulo V ya hemos descrito la naturaleza de tales facultades en conexión con los distintos chakras o centros del cuerpo astral. Gracias a los poderes de la propia materia astral desarrollados mediante los chakras, el hombre puede, no sólo recibir vibraciones de materia etérica transmitidas a través del cuerpo astral hasta la mente, sino también percibir directamente impresiones de la materia del mundo astral que lo rodea; impresiones que son transmitidas de manera parecida, por medio del mental, al hombre real interno.

Para recibir impresiones directamente del mundo astral, el hombre debe aprender a concentrar su conciencia en su cuerpo astral, y no en el cerebro físico, como sucede con frecuencia.

En las personas de tipo inferior, kâma, –o deseo–, sigue siendo la característica dominante, aunque haya avanzado un poco también en su desarrollo mental. La conciencia de esas personas se centra en la parte inferior del cuerpo astral, y sus respectivas vidas están gobernadas por las sensaciones relacionadas con el plano físico. Por esta razón, el cuerpo astral constituye la parte más sobresaliente del aura de los hombres carentes de desarrollo.

Por su parte, el hombre corriente de nuestra raza también continúa viviendo casi completamente de sus sensaciones, aunque el astral superior vaya entrando en acción. Sin embargo, lo importante para él, lo que guía su comportamiento, no es lo correcto o lo razonable, sino simplemente cuál es su deseo. Los más cultos y más desarrollados comienzan a dirigir sus deseos mediante la razón; o dicho de otro modo, sus centros de conciencia están trasladándose progresivamente desde el astral superior hasta el mental inferior. A medida que el hombre avanza, la conciencia va elevándose poco a poco, hasta que se rige por principios y no por el interés o el deseo.

Los estudiantes recordarán que la humanidad aún se encuentra en la Cuarta Ronda, que está naturalmente destinada al desarrollo del deseo y de la emoción; sin embargo, también estamos desarrollando el intelecto, que será la característica específica de la Quinta Ronda. Esto es así gracias al enorme estímulo proporcionado a nuestra evolución por los Señores de la Llama, venidos de Venus, y al trabajo de los Adeptos que han conservado esa influencia para nuestro beneficio, y se sacrifican continuamente para que podamos realizar mayores progresos.

También debemos tener presente que en el ciclo menor de las razas, la quinta raza-raíz está actuando en el cuerpo mental, mientras la cuarta raza-raíz se ocupa en particular del cuerpo astral.

Aunque en la inmensa mayoría de las personas la conciencia se centra en el cuerpo astral, muchísimas de ellas no son conscientes, ni saben absolutamente nada de este cuerpo ni de cómo se emplea. A sus espaldas tienen una larga serie de vidas en las que no han utilizado las facultades astrales; sin embargo, esas facultades se han desarrollado sin cesar como en el interior de una cáscara, de modo parecido a como crece el pollo en el interior del huevo. Por ello, una gran cantidad de personas poseen facultades astrales de las que son completamente inconscientes; por así decirlo, las tienen muy cerca de la superficie, y es probable que, a medida que conozcan y comprendan más estas cuestiones, muchas desarrollen las facultades latentes y sean más frecuentes que hoy día.

La cáscara o concha mencionada anteriormente está formada por una gran masa de pensamiento centrado en sí mismo, donde el hombre corriente está como enterrado. Esto mismo se aplica, tal vez con mayor razón, a la vida de sueño, de la que nos ocuparemos en el capítulo siguiente.

Hemos hablado antes de concentrar la conciencia en el cuerpo astral. El hombre solamente puede concentrarla en un único vehículo cada vez, aunque puede ser vagamente consciente de los otros. La vista física nos proporciona una analogía: si mantenemos un dedo delante del rostro, podemos enfocar los ojos para verlo con nitidez; pero al mismo tiempo estaremos viendo el fondo de atrás, aunque imperfectamente, por estar desenfocado. En un momento dado, podemos cambiar el foco y ver nítidamente el fondo; pero el dedo, al estar desenfocado, se verá de forma vaga e imperfecta.

Análogamente, si una persona que ha desarrollado la conciencia astral y la mental se concentra en el cerebro físico, como sucede en la vida corriente, verá perfectamente los cuerpos de las personas y al mismo tiempo sus cuerpos astral y mental, aunque con cierta imprecisión. En un momento puede variar el foco de su conciencia para ver perfectamente el cuerpo astral y verá también el físico y el mental, pero no con detalle. Lo mismo sucede con la vista mental y con la de los planos superiores.

En el caso de una persona altamente desarrollada, cuya conciencia se ha extendido más allá del cuerpo causal (mental superior), hasta ser capaz de funcionar autónomamente en el plano búdico, alcanzando, en cierto grado, el plano átmico, el centro de conciencia se localiza en el mental superior y en el plano búdico. En una persona así, el mental superior y el astral superior están mucho más desarrollados que sus inferiores. Aunque conserva el cuerpo físico, es por simple conveniencia para trabajar en el mismo, pero no porque sus pensamientos y deseos estén fijos en él. Esa persona está por encima de cualquier deseo que pueda sujetarlo a la encarnación, y mantiene el cuerpo físico como instrumento al servicio de las fuerzas de los planos superiores, a fin de que éstas puedan descender hasta el plano físico.

Capítulo 9

Vida de sueño

Astral

Al parecer, la verdadera causa del sueño es que los cuerpos se cansan los unos de los otros. En el caso del cuerpo físico, los esfuerzos musculares, además de los pensamientos y sentimientos, ocasionan ligeros cambios químicos. Un cuerpo sano siempre trata de contrarrestar esos cambios, pero mientras está despierto, nunca llega a conseguirlo por completo. En consecuencia, cada pensamiento, sentimiento y acción producen una ligera pérdida –apenas perceptible–, cuyo efecto acumulativo, con el tiempo, deja al cuerpo físico totalmente agotado para pensar o trabajar. En determinados casos, son suficientes unos minutos de sueño para recuperarse, lo cual es obra del Elemental físico.

En lo concerniente al cuerpo astral, éste se cansa muy pronto de la dura tarea de mover las partículas del cerebro físico, por lo que necesita separarse de éste durante un tiempo prolongado, con objeto de recobrar fuerzas con las que reanudar su agotador trabajo. Sin embargo, en su propio plano, el cuerpo astral no puede sentir cansancio, puesto que se dan casos en que ha trabajado ininterrumpidamente durante veinticinco años, sin mostrar signos de fatiga.

Aunque una emoción excesiva, de larga duración, en seguida cansa al hombre en la vida corriente, no es el cuerpo astral el que se fatiga, sino el organismo físico a través del cual se expresa o experimenta dicha emoción.

Algo parecido sucede con el cuerpo mental. Cuando hablamos de fatiga mental, en realidad estamos cometiendo un error, porque lo que se cansa es el cerebro y no la mente. No existe nada que pueda fatigar a la *mente*.

Cuando el cuerpo físico del hombre entra en el sueño (o al morir), la presión de la materia astral que lo rodea (lo cual realmente significa la fuerza de gravedad del plano astral) hace que otra materia de la misma clase ocupe en seguida el espacio que ha quedado vacío. Tal contraparte astral es una copia exacta del cuerpo físico, en cuanto a distribución se refiere; sin embargo, no está vinculada con el mismo ni puede ser empleada como vehículo. Es una simple coincidencia fortuita de partículas de la adecuada materia astral disponible. Al regresar el auténtico cuerpo astral, éste desaloja al provisional sin que éste oponga la menor resistencia.

Por esta razón, debemos escoger cuidadosamente el espacio donde se duerme. Si es inadecuado, mientras el astral verdadero está ausente, el cuerpo físico puede verse rodeado de materia astral perjudicial y dejar tras sí influencias que reaccionen de manera desagradable ante el hombre real a su vuelta.

Durante el sueño, los principios superiores del hombre, junto con el cuerpo astral, se retiran del cuerpo físico; el denso y etérico permanecen en la cama y el astral flota en el aire por encima de ellos. Por tanto, mientras duerme, el hombre simplemente utiliza el cuerpo astral en lugar del físico. El único que duerme es el cuerpo físico, no necesariamente el propio hombre.

Por regla general, el cuerpo astral, separado del físico, conserva la misma forma de éste; por eso, la persona es reconocida en el astral por quienes la conozcan físicamente. Esto se debe a que la atracción entre las partículas astrales y las físicas persiste durante toda la vida física, e instaura, en la materia astral, un hábito o impulso que perdura, aunque estén separadas transitoriamente durante el sueño.

Por esta razón, el cuerpo astral de una persona dormida se compone de una porción central, que corresponde al cuerpo físico, relativamente denso, y un aura que lo envuelve y que es relativamente sutil.

En un hombre muy poco desarrollado, por ejemplo, un salvaje, puede ocurrir que el cuerpo astral esté tan dormido como el físico, porque su conciencia astral es muy limitada. Asimismo es incapaz de distanciarse de la proximidad inmediata del cuerpo físico dormido, y si se tratara de alejarlo en su cuerpo astral, el físico probablemente se despertaría asustado.

El cuerpo astral de un hombre así es una masa nebulosa flotante, prácticamente amorfa, de forma algo ovoide, pero muy irregular y de contornos indefinidos. Las facciones y el perfil de la forma interior (la contraparte astral densa del cuerpo físico) son también borrosos e imprecisos, aunque siempre son reconocibles.

Un hombre de tipo tan primitivo utiliza su cuerpo astral mientras está despierto, enviando a través del mismo corrientes mentales al físico. Pero cuando duerme, el cerebro físico está inactivo; al no estar desarrollado el astral, es incapaz de percibir impresiones por su propia cuenta; por eso, el hombre se encuentra prácticamente inconsciente, ya que no puede expresarse con claridad a través de un astral mal organizado. Los centros de sensación de ese cuerpo pueden verse influenciados por formas de pensamiento transitorias, y pueden responder a cualquier estímulo que excite la naturaleza inferior. Pero la impresión que produce al observador es de somnolencia y vaguedad, puesto que al carecer de actividad precisa, el astral flota sobre la forma física dormida. Por consiguiente, en una persona sin desarrollo, los principios superiores, o sea, el hombre mismo, permanecen tan dormidos como el cuerpo físico.

En ciertos casos, el astral está menos aletargado, flota soñoliento empujado por diversas corrientes astrales, reconoce eventualmente a otros en un estado semejante y vive experiencias de todo tipo, placenteras y desagradables, aunque muy confusas y frecuentemente convertidas en grotescas caricaturas. (Véase Cap. X, *Sueños*). Al despertarse por la mañana, tal vez el hombre piense que ha tenido un sueño maravilloso.

El caso del hombre más evolucionado es muy distinto. La forma interna es la reproducción, más precisa y definida, de la apariencia del físico. En lugar de estar rodeada por un aura nebulosa, se aprecia una forma ovoide bien perfilada, que conserva su contorno preciso en medio de las distintas corrientes que continuamente revolotean a su alrededor en el plano astral.

Un hombre de este tipo no está en absoluto inconsciente en su cuerpo astral, muy al contrario: está pensando muy activamente. Pese a ello, puede ocurrir que, al igual que el salvaje, tampoco sea consciente de todo lo que lo rodea, no porque no pueda ver, sino porque lo envuelve su propio pensamiento de que no ve. Sin embargo, si quisiera, podría hacerlo. Sean cuales sean los pensamientos que hayan ocupado su mente durante el día, por lo general, los conserva al quedarse dormido. Por eso, está rodeado de una muralla, construida por él mismo, tan densa, que no ve nada de lo que acontece al otro lado de ella. En ocasiones, un violento impacto exterior, o un fuerte deseo interior, puede rasgar la cortina de niebla, permitiéndole recibir alguna impresión concreta. Pero incluso así, la niebla se vuelve a espesar inmediatamente y sigue soñando igual que antes.

Al tratarse de un hombre más desarrollado que el anterior, cuando se duerme el cuerpo físico, el astral se separa de él y el hombre permanece completamente consciente. El cuerpo astral está perfectamente delineado y bien organizado; es la imagen del hombre que éste puede emplear como vehículo, mucho más cómodo que el físico.

En este caso, la receptividad del cuerpo astral es mayor y puede responder instantáneamente a todas las vibraciones de su plano, tanto a las finas como a las groseras. Lo único es que el cuerpo astral de una persona muy desarrollada no contendrá, obviamente, materia capaz de responder a las vibraciones groseras. Una persona así está totalmente despierta, trabaja con mucha más actividad, con más precisión y con mayor poder y comprensión, que cuando estaba recluido en el vehículo físico denso. Además, puede moverse libremente con extraordinaria velocidad a cualquier distancia, sin causar ni la más mínima molestia al cuerpo físico dormido. Puede reunirse e intercambiar ideas con amigos, sean encarnados o desencarnados, que al igual que él estén despiertos en el plano astral. Puede encontrar a personas más evolucionadas que él y recibir de ellas consejos y enseñanzas o puede prestar servicios a otros menos avanzados. Puede ponerse en contacto con entidades no humanas de diferentes tipos. (Véanse los Capítulos XX y XXI, *Entidades Astrales*). Asimismo, estará sometido a influencias astrales de todo tipo: positivas y negativas, vivificantes o estremecedoras.

También puede entablar amistad con personas de otras partes del mundo; puede impartir conferencias o asistir a ellas; si es estudioso, puede conocer a otros investigadores y, gracias a las facultades adicionales que suministra el plano astral, será capaz de solucionar problemas que presentan dificultades en el mundo físico.

Un médico, por ejemplo, durante el sueño puede visitar a enfermos por los que esté particularmente interesado. Así, podrá conseguir informaciones que, una vez despierto, interpretará como una especie de intuición.

Una persona de gran desarrollo, al tener el cuerpo astral perfectamente organizado y vitalizado, puede emplearlo como vehículo de conciencia en el plano astral, lo mismo que se sirve del denso en el plano físico.

El mundo astral es el verdadero mundo de la pasión y de la emoción; por eso, quienes se dejan dominar por ellas, las sienten en él con una fuerza y una intensidad tales que, por suerte, son desconocidas en la tierra. Gran parte de la energía de una emoción se pierde en el paso del astral al físico, pero en el mundo astral se manifiesta en toda su plenitud. De ahí que en ese mundo la devoción y el afecto se experimenten con mucha mayor intensidad que en el mundo físico. Lo mismo sucede con el sufrimiento, el cual se siente en el astral con una intensidad tan grande que resulta incomprensible en el físico.

Por el contrario, en el mundo astral, el dolor y el sufrimiento son voluntarios y están bajo control absoluto. Por esa razón, para quienes comprenden esto, la vida en ese mundo resulta mucho más fácil. Dominar el dolor físico con la mente es posible, pero extremadamente difícil; sin embargo, en el astral cualquiera puede eliminar en un instante el sufrimiento ocasionado por una intensa emoción. El hombre sólo necesita ejercitar su voluntad y la pasión se esfumará en el acto. Esta afirmación puede parecer sorprendente, pero es exacta: así es el poder de la voluntad y de la mente sobre la materia.

Haber logrado plena conciencia en el plano astral es señal de un gran progreso. Cuando el hombre traspasa el vacío entre la conciencia física y la astral, ya no existe para él día y noche, pues su vida no tiene solución de continuidad. Para esas personas, ni siquiera existe la muerte, tal como se suele entender. Esto es así porque su conciencia es continua no sólo de día y de noche, sino también al pasar por el umbral de la muerte, y hasta el final de su vida en el plano astral, como podremos ver en los capítulos dedicados a la vida después de la muerte.

Trasladarse de un lugar a otro en el mundo astral no es algo instantáneo, pero es tan veloz que prácticamente podemos decir que se ha conquistado el tiempo y el espacio. Éste se atraviesa a tal velocidad que es como si no hubiera divisiones territoriales. En sólo dos o tres minutos se puede dar la vuelta al mundo.

Las personas avanzadas y cultas pertenecientes a las razas superiores de la humanidad ya tienen desarrollada la conciencia del cuerpo astral al cien por cien y son absolutamente capaces de utilizarlo como vehículo, aunque, en muchos casos, no lo hagan por no haber realizado el esfuerzo preliminar necesario para adquirir el hábito.

Para muchas personas, la dificultad no consiste en que el cuerpo astral no pueda actuar, sino en que, durante miles de años, ese cuerpo se ha habituado a actuar únicamente impulsado por impresiones recibidas a través del cuerpo físico. Por ello, esas personas no son conscientes de que el cuerpo astral puede desenvolverse en su propio plano y por cuenta propia, y que la voluntad puede actuar directamente sobre él. Las personas permanecen «dormidas» astralmente, porque esperan experimentar las vibraciones físicas a las que están acostumbradas, antes de entrar en actividad astral. Se puede decir, por tanto, que se hallan en el plano astral, pero no son conscientes del mismo, o bien lo son pero de una forma muy vaga.

Cuando un hombre recibe las enseñanzas de algún Maestro, suele despertar de su estado de somnolencia en el plano astral y se da cuenta de lo que le rodea. Por eso, sus horas de sueño ya no están en blanco, sino dedicadas a activas y útiles ocupaciones, sin que esto afecte negativamente al saludable descanso del cuerpo físico fatigado.

En el Capítulo XXVIII, al estudiar los *Auxiliares Invisibles,* nos ocuparemos con más detenimiento del trabajo cuidadosamente planeado y organizado del cuerpo astral. Podemos decir, sin embargo, que mucho antes de alcanzar tal categoría, se puede hacer y se hace continuamente mucho trabajo. El hombre que se duerme con la decidida intención en su mente de realizar un determinado trabajo, seguramente tratará de llevar a la práctica su intención, en cuanto se vea libre del cuerpo físico dormido. Una vez cumplida la tarea, es probable que la nube de sus propios pensamientos lo envuelva, a no ser que se haya habituado a iniciar nuevas líneas de acción, cuando actúa separado de su cerebro físico. En determinados casos, lógicamente, el trabajo iniciado le mantendrá ocupado durante todas las horas de sueño, por lo que tendrá que esforzarse tanto como su desarrollo astral le permita.

Cada noche, uno debería tomar la decisión de hacer algo útil en el plano astral, cosas como consolar y ayudar a alguien que esté pasando por dificultades; emplear la voluntad para dar ánimos a algún amigo débil o enfermo; tranquilizar a alguien excitado o desesperado, o cualquier otro tipo de servicio. El éxito de tales obras está asegurado en cierta medida; si la persona se fija un poco, a menudo recibirá señales en el mundo físico de los resultados conseguidos.

Se conocen cuatro formas de «despertar» a la actividad autoconsciente en el cuerpo astral. Son los siguientes:

1 - El curso normal de la evolución, que es seguro, aunque lento.

2 - Cuando un hombre ha aprendido los hechos del caso, llega a ser consciente, gracias al esfuerzo continuo y persistente que se necesita para despejar las nieblas desde adentro y superar progresivamente la inercia a

la que está habituado. Para ello, antes de dormirse, la persona deberá decidir que va a intentar despertar en el cuerpo astral en cuanto abandone el físico. Además, tratará de ver algo y realizar algún trabajo de utilidad. Naturalmente esto no es más que acelerar el proceso de la evolución. Antes de hacer esto, es conveniente, sin embargo, que la persona haya desarrollado lo que se denomina «sentido común», así como las cualidades morales. Las razones son dos: la primera, para no hacer mal uso de los poderes así adquiridos; la segunda, para no verse dominado por el miedo ante fuerzas que no puede entender ni controlar.

3 - Accidentalmente, o por haber hecho un uso ilícito de las ceremonias mágicas, se puede rasgar el velo, que nunca podrá volver a cerrarse. Casos como éste se encuentran descritos en: «UNA VIDA EMBRUJADA» de U. P. Blavatsky, y en «ZANONI» de Bulwer Lytton.

4 - Un amigo puede actuar desde el exterior sobre la concha cerrada que rodea al hombre, y paulatinamente irlo despertando a las posibilidades superiores. Sin embargo, esto nunca llegará a suceder, excepto si el amigo está muy convencido de que el hombre que va a despertar posee el valor, la devoción y demás cualidades necesarias para llevar a cabo un trabajo de provecho.

La necesidad de auxiliares en el plano astral es tan perentoria, que los aspirantes pueden tener la seguridad de que no deberán esperar ni un minuto a que los despierten, una vez que estén adecuadamente preparados. Se puede añadir que incluso un niño que despierte en el plano astral, desarrollará su cuerpo astral tan velozmente que muy pronto ocupará una posición no muy inferior a la de un adulto y será, por supuesto, mucho más provechoso que un hombre sabio que no haya despertado todavía. Sin embargo, a no ser que el Ello, que se expresa a través del cuerpo del niño, posea las condiciones exigidas, es decir, una disposición firme pero generosa, y lo haya evidenciado en vidas anteriores, ningún ocultista deberá asumir la grave responsabilidad de despertarlo en el plano astral. Cuando es factible despertar a este tipo de niños, suelen resultar trabajadores muy eficientes en ese plano y se consagran a este trabajo con gran devoción y entusiasmo.

Asimismo, debemos aclarar que es relativamente fácil despertar a una persona en el plano astral, pero es prácticamente imposible volverlo a dormir, a no ser que se recurra a la influencia mesmérica, lo cual no es en absoluto aconsejable.

Vemos, pues, que la vida del hombre tanto cuando duerme como cuando está despierto, en realidad, no es más que una. Durante el sueño nos damos cuenta de ello en el plano astral y tenemos memoria de ambos estados, es decir, la memoria astral abarca la física, pero esta última no siempre incluye el recuerdo de las experiencias vividas en el mundo astral.

Según parece, el fenómeno de andar en sueños (sonambulismo) se puede producir de varias maneras diferentes, a saber:

1 - Puede suceder que el Ego pueda actuar más directamente sobre el cuerpo físico mientras los vehículos mental y astral están ausentes. En casos de esta naturaleza, la persona podrá escribir poemas, pintar cuadros, etc., y otra serie de cosas de las que no es capaz mientras está despierto.

2 - El cuerpo físico tal vez actúe automáticamente por la fuerza de la costumbre, sin control por parte del propio individuo.

Ejemplos de esto son los sirvientes que se levantan de noche y encienden fuego o realizan otros quehaceres domésticos, a los que están habituados. En esos casos, el cuerpo físico dormido, en cierta medida, lleva a cabo la idea dominante en la mente antes de quedarse dormido.

3 - Una entidad ajena, encarnada o desencarnada, puede apropiarse del cuerpo dormido y utilizarlo con algún fin. Esto es más probable cuando se trata de personas de condición mediúmnica, cuyos cuerpos están débilmente unidos y, por tanto, se pueden separar con facilidad. En personas normales, sin embargo, al abandonar el astral al físico durante el sueño, éste no queda sujeto a la obsesión, por lo que el Ego conserva en todo momento una estrecha conexión con su cuerpo y acudirá rápidamente en cuanto se produzca el más mínimo intento.

4 - Una condición completamente contraria puede obtener un resultado parecido. Cuando los principios o cuerpos están más íntimamente unidos de lo normal, el hombre, en lugar de alejarse únicamente en su cuerpo astral, se llevará también el físico, por lo que no se desprenderá de él por completo.

5 - El sonambulismo probablemente se relaciona también con el complejo problema de los distintos tipos de conciencia en el hombre que, en circunstancias normales, no se pueden manifestar.

El estado de trance está también estrechamente relacionado con la vida de sueño. Dicho estado no es más que el estado de sueño artificial anormalmente inducido. Los médiums y los sensitivos pasan con extrema facilidad del físico al cuerpo astral, por lo general de modo inconsciente. En ese caso, el cuerpo astral puede completar sus funciones, tales como recorrer largas distancias, acumular impresiones de cuanto le rodea y trasladarla al cuerpo físico. En el caso de un médium, el cuerpo astral puede describir dichas impresiones mientras el físico se mantiene en trance; pero, en general, en cuanto el médium abandona ese estado, el cerebro no conserva las impresiones recibidas, por consiguiente, no recuerda nada de las experiencias adquiridas. En algunos casos, aunque no es frecuente, el astral puede marcar una impresión duradera en el cerebro, por lo que el médium podrá recordar el conocimiento adquirido en estado de trance.

Capítulo 10

Sueños

ASTRAL

a conciencia y la actividad en el plano
astral son una cosa, y el recuerdo del cerebro de tal conciencia y actividad astrales
es algo muy distinto. Recordar o no en el plano
físico no afecta de ningún modo la conciencia del
astral, ni la capacidad de actuar, con completa
facilidad y libertad, en el cuerpo astral. De hecho,
no sólo es posible, sino que es muy frecuente que
una persona actúe libre y útilmente en su cuerpo
astral, durante el sueño del físico, y que al regresar a éste no recuerde absolutamente nada del trabajo astral al que se ha dedicado.

La ausencia de continuidad de conciencia
entre la vida física y la astral puede deberse a falta
de desarrollo del cuerpo astral, o puede ser la consecuencia de carecer de un puente etérico adecuado

entre la materia de ambos cuerpos. El puente es un tejido de materia atómica densamente entretejida, por el que atraviesan las vibraciones. Este tejido es el causante del momento de inconsciencia que, como un velo, se interpone entre dormir y despertar.

La única forma de poder recordar la vida astral con el cerebro físico es poseer un cuerpo astral lo bastante desarrollado, y haber despertado los Chakras etéricos, una de cuyas funciones es traer fuerzas del astral al etérico. Además, debe estar activo el cuerpo pituitario, el cual concentra las vibraciones astrales.

En ocasiones, al despertar, uno siente que ha experimentado algo, pero no lo puede recordar. Este sentimiento revela que ha habido conciencia astral, aunque el cerebro no sea lo bastante receptivo como para registrar el hecho. Otras veces, el hombre consigue marcar en su cuerpo astral una impresión fugaz en el doble etérico y en el cuerpo denso, lo cual proporciona un recuerdo vívido de la experiencia astral. A veces, esto se hace de forma deliberada cuando sucede algo que la persona desea recordar en el mundo físico. Por lo general, ese recuerdo se desvanece pronto y no se puede recuperar. Los esfuerzos por recordarlo producen fuertes vibraciones en el cerebro físico, que se superponen a las delicadas vibraciones astrales y, en consecuencia, hacen que aún sea más difícil recordarlas. Por otro lado, ciertos acontecimientos generan una impresión tan viva en el cuerpo astral que llegan a grabarse en el cerebro físico mediante una especie de repercusión.

En otros casos, una persona logrará grabar nuevos conocimientos en su cerebro físico, sin ser capaz de recordar dónde y cómo los ha adquirido. Casos así les suceden a muchas personas; por ejemplo, se encuentra de repente la solución de un problema que anteriormente parecía insoluble; o se aclara una cuestión que antes estaba oscura. Dichos casos se pueden interpretar como indicios de que avanza la organización y actuación del cuerpo astral, aunque el físico todavía sea receptivo sólo en parte.

En las circunstancias en que el cerebro físico responde, se tienen sueños vívidos, razonables y coherentes, como les ocurre, de vez en cuando, a numerosas personas.

Mientras se encuentran en cuerpo astral, a pocas personas les interesa que el cerebro físico recuerde o no; nueve de cada diez tienen pocas ganas de regresar al cuerpo físico. Al volver del astral se sienten como constreñidos, como si estuvieran envueltos en una pesada y gruesa capa. La vida en el astral es tan agradable que la física, comparada con ella, parece no ser vida. Muchos consideran que el retorno diario al cuerpo físico es como el regreso a la rutina del trabajo cotidiano. No es que sientan desagrado, pero no lo harían si no tuviera la obligación de hacerlo.

Con el tiempo, como en el caso de personas altamente desarrolladas y avanzadas, se construye el puente etérico entre los mundos astral y físico, y así se establece una perfecta continuidad de conciencia entre la actividad astral y la física. Para esas personas, la vida ya no se compone de días, que se recuerdan, y noches de olvido. Por el contrario, su vida viene a ser un todo continuo de conciencia ininterrumpida, año tras año.

En ocasiones, personas que no suelen recordar su vida astral, pueden hacerlo, sin intención, por accidente o por enfermedad. Asimismo y de manera intencionada por medio de determinadas prácticas, pueden salvar el vacío existente entre la conciencia física y la astral, de modo que, a partir de ese momento, su conciencia será continua y el recuerdo de su actividad durante las horas de sueño será completo. Naturalmente, antes de esto, es preciso que haya desarrollado plena conciencia en el cuerpo astral. Lo que ocurre de forma repentina es simplemente el acto de rasgar el velo entre el astral y el físico, no el desarrollo del cuerpo astral.

La vida durante el sueño puede ser considerablemente alterada como consecuencia directa del desarrollo mental.

Cualquier impulso enviado por la mente al cerebro físico, debe atravesar el cuerpo astral. Teniendo en cuenta que la materia astral responde a las vibraciones mentales mucho mejor que la materia física, el efecto producido en el cuerpo astral es proporcionalmente más acentuado. Por ello, cuando la persona ha adquirido el dominio de la mente, es decir, ha aprendido a controlar la acción del cerebro, a concentrarse, a pensar cuando y como quiera, tendrá lugar un oportuno cambio en su vida astral. Si trae el recuerdo de su actividad en ella al cerebro físico, sus sueños serán intensos, bien sostenidos, razonables e incluso instructivos.

Por regla general, cuanto más entrenado esté el cerebro físico para responder a las vibraciones del cuerpo mental, más fácil será establecer el puente entre el sueño y el despertar. El cerebro será un instrumento más, volviéndose más dócil al hombre bajo los impulsos de la voluntad.

Soñar con acontecimientos corrientes no obstaculiza el trabajo astral, porque esos sueños tienen lugar en el cerebro físico, mientras el verdadero hombre se ocupa de otros trabajos. En realidad, no importa lo que haga el cerebro físico, siempre que se mantenga libre de pensamientos indeseables.

Cuando un sueño se ha iniciado, normalmente no se puede cambiar su curso; pero la vida durante el sueño sí se puede regular indirectamente hasta cierto punto. Es particularmente importante que el último pensamiento, al dormirse, sea de carácter noble y elevado, ya que esto da la pauta que determina en gran parte la naturaleza de los sueños que vendrán a continuación. Un pensamiento malo o impuro atrae influencias malas o impuras y a criaturas de esas mismas características, que reaccionan contra los cuerpos astral y mental y tienden a despertar deseos bajos y terrenales.

En cambio, si la persona se duerme con el pensamiento centrado en cosas elevadas y sagradas, automáticamente atraerá a su alrededor elementales creados por esfuerzos ajenos semejantes a los suyos; en consecuencia, sus sueños serán elevados y puros.

Teniendo en cuenta que en este libro estamos analizando principalmente el cuerpo astral y los fenómenos estrechamente relacionados con el mismo, no es necesario que analicemos a fondo el tema algo extenso de la conciencia de sueño. Sin embargo, para poder revelar el papel que desempeña el cuerpo astral mientras dormimos, será útil presentar brevemente los factores principales que contribuyen a la producción de los sueños. A los estudiantes que deseen realizar estudios detallados sobre este tema, les recomendamos el excelente libro de texto: «SUEÑOS», escrito por C. W. Leadbeater, del que hemos extraído los datos que aparecen a continuación:

Los factores que intervienen en la producción de los sueños son:

1 - *El cerebro físico inferior,* con su semiconsciencia infantil y su facilidad para expresar cualquier estímulo de forma pictórica.

2 - La *parte etérica del cerebro,* por la cual desfila una interminable procesión de cuadros sin relación entre sí.

3 - El *cuerpo astral,* dilatado por turbulentas oleadas de deseo y de emoción.

4 - El *Ego* (en el cuerpo causal), el cual puede encontrarse en cualquier estado de conciencia, desde la insensibilidad casi absoluta, hasta el completo dominio de sus facultades.

Cuando una persona se duerme, el Ego se repliega más en sí mismo y deja que sus cuerpos, más libres que de costumbre, sigan su propio camino. Tales cuerpos son, en primer lugar, más susceptibles a las impresiones externas que en otros momentos. En segundo lugar, poseen una conciencia propia muy rudimentaria. Por ello, existen variadas razones para que se produzcan los sueños, y para que el cerebro físico recuerde vagamente experiencias de los restantes cuerpos durante el sueño.

Estos sueños confusos pueden deberse:

— A una serie de cuadros inconexos y a imposibles transformaciones, causadas por la acción automática e inconsciente del cerebro físico inferior.

— A una corriente de pensamiento causal, que llega a través de la parte etérica del cerebro.

— A la siempre inquieta oleada de deseo terrenal, actuando a través del cuerpo astral y, probablemente, estimulada por influencias astrales.

— A un intento fallido de dramatizar por parte del Ego, aún no desarrollado.

— A la combinación de algunas de tales influencias o de todas ellas.

Vamos a describir escuetamente los distintos elementos que forman parte de cada tipo de estos sueños:

Sueños del cerebro físico

Durante el sueño, el Ego cede temporalmente el control del cerebro. El cuerpo físico posee un cierto nivel de conciencia vaga propia, aparte del conjunto de conciencia de las células individuales del propio cuerpo. El control de la conciencia física sobre el cerebro es mucho más débil que el del Ego; por ello, los cambios meramente físicos afectarán al cerebro en una proporción mucho mayor. Ejemplos de tales cambios físicos son: irregularidad en la circulación de la sangre, indigestión, calor y frío, etc.

La vaga conciencia física posee ciertas peculiaridades, como por ejemplo:

— Es, en gran medida, automática.

— Al parecer, es incapaz de captar una idea, excepto en el caso de que ella misma sea la actora; en consecuencia, todos los estímulos, procedan de dentro o de fuera, son automáticamente traducidos en imágenes perceptibles.

— No puede captar ideas abstractas o recuerdos como tales. De inmediato, los transforma en percepciones imaginarias.

— Toda dirección local de pensamiento se convierte para ella en un verdadero transporte especial; por ejemplo, un pensamiento momentáneo sobre China, transportará súbitamente la conciencia a China.

— No tiene poder para apreciar el orden consecutivo, ni el valor ni la verdad objetiva de las imágenes que aparecen ante ella. Los toma tal como los ve, y nunca se sorprende de lo que pasa, por muy incongruente o absurdo que pueda ser.

— Está sujeta al principio de asociación de ideas; en consecuencia, las imágenes se mezclarán en indescifrable confusión, sin otra conexión que el hecho de representar sucesos acaecidos, próximos uno de otro en el tiempo.

— Es particularmente sensible a las más leves influencias externas, tales como sonidos y contactos.

— Aumenta y deforma tales influencias hasta un grado casi inconcebible. De este modo, el cerebro físico es capaz de crear bastante confusión y exageración como para que se le atribuyan muchos (aunque no todos) fenómenos de los sueños.

Sueños del cerebro etérico

Durante el sueño del cuerpo, el cerebro etérico es aún más sensible a las influencias externas que durante la conciencia despierta ordinaria. Mientras la mente está activa, el cerebro está ocupado, de manera que éste resulta prácticamente impenetrable a los constantes choques del exterior. Pero en el momento en que el cerebro cesa en su actividad, comienza a atravesar por él la corriente del caos incoherente. Los pensamientos que fluyen por el cerebro de la inmensa mayoría de las personas no son en absoluto pensamientos propios, sino fragmentos arrojados por otros. En consecuencia, especialmente durante el sueño, cualquier pensamiento ambulante que encuentre en el cerebro del durmiente algo conveniente para sí mismo, será atrapado por el cerebro y se apropiará de él, iniciando así un completo tren de ideas. Con el tiempo, éstas desaparecen, y comienza a fluir otra vez la corriente inconexa y sin objeto.

Habida cuenta del actual estado de evolución del mundo, es probable que existan más pensamientos malos que buenos flotando a nuestro alrededor. Por consiguiente, una persona con el cerebro no regulado está abierta a todo tipo de tentaciones, lo que se podría evitar si la mente y el cerebro estuvieran bajo control.

Aunque una persona, que no sea el durmiente, interrumpa esos flujos de pensamiento por un esfuerzo intencionado de voluntad sobre el cerebro etérico de este último, su cerebro no permanece totalmente pasivo, sino que, lento y soñoliento, empieza a desarrollar por sí mismo imágenes procedentes del depósito de recuerdos del pasado.

Sueños astrales

A éstos ya hemos hecho referencia en páginas anteriores: son simplemente lo que el cerebro físico recuerda de la vida y actividades del cuerpo astral, mientras el físico duerme. En el caso de una persona regularmente bien desarrollada, el cuerpo astral puede alejarse, sin incomodidad, a una distancia considerable del físico. Puede recoger impresiones más o menos precisas de los lugares que haya visitado, o de las personas que haya conocido. En cualquier caso, como ya hemos dicho, el cuerpo astral es siempre muy impresionable por pensamientos o sugestiones que conlleven deseo o emoción. Como es obvio, del desarrollo de cada persona y de la pureza o tosquedad de su cuerpo astral dependerá el tipo de deseos que despierten una respuesta más rápida por su parte.

En todos los casos, el cuerpo astral es susceptible a las influencias de corrientes de pensamiento ambulantes. Cuando la mente no lo controla, está recibiendo sin cesar estímulos externos y responde ávidamente a ellos. Durante el sueño, las influencias son mucho mayores. Por tanto, un hombre que, por ejemplo, haya dominado el deseo físico que anteriormente sentía de consumir alcohol hasta tal punto que, aunque esté despierto, experimente repugnancia hacia esta sustancia, a menudo puede soñar que está bebiendo, y en el sueño puede experimentar placer. Durante el día, el deseo del cuerpo astral estará dominado por la voluntad, pero al sentirse libre en el sueño, el cuerpo astral quedará, en cierto modo, libre del control del Ego, y responderá a la influencia astral externa, y el antiguo hábito se reafirmará. Probablemente, este tipo de sueños será frecuente en muchos que tratan de someter en serio su naturaleza emocional al dominio de la mente.

También puede darse el caso de que un hombre haya sido alcohólico en una vida anterior, y siga poseyendo todavía en su cuerpo astral alguna materia atraída al mismo por las vibraciones grabadas por el alcohol en el átomo permanente. Aunque esa materia no se haya vitalizado en esta vida, durante el sueño, –cuando el control del Ego es débil–, puede responder a las vibraciones externas de la bebida y así, el hombre puede soñar que bebe. Cuando se comprenden, estos sueños no deberían causar inquietud, pero se deben considerar como una advertencia de que aún es posible que el deseo de beber se reavive.

Sueños del Ego

A medida que se desarrolla, la naturaleza del cuerpo astral va cambiando mucho; pero aún se modifica más el Ego, el hombre real, que habita en él. Mientras el cuerpo astral no es más que una nebulosa flotante, el Ego se encuentra casi tan dormido como el físico, siendo insensible a las influencias de su propio plano. Aunque en tal estado llegue a él alguna idea propia de su plano, como es casi o totalmente nulo el control de sus vehículos, no podrá grabar tal idea en el cerebro físico.

Durante el sueño, podemos encontrarnos en cualquier nivel de conciencia, desde la más absoluta inconsciencia hasta la plena conciencia astral. Hay que tener en cuenta que, como hemos dicho antes, a pesar de la posibilidad de vivir importantes experiencias en los planos superiores, el Ego puede estar incapacitado para grabarlas en el cerebro físico; por consiguiente, no habrá ningún recuerdo y, en caso de haberlo, será muy impreciso.

Las características principales de la conciencia y de las experiencias del Ego, sean o no recordadas por el cerebro, son las siguientes:

1 - La medida de tiempo y espacio del Ego es tan diferente de la que emplea mientras está despierto, que prácticamente es como si para él no existieran ni

tiempo ni espacio. Se conocen muchos casos en que, en pocos instantes –según nuestra medida del tiempo– el Ego vive experiencias que parecen durar muchos años, desarrollándose los sucesos con todos sus detalles y circunstancias.

2 - El Ego posee la capacidad, o el hábito, de dramatizar instantáneamente. Así, un sonido o contacto físico puede llegar al Ego, no por la vía del sistema nervioso normal, sino directamente y en fracciones de segundo, incluso antes de alcanzar el cerebro físico. Esa fracción de segundo basta para que el Ego construya un drama o una serie de escenas que culminen en un acontecimiento que despierte al cuerpo físico. El cerebro confunde el sueño subjetivo con el suceso objetivo y se imagina que ha vivido, en realidad, las incidencias del sueño.

Con todo, este hábito parece ser característico de Egos relativamente poco desarrollados en lo que se refiere a espiritualidad. A medida que el Ego avanza espiritualmente, se va elevando por encima de los divertidos juegos de la infancia. El hombre que ha logrado continuidad de conciencia, está tan ocupado en el trabajo de los planos superiores, que no malgasta energía en dichas dramatizaciones; por consiguiente, no experimenta ese tipo de sueños.

3 - Además, el Ego posee, hasta cierto punto, la facultad de previsión, siendo en ocasiones capaz de percibir con antelación sucesos que van a ocurrir; o mejor dicho, que pueden llegar a ocurrir si no se toman las medidas oportunas para impedirlo, y eso lo registra en el cerebro físico. Se conocen multitud de casos de sueños proféticos o de advertencia. En algunas ocasiones, se atiende la advertencia, se toman las medidas adecuadas y lo previsto se modifica o se evita por completo.

4 - Según parece, mientras el Ego está fuera del cuerpo, durante el sueño, piensa por medio de símbolos. Una idea que en nuestro plano requiere muchas palabras para ser expresada, la abarca perfectamente mediante una sola imagen simbólica. Si tal pensamiento simbólico se recuerda cuando el cerebro está despierto, la mente podrá expresarlo por medio de palabras; o llegará simplemente como símbolo, sin ninguna interpretación, en cuyo caso podrá crear confusión. En sueños de esta naturaleza, parece que cada persona suele tener su propio sistema de símbolos. Así, el agua puede significar inminente dificultad; las perlas pueden simbolizar lágrimas, y cosas así.

Si se desea tener sueños útiles, es decir, obtener en su conciencia de vigilia el beneficio de lo que el Ego aprenda durante el sueño, es preciso seguir un determinado proceso.

En primer lugar, es fundamental que la persona se cree el hábito de mantener la concentración durante su conciencia ordinaria de vigilia. El hombre que domina por completo sus pensamientos sabrá exactamente y en todo momento en qué está pensando, y por qué. Además, notará que el cerebro, entrenado para atender las indicaciones del Ego, permanecerá en silencio cuando no se esté usando, y se negará a reaccionar o recibir las corrientes de las oleadas de pensamiento que lo rodean. De este modo, existen más probabilidades de recibir influencias de los planos superiores, puesto que la percepción es más aguda y el juicio más exacto que en el plano físico.

No hace falta decir que el hombre debe haber dominado por completo sus pasiones, o al menos, las más bajas.

A través de un acto muy elemental de magia, el hombre puede cerrar su cerebro etérico a la avalancha de pensamientos que le llegan del exterior. A tal fin, al acostarse, visualiza su aura, deseando intensamente que la superficie externa de la misma se convierta en un escudo o concha que lo proteja de influencias externas. La materia áurica obedecerá a su pensamiento y construirá la concha. Esta medida es de un valor incalculable para conseguir el fin anhelado.

Ya se ha visto lo importante que es tener, al quedarse dormido, el pensamiento concentrado en algo noble y elevado. Esto es algo que deben practicar aquellos que quieran llegar a tener control sobre sus sueños.

Será conveniente añadir que los términos hindúes aplicables a los cuatro estados de conciencia son:

— *Jâgrat* es la conciencia ordinaria mientras estamos despiertos.
— *Svapna* es la conciencia de sueño, funcionando en el cuerpo astral, y capaz de grabar sus experiencias en el cerebro.
— *Sushupti* es la conciencia cuando actúa en el cuerpo mental, incapaz de grabar sus experiencias en el cerebro.
— *Turuya* es un estado de trance, es la conciencia actuando en el vehículo búdico, tan distanciada del cerebro que no puede recuperarse por medios externos.

Sin embargo, estos términos se emplean en un sentido relativo y varían según el contexto. Por ejemplo, en una interpretación de *Jâgrat,* se combinan los planos físico y astral, de modo que las siete subdivisiones corresponden a las cuatro condiciones de la materia física y a las tres amplias divisiones de la materia astral, que mencionaremos más adelante.

Para quienes deseen una mayor aclaración sobre este tema, recomendamos la lectura de las obras INTRODUCCIÓN AL YOGA y ESTUDIO SOBRE LA CONCIENCIA, escritas por Annie Besant, en las que la conciencia de vigilia aparece definida como la parte de la conciencia total que actúa mediante el vehículo más externo.

Capítulo II

Continuidad de conciencia

Ya hemos visto que para transferir la conciencia, sin solución de continuidad, de un vehículo a otro, es decir, del físico al astral y viceversa, es preciso desarrollar el vínculo o puente entre ambos. La mayor parte de las personas no son conscientes de tal vínculo, el cual no está vitalizado y se halla en un estado semejante al de los órganos rudimentarios del cuerpo. Estos se desarrollan gracias al uso; el hombre los pone en funcionamiento fijando su atención en ellos y empleando su voluntad. Esta libera y guía a Kundalini; pero, si antes no se ha realizado una purificación preliminar de los vehículos, Kundalini actuará como energía destructiva, en vez de como energía vivificadora. Por esa razón insisten tanto los instructores ocultistas en la necesidad de la purificación antes de practicar el auténtico yoga.

Cuando el hombre esté en condiciones de ser ayudado a vivificar el vínculo o eslabón, recibirá ineludiblemente esa ayuda como algo natural. La ayuda provendrá de quienes siempre buscan ocasiones para ayudar al aspirante perseverante y abnegado. Algún día el hombre se encontrará a sí mismo saliendo del cuerpo físico, sin estar dormido. Entonces, sin romper la continuidad de conciencia, descubrirá que es libre. Gracias a la práctica, el tránsito de un vehículo a otro se hace habitual y sencillo. El desarrollo de los eslabones llena el vacío entre la conciencia física y la astral, de modo que se establece una perfecta continuidad de conciencia.

De esta forma, el estudiante no sólo aprenderá a ver correctamente en el plano astral, sino que también podrá interpretar al cerebro físico lo que ha visto. Para ayudarle en esta tarea, se le enseña a transferir sin interrupciones la conciencia del plano físico al astral y al mental y después, en sentido contrario, pues hasta que sea capaz de hacerlo, existe siempre la posibilidad de que su recuerdo se pierda parcialmente o se deforme durante los períodos en blanco que separan los períodos de conciencia entre los distintos planos. Cuando posee la capacidad perfecta de transferir la conciencia, el discípulo cuenta con la ventaja de poder utilizar sus facultades astrales, no sólo mientras está fuera del físico, sea en sueño o en trance, sino también cuando está despierto en el mundo físico.

Para que la conciencia de vigilia incluya también la conciencia astral, es preciso haber desarrollado en gran medida el cuerpo pituitario, y que se haya perfeccionado la cuarta espiral de los átomos.

Aparte del método para transferir la conciencia de un subplano a otro del *mismo plano,* por ejemplo, del atómico *astral* al subplano más bajo del *mental,* existe también otra línea de conexión que puede denominarse «atajo atómico».

Si visualizamos los subplanos atómicos, astral, mental, etc., colocados a ambos lados de una varilla, podemos imaginarnos a los restantes subplanos de cada plano colgando en bucles de los correspondientes atómicos ensartados en la varilla; cada serie sería como un pedazo de cuerda arrollada colgando floja de la varilla. Lógicamente, para trasladarse de un subplano atómico a otro, se podría tomar el atajo a lo largo de la varilla, o bajar y subir por los bucles colgantes, los cuales representan a los subplanos inferiores.

En los procesos normales de nuestro pensamiento por lo general descendemos por los subplanos, pero los destellos de ingenio, las ideas iluminadoras únicamente pasan por los subplanos atómicos.

Existe además una tercera posibilidad que se refiere a la relación existente entre nuestros planos y los cósmicos, pero ésta es demasiado impenetrable para ocuparnos de ella en una obra que se ciñe al plano astral y a sus fenómenos.

Como es lógico suponer, la mera consecución de la continuidad de conciencia entre el plano físico y el astral es insuficiente en sí misma para poder recordar las vidas anteriores. Para ello se precisa un desarrollo mucho más elevado, en cuyo carácter no vamos a entrar ahora.

Una persona que haya conseguido dominar su cuerpo astral, naturalmente puede abandonar el cuerpo físico, no sólo durante el sueño, sino también siempre que lo desee, y viajar a lugares remotos, etc.

Los médiums y los sensitivos, al entrar en trance, proyectan inconscientemente sus cuerpos astrales, pero por lo general, al salir del trance, su cerebro físico no recuerda las experiencias vividas. Por el contrario, los estudiantes entrenados son capaces de proyectar conscientemente su cuerpo astral y alejarse a grandes distancias del físico, y al regresar al cuerpo, traen el recuerdo completo y detallado de las impresiones recibidas.

Un cuerpo astral proyectado de este modo puede ser percibido por personas sensibles y por aquellas que estén atravesando temporalmente por un estado nervioso anormal. Se han dado muchos casos de visitas astrales de personas moribundas, momentos antes de su muerte. En estos casos, la proximidad de la disolución debilita los principios y hace que el fenómeno sea posible para personas que, en otras circunstancias, no podrían conseguirlo. El cuerpo astral asimismo queda en libertad en numerosos casos de enfermedad. La inactividad del cuerpo físico es una de las condiciones de esos viajes astrales.

Si sabe cómo hacerlo, una persona puede condensar ligeramente su cuerpo astral, atrayendo de la atmósfera que lo rodea partículas de materia física, y materializarse así lo suficiente para volverse visible a nivel físico. Esto explica muchos casos de apariciones, en los que una persona que está físicamente ausente, es vista por sus amigos en condiciones ordinarias.

Capítulo 12

La muerte y el Elemental de Deseo

Tras la muerte, la conciencia se aparta del cuerpo físico y se traslada al etérico, donde permanece por espacio de un breve tiempo, generalmente unas pocas horas, y más tarde, se traslada al cuerpo astral.

La muerte es una especie de proceso de desnudarse o despojarse de las envolturas. El Ego, –la parte inmortal del ser humano–, se va desprendiendo de las envolturas externas una a una; primeramente, del cuerpo denso, luego del doble etérico y más tarde, también del cuerpo astral, como veremos más adelante.

En la práctica totalidad de los casos, el paso parece ser absolutamente indoloro, incluso después de una larga enfermedad en la que se haya sufrido mucho. El aspecto apacible del rostro muerto es una clara evidencia para apoyar esta afirmación, la cual está ratificada por la respuesta de aquellos a quienes se les ha preguntado en el momento inmediatamente posterior a la muerte.

Justo en el momento de la muerte, aunque ésta sea repentina, la persona ve desfilar ante ella toda la vida que deja, incluso en sus mínimos detalles. En un instante, contempla toda la sucesión de causas que han actuado durante su vida y se ve y se comprende a sí mismo sin adornos complacientes ni engaños. Lee su vida y permanece en el papel de espectador, contemplando el escenario que abandona.

El estado de la conciencia, *inmediatamente* después de la muerte, es, por lo general, soñoliento y apacible. Se producirá también un cierto periodo de inconsciencia, que puede durar apenas un instante, unos minutos, varias horas e incluso días o semanas.

La atracción natural que se produce entre la contraparte astral y el cuerpo físico es tan intensa que, después de la muerte, la astral, a fuerza de costumbre, conserva la forma habitual; de modo que el aspecto físico de la persona se mantiene apenas sin cambios. Teniendo en cuenta que la materia astral se moldea fácilmente con el pensamiento, puede suceder que una persona que se habitúe después de muerta a imaginarse más joven de lo que realmente era al morir, asuma esa apariencia.

En muchos casos, muy poco después de la muerte, se produce un cambio importante provocado por la acción del Elemental de Deseo.

Como ya hemos mencionado, gran parte de la materia del cuerpo astral está formada por esencia elemental. Esta esencia es viviente, aunque no inteligente, y de momento está separada de la masa general de esencia astral. Persigue sus propios fines de un modo ciego, instintivo y sin motivo alguno, y demuestra un gran ingenio a la hora de satisfacer sus deseos y progresar en su evolución.

Para esta esencia elemental la evolución se basa en descender a la materia; su meta es convertirse en mónada mineral. Por tanto, su finalidad en la vida es aproximarse lo más posible al plano físico, y experimentar el mayor número posible de vibraciones groseras. Tampoco sabe, ni puede saber, nada de la persona en cuyo cuerpo astral se halla momentáneamente.

Tal Elemental desea preservar su vida separada, y cree que únicamente lo puede lograr mediante su conexión con el hombre; es consciente de la mente inferior del ser humano, y sabe que, cuanta más materia mental pueda mezclar consigo mismo, más larga será su vida astral.

Al morir el cuerpo físico, como se da cuenta de que el plazo de su vida separada es reducido, y sabe que la muerte astral del hombre sobrevendrá más o menos pronto, el Elemental, con el fin de prolongar lo más posible la duración del cuerpo astral, redistribuye la materia del mismo en capas concéntricas, dejando fuera la más tosca. Desde el punto de vista del Elemental de Deseo, esto es un buen ejercicio, porque la materia más grosera permanece unida durante más tiempo y resiste mejor a la fricción.

El cuerpo astral redistribuido se llama *Yâtâna,* o cuerpo de sufrimiento. En el caso de un hombre malvado, en cuyo cuerpo astral predomina la materia más grosera, se le conoce como *Dhruvam,* o cuerpo fuerte.

La redistribución del cuerpo astral se produce en la superficie de la contraparte del cuerpo físico, no en la superficie del ovoide que lo rodea.

El resultado es que obstaculiza la libre y perfecta circulación de la materia astral que generalmente se da en el cuerpo astral. Por otra parte, el hombre puede responder solamente a vibraciones recibidas en la capa exterior del cuerpo astral. Podríamos decir que permanece como encerrado en una caja de materia astral, y únicamente puede oír y ver cosas del plano más bajo y tosco.

Aunque estuviera rodeado de influencias elevadas y hermosas formas de pensamiento, apenas sería consciente de la existencia de éstas, porque las partículas de materia astral que podrían responder a ellas están encerradas y no podrían alcanzarlas.

Por otro lado, al no ser capaz de percibir la materia más grosera del astral de otras personas, ni ser consciente de sus limitaciones, se imagina que la persona a la que mira posee únicamente las características desagradables que él puede percibir. Dado que sólo puede ver lo más bajo y grosero, las personas de su entorno le parecen monstruos de vicio. En tales circunstancias, no es raro que considere al mundo astral como el Infierno.

La redistribución del cuerpo astral por el Elemental de Deseo no incluye en absoluto en la posibilidad de reconocer la forma dentro del ovoide, aunque los cambios naturales que se producen, en conjunto tienden a hacer la forma aparentemente un poco más sutil y más espiritual, según va transcurriendo el tiempo, por motivos que se explicarán más adelante.

La concha o capa externa se desintegra con el paso del tiempo; entonces, el hombre puede responder a vibraciones del grado inmediatamente superior del plano astral; así, se eleva al subplano siguiente, y así sucesivamente, pasando de un subplano a otro. Su estancia en cada subplano corresponderá, lógicamente, a la cantidad y actividad de la materia de su cuerpo astral, vinculada a cada subplano.

Cuando decimos que la persona «se eleva» de un plano a otro, no hay que interpretarl estas palabras como que cambia necesariamente de lugar en el espacio, sino como que transfiere su conciencia de una esfera a la otra. En el caso de una persona con el cuerpo astral redistribuido, el foco de conciencia se traslada de la concha exterior a la inmediata hacia adentro. De esa manera, la persona deja de responder a las vibraciones de un grado de materia para responder a otro grado de orden superior. Según parece, se esfuma un mundo con su escenario y sus habitantes, y hace su aparición otro nuevo.

Como la concha se suele desintegrar gradualmente, el hombre se da cuenta de que la contraparte de los objetos físicos va desvaneciéndose, al tiempo que las formas de pensamiento se vuelven cada vez más vívidas. Si a lo largo de este proceso encuentra ocasionalmente a otra persona, creerá que el carácter de dicha persona está mejorando sin cesar, lo cual es debido a que él mismo va volviéndose más capaz de apreciar vibraciones superiores de esa índole. De hecho, la redistribución del cuerpo astral no para de crear dificultades a la plena y verdadera visión del hombre, en lo que se refiere a sus amigos. Esto sucede en todas las etapas de su vida astral.

Este proceso de redistribución del cuerpo astral se da en la mayoría de las personas, pero puede verse frenada por el hombre que se oponga a ella con firmeza. De hecho, toda persona que comprenda las condiciones del plano astral debería negarse rotundamente a permitir que se produjera tal redistribución del cuerpo astral por parte del Elemental de Deseo. En tales casos, las partículas del cuerpo astral permanecerán entremezcladas, como ocurre durante la vida; por lo tanto, en vez de estar recluido en un solo subplano, el hombre será libre en todos los subplanos, según la constitución de su cuerpo astral.

El Elemental, temeroso en su estado de semiconsciencia, procurará transferir su miedo al hombre que trata de impedirle la redistribución, con objeto de disuadirlo de ello. Este es uno de los motivos por los que conviene tener nociones sobre estas materias antes de la muerte.

Si la redistribución ya ha tenido lugar, existe la posibilidad de que alguien, deseoso de ayudar a la persona, rompa tal estado, dejándola libre para que pueda trabajar en la totalidad del plano astral, en lugar de quedar confinada a un solo subplano.

Capítulo 13

Vida después de la muerte: principios

Siempre hay que hacer hincapié en el hecho de que no se produce ningún cambio repentino en el hombre al morir. Por el contrario, después de la muerte, se mantiene exactamente igual que era antes, salvo que ha dejado de poseer un cuerpo físico. Tiene la misma inteligencia, la misma disposición, las mismas virtudes y los mismos vicios. La privación del cuerpo físico no lo transforma en un ser diferente, de la misma forma que tampoco cambia cuando se quita el abrigo. Además, las condiciones en que se halla son las que él mismo ha originado con sus pensamientos y deseos. No hay ni recompensa ni castigo que provengan del exterior, sino únicamente las consecuencias de lo que haya hecho, dicho y pensado, mientras vivía en el mundo físico.

Según vayamos avanzando en nuestra descripción de la vida astral después de la muerte, se observará que los hechos verdaderos son equiparables al concepto católico sobre el Purgatorio y al del Averno de los griegos.

La idea poética de la muerte como nivelador universal es completamente absurda, producto de la ignorancia. En realidad, en la gran mayoría de los casos, la pérdida del cuerpo físico no cambia en absoluto el carácter ni la inteligencia de la persona; por lo tanto, existe tanta variedad de grados de inteligencia entre los llamados muertos como la que se da entre los vivos.

El hecho más relevante y el primero que debemos tener en cuenta, es que, tras la muerte, no se descubre uno con una vida nueva y distinta, sino que se encuentra con la continuación de la vida en el plano físico, aunque con ciertas condiciones alteradas. Tanto es así que, a su llegada al plano astral, después de la muerte física, el hombre no siempre tiene la impresión de haber muerto, y aunque se dé cuenta de lo sucedido, no comprende de inmediato en qué se diferencia el mundo astral del físico. En ciertos casos, la persona considera que el hecho de estar todavía consciente, es una prueba irrefutable de que no ha muerto. Esto ocurre pese a la muy extendida creencia en la inmortalidad del alma. Si una persona nunca ha oído hablar de la vida en el plano astral, es muy probable que se sienta más o menos inquieta por las condiciones totalmente imprevisibles en que se halla. Al final, no tiene más remedio que aceptarlas, aunque no las entienda, convencida de que son necesarias e inevitables.

Al contemplar los mundos nuevos por primera vez, probablemente notará muy poca diferencia, y creerá que está contemplando el mismo mundo de antes. Como hemos visto, cada grado de materia astral es atraído por el grado correspondiente de materia física. Por tanto, si nos imaginamos que el mundo físico desaparece de la existencia, sin que se produzca ningún otro cambio, tendremos todavía una reproducción exacta del mismo en materia astral. Por consiguiente, el hombre seguirá viendo en el plano astral las paredes, los muebles, las personas, etc., a los que estaba habituado, perfilados como siempre en la materia astral más densa. Sin embargo, si analiza de cerca esos objetos, se dará cuenta de que todas las partículas se mueven con rapidez y son visibles, en lugar de ser invisibles como lo eran en el plano físico. Pero como son pocos los que examinan el fenómeno de cerca, el hombre al morir raramente percibe, en los primeros momentos, cambio alguno. A muchos, sobre todo en los países occidentales, les resulta difícil creer que han muerto, sencillamente porque aún ven, oyen, sienten y piensan. Poco a poco se irán convenciendo de lo ocurrido, a medida que noten que, aunque estén viendo a sus amigos, no siempre pueden comunicarse con ellos. En ocasiones les hablan, pero ellos no parecen oír; tratan de tocarlos y se dan cuenta de que no pueden hacer ninguna impresión sobre ellos. A pesar de ello, durante algún tiempo creen estar soñando, porque, a veces, cuando sus amigos duermen son absolutamente conscientes y les hablan igual que lo hacían antes.

El hombre en el plano astral va percibiendo gradualmente las diferencias entre la vida en dicho plano y la que vivió en el mundo físico. Por ejemplo, muy pronto repara en que han desaparecido para él el dolor y la fatiga. Observa asimismo que en el mundo astral los deseos y los pensamientos se expresan a través de formas visibles, aunque éstas están compuestas, esencialmente, de la materia más sutil del plano. A medida que sigue la vida, tales condiciones se vuelven cada vez más patentes.

Además, aunque la persona en el plano astral generalmente no puede ver el cuerpo físico de sus amigos, sin embargo, puede ver, y de hecho ve, los cuerpos astrales. En consecuencia, conoce los sentimientos y emociones de aquéllos. Puede que no sea capaz de observar detalladamente los acontecimientos de la vida física de sus amigos, pero percibirá automáticamente sentimientos tales como amor, odio, celos o envidia, ya que éstos se expresan a través de los cuerpos astrales. Por eso, aunque los que siguen viviendo crean que han perdido al muerto, éste nunca tiene la impresión de haber perdido a los que viven. De hecho, después de la muerte, la persona siente en su cuerpo astral la influencia de los sentimientos de los amigos que viven en el mundo físico, más fácilmente y con mayor intensidad que cuando estaba en la tierra, puesto que ya no tiene cuerpo físico que debilite sus percepciones. El hombre en el plano astral no suele ver la contraparte astral completa de los objetos, sino sólo la porción del mismo que corresponde al subplano particular en que se halla en ese momento. Además, no siempre puede reconocer con seguridad la contraparte astral de un cuerpo físico, aunque lo esté viendo. Generalmente, se requiere una notable experiencia para poder identificar los objetos con claridad y cualquier intento destinado a ello ofrecerá un resultado vago e incierto. Ejemplos de esto se encuentran, a menudo, en casas visitadas por aparecidos, donde se producen torpes o vagos movimientos, como tirar piedras o cosas parecidas.

Frecuentemente, hay personas que, al no comprender que después de la muerte no están obligados a trabajar para vivir, ni comer, ni dormir, siguen preparando y consumiendo alimentos, enteramente creados por su fantasía, e incluso se construyen una casa para vivir. Es conocido el caso de un hombre que se hizo una casa piedra a piedra, cada una de las cuales había sido creada por separado con su pensamiento. Como es lógico, con el mismo esfuerzo pudo haber creado la casa de una sola vez. Finalmente, se le hizo comprender que, como las piedras carecían de peso, las condiciones eran diferentes a las de la vida física y de este modo se le convenció de que llevara a cabo nuevas investigaciones.

Del mismo modo, una persona no habituada a las condiciones de la vida astral, seguirá entrando y saliendo de una habitación por la puerta o por la ventana, sin reparar en que podría pasar con la misma facilidad a través de la pared. Por idénticos motivos, caminará sobre la tierra cuando podría igualmente flotar y trasladarse por el aire.

Las personas que, durante su vida en la tierra, se hayan familiarizado –a través de la lectura o bien de otra manera– con las condiciones de la vida astral, después de la muerte se encuentran naturalmente en un terreno más o menos conocido; en consecuencia, sabrán lo que deben hacer. La experiencia demuestra que la apreciación inteligente de la enseñanza ocultista sobre esta cuestión representa enormes ventajas para el hombre después de la muerte. No menos beneficioso es que la persona esté al corriente de las condiciones de la vida astral, aunque la haya considerado simplemente como una de tantas hipótesis y no haya profundizado en ella. Aquellos que no posean esos conocimiento sobre el mundo astral, lo mejor que pueden hacer es analizar su posición, tratando de ver la naturaleza de la vida en que se encuentran y descubrir la manera de sacar el mejor partido de la situación. Además, sería recomendable que consultaran a algún amigo experimentado.

Las condiciones de la vida anteriormente mencionadas constituyen el llamado *Kâmaloka*, cuyo significado literal es lugar o mundo de *Kâma* o deseo, que se corresponde al Limbo de la Teología escolástica. A grandes rasgos, Kâmaloka es una región habitada por entidades inteligentes o semi-inteligentes. Se encuentran en ella muchos tipos y formas de cosas vivientes, tan distintas unas de otras como una brizna de césped se diferencia de un tigre, o un tigre se diferencia del hombre, puesto que se encuentran allí muchas otras entidades, además de las personas fallecidas (Véanse Capítulos XIX y XX). El astral interpenetra al mundo físico y es interpenetrado por éste; pero, como los estados de materia de ambos mundos son distintos, coexisten sin que las entidades del uno sean conscientes de las del otro. Únicamente en circunstancias anormales pueden tener conocimiento de tal existencia.

De todo ello se deduce que Kâmaloka no es exactamente una zona distinta, sino que está separado del resto del plano astral por los estados de conciencia de las entidades pertenecientes a él, entidades que son seres humanos que se han desprendido de su cuerpo físico y etérico, pero que todavía no han podido hacer lo propio con Kâma, o lo que es lo mismo, de su naturaleza pasional y emocional. A este estado se le llama también *Pretaloka*. Preta hace referencia a un ser humano que ha perdido su cuerpo físico, pero que todavía se ve entorpecido por la envoltura de su naturaleza animal. La condición *Kâmaloka* se localiza en cada subdivisión del plano astral.

Muchos seres, al morir, se hallan en un estado de inquietud considerable, mientras que otros sienten un positivo terror. Al encontrarse con las formas mentales que ellos mismos y sus semejantes han conservado durante siglos, como por ejemplo los demonios, una divinidad cruel e iracunda, el castigo eterno y otras por el estilo, se ven reducidos a un penoso estado de temor, que les produce un agudo sufrimiento mental muy prolongado, antes de encontrarse libres de la fatal influencia de conceptos tan absolutamente falsos y absurdos.

No obstante, debemos dejar constancia, con toda sinceridad, que únicamente entre las llamadas comunidades protestantes esta terrible condición adquiere la forma más grave. La gran Iglesia Católica Romana, con su doctrina del Purgatorio, se aproxima mucho más al auténtico concepto del plano astral. Los practicantes devotos de esta religión son conscientes de que el estado en que se hallan poco después de la muerte es sólo provisional, y que deben intentar abandonarlo lo antes posible, por medio de una intensa aspiración espiritual. Admiten también el sufrimiento como algo necesario para corregir las imperfecciones de su carácter, antes de pasar a esferas más elevadas y luminosas.

Vemos, por tanto, que aunque las religiones deberían enseñar a los hombres lo que les espera, y cómo vivir en el plano astral, la mayor parte de ellas no lo hacen. Por eso, cuando el hombre llega al mundo astral, necesita muchas explicaciones relacionadas con el nuevo mundo en que se encuentra. Afortunadamente, tanto después de la muerte como antes de ella, existen unos pocos que llegan a tener una comprensión inteligente del hecho de la evolución y gracias a este conocimiento se dan cuenta de su situación y saben lo que pueden hacer. Actualmente, un gran número de esas personas, tanto «vivas» como «muertas», se dedican a ayudar a aquellos que han muerto ignorando la auténtica naturaleza de la vida después de la muerte. (Véase Capítulo XXVIII sobre *Auxiliares Invisibles*). Por desgracia, sin embargo, en el plano astral al igual que en el físico, los ignorantes raramente están dispuestos a aprovechar el consejo o el ejemplo de aquellos que son más inteligentes.

Para quienes antes de su muerte física se hayan familiarizado con las verdaderas condiciones de vida en el plano astral, una de las características más agradables de esa vida es la tranquilidad, y sentirse libres de necesidades imperiosas, como comer y beber, ineludibles en la vida física. En el plano astral la persona es realmente libre: libre de hacer lo que le quiera y de emplear su tiempo como más le apetezca.

Como anteriormente hemos indicado, el hombre muerto físicamente cada vez se recoge más en sí mismo. El ciclo completo de vida y muerte se puede comparar con una elipse, de la cual únicamente la porción más baja llega al mundo físico. Durante la primera fase del ciclo, el Ego se recubre de materia; el punto central de la curva está constituido por el grado medio de la vida física, en el que la fuerza del Ego se ha expandido al máximo y comienza el largo proceso de recogimiento.

Cada encarnación física puede considerarse como la proyección de una porción del Ego (cuya morada habitual es la parte superior del plano mental) en los planos inferiores. Esta proyección más tarde la recoge con las experiencias adquiridas y con las nuevas cualidades que desarrolla.

La parte de vida que se pasa tras la muerte en el plano astral es, consecuentemente, un período de retiro o de recogimiento del Ego en sí mismo. Durante la última etapa de la vida física los pensamientos y el interés del hombre deberían centrarse cada vez menos en las cuestiones materiales. Análogamente, durante la vida astral, el hombre debería prestar menos atención a la materia astral inferior, de la cual se componen las contrapartes de los objetos físicos, y ocuparse, en cambio, de la materia superior que da origen a las formas del deseo y del pensamiento.

No se trata de que al morir físicamente, el hombre cambie su emplazamiento en el espacio (aunque en parte esto sea cierto, como veremos en el Capítulo XIV), sino que cambia el centro de su interés. Por consiguiente, la contraparte del mundo físico que acaba de abandonar, va desapareciendo paulatinamente de su vista, y cada vez vive más en el mundo del pensamiento. Sus deseos y emociones aún subsisten; por eso, dada la facilidad con que la materia astral obedece a los deseos y pensamientos, las formas que le rodean son, en gran medida, la expresión de sus propios sentimientos, cuya naturaleza determina en gran parte si la vida allí será venturosa o desdichada.

Aunque en esta obra no nos ocuparemos de la porción de vida después de la muerte que transcurre en el «mundo celestial», o sea, en el plano mental, debemos observar que si deseamos comprender plenamente lo que le sucede al cuerpo astral en el plano astral, es preciso tener en cuenta que la vida en este plano es, en gran proporción, una fase intermedia en el ciclo completo de la vida y muerte, una preparación para la vida en el plano mental.

Como ya hemos analizado, poco después de la muerte física, el cuerpo astral queda en libertad; desde la perspectiva de la conciencia, se dice que *Kâma-Manas* queda en libertad. A partir de ese momento, la porción de *Manas* inferior que no esté inextricablemente unida a *Kâma,* se libera progresivamente, llevando consigo las experiencias que puedan ser asimiladas por el cuerpo mental superior.

Mientras tanto, la porción de *Manas* inferior que aún se mantiene vinculada a *Kâma,* proporciona al cuerpo astral una conciencia algo confusa, una memoria fragmentaria de los acontecimientos de la vida que acaba de concluir. Si las emociones y pasiones fueron intensas y el elemento mental débil, el cuerpo astral estará dotado de energía que le permitirá mantenerse durante largo tiempo en el plano astral. Mostrará, además, una conciencia considerable, gracias a la materia mental asociada al mismo. Por otro lado, si la vida en la tierra se ha caracterizado por la mentalidad y la pureza, más que por la pasión, el cuerpo astral será débil, un simple y pálido reflejo del hombre, que se desintegrará y perecerá en un plazo relativamente breve.

Capítulo 14

Vida después de la muerte: peculiaridades

l analizar las condiciones de la vida astral del hombre, hay que tener presente dos factores primordiales: el periodo de tiempo que tendrá que pasar en un subplano determinado y la «cantidad» de *conciencia* durante su estancia allí.

El plazo de *tiempo* está en función de la cantidad de materia del respectivo subplano contenida en el cuerpo astral durante la vida física. Se verá obligado a permanecer en tal subplano hasta que la materia del mismo se haya desprendido del cuerpo astral.

A lo largo de la vida física, como ya hemos visto, la calidad del cuerpo astral que el hombre se forma, está determinada directamente por sus pasiones, emociones y deseos, e indirectamente por sus pensamientos, así como por sus hábitos físicos, alimentos, bebidas, higiene, moderación, etc. Un cuerpo astral tosco y grosero, resultado de una vida con estas mismas características, hará que el hombre responda exclusivamente a las vibraciones más bajas; por ello, tras la muerte, quedará sujeto al plano astral durante el prolongado y lento proceso de desintegración del cuerpo de dicha materia.

Contrariamente, un cuerpo astral insensible a las bajas y burdas vibraciones del mundo astral, responderá únicamente a las influencias superiores; por consiguiente, encontrará menos dificultades en su vida *post mortem* y su evolución avanzará de un modo rápido y sencillo.

La «cantidad» de *conciencia* estará en función del grado hasta el que haya vivificado y utilizado la materia del subplano correspondiente, a lo largo de su vida física.

En caso de que durante la vida terrena haya prevalecido libremente la naturaleza animal y se haya desatendido el aspecto intelectual, sofocando el espiritual, el cuerpo astral o de deseos subsistirá durante largo tiempo después de la muerte física.

En cambio, si se ha dominado y sometido la naturaleza de deseos durante la vida en la tierra, purificándola y acostumbrándola a doblegarse a la naturaleza superior, el cuerpo astral dispondrá de poca energía, por lo que se desintegrará y desvanecerá en seguida.

Pese a ello, el hombre medio no está exento en absoluto de bajos deseos antes de la muerte; por tanto, pasa un largo periodo, más o menos consciente, en los diversos subplanos del plano astral, con el fin de consumir las fuerzas generadas, de modo que el Ego se libere.

El principio general consiste en que, cuando el cuerpo astral ha agotado su atracción hacia un subplano, la mayor parte de la materia más grosera se desprende, y entra a formar parte de un nivel de existencia superior. Su gravedad específica va decreciendo, por decirlo así, continuamente, de manera que se eleva cada vez más desde las capas densas hasta las más sutiles, deteniéndose tan sólo cuando se establece un equilibrio perfecto.

El hecho de encontrarse en un determinado subplano del mundo astral significa que se ha desarrollado la sensibilidad de las partículas del cuerpo astral correspondientes a ese subplano. Por su parte, gozar de una perfecta visión en el plano astral quiere decir que se ha desarrollado la sensibilidad de todas las partículas del cuerpo astral, hasta el punto de que todos los subplanos son visibles al mismo tiempo.

Una persona cuya vida haya sido buena y pura, con intensos sentimientos y aspiraciones altruistas y espirituales, no experimentará ninguna atracción hacia el plano astral. Si la dejáramos sola, hallaría muy pocas cosas que la retuvieran en dicho plano o que la integraran en la actividad durante su relativamente corta estancia en el mismo. Al haber dominado sus pasiones terrenas a lo largo de su vida física, habiendo dirigido su fuerza de voluntad hacia terrenos más elevados, le queda poca energía de bajos deseos para desplegar en el plano astral. En consecuencia, su estancia en el mismo será muy breve y con toda probabilidad experimentará únicamente una semiconsciencia soñolienta, hasta que acabe durmiéndose mientras sus principios superiores por fin se liberan del cuerpo astral y penetran en la bienaventuranza del mundo celestial, o plano mental.

Más técnicamente hablando, diremos que durante la vida física Manas ha purificado a Kâma, con el cual está entrelazado; por eso, después de la muerte, lo único que queda de Kâma es un simple residuo, el cual se desprende con facilidad al retirarse el Ego. Esa persona, por consiguiente, poseerá muy poca conciencia en el plano astral.

Por otro lado, es muy probable que la persona posea en su cuerpo astral una buena parte de materia astral grosera, procedente de encarnaciones anteriores. Aunque se la haya educado y se haya comportado en vida de una manera que no le haya permitido vivificar esa materia grosera, y aunque una gran porción de ella se haya desprendido y reemplazado por materiales más finos, puede ocurrir que aún quede una cantidad considerable. Por lo tanto, el hombre deberá permanecer durante cierto tiempo en un nivel bajo del plano astral, hasta que toda esa materia se haya desprendido. Pero al no haber sido vivificada ésta, tendrá poca conciencia de ello y permanecerá prácticamente dormido a lo largo de toda su estancia allí.

Entre cada dos estados de materia existe un punto que se conoce como punto crítico. De igual manera que el hielo se puede calentar hasta un punto en que el mínimo aumento de calor lo convierta en líquido, el agua se puede calentar hasta un grado en que el menor aumento de calor la transforme en vapor. Análogamente, cada estado de materia astral puede alcanzar un grado de finura en que cualquier perfeccionamiento adicional la conduzca al estado inmediatamente superior. Si el hombre ha refinado cada estado de materia de su cuerpo astral, a fin de estar purificado hasta el máximo grado posible de delicadeza, el primer choque de fuerza desintegradora quebranta la cohesión y devuelve la materia a su estado original, dejándolo libre inmediatamente, y se traslada al subplano siguiente. El tránsito por el plano astral de una persona así será sumamente veloz, casi instantáneo, para penetrar en el estado superior del mundo celestial o mental.

Después de la muerte, todos los seres humanos están obligados a pasar por todos los subplanos del astral hasta llegar al mundo mental. El que el hombre sea consciente o no de alguno de esos subplanos o de todos, y en qué medida, estará en función de los factores citados. Por tanto, dentro de muy amplios límites, variará el grado de conciencia que tenga la persona en el plano astral, en su recorrido hacia el plano mental. Algunos se detienen tan sólo unas horas o días en ese plano; otros, en cambio, permanecen muchos años e incluso siglos.

Para un hombre medio, una estancia de 20 o 30 años en el plano astral, después de la muerte física, es un promedio regular. Un caso insólito es el de la reina Isabel de Inglaterra, quien sintió un amor tan inmenso hacia su país, que hasta hace muy poco no ha pasado al mundo celestial. Desde su muerte ha tratado, casi sin éxito, de transmitir a sus sucesores sus ideas acerca de lo que deberían hacer por Inglaterra.

Otro caso destacable es el de la reina Victoria, quien pasó muy rápidamente por el plano astral, y entró en el mundo celestial. Este tránsito apresurado fue debido sin duda alguna a los millones de formas de pensamiento de amor y de gratitud que le fueron enviados, así como a su innata bondad.

Por lo general, la cuestión del intervalo entre vidas terrenas es bastante compleja. En este libro sólo podemos ocuparnos muy brevemente del período correspondiente al plano astral. El estudiante encontrará más detalles en «LA VIDA INTERNA», Tomo II, de C. VV. Leadbeater.

Al analizar los intervalos entre dos vidas se deben tener presentes los siguientes factores:

1 - La clase de Ego.
2 - El modo en que fue individualizado.
3 - La duración y naturaleza de la última vida terrena.

La tabla de la página siguiente presenta la duración media de la vida astral, determinada por la clase de Ego.

El método de individualización ocasiona una determinada diferencia, pero ésta es mucho menos acentuada en las clases más bajas. Los individualizados por el intelecto suelen tener un intervalo entre vidas más largo que los que se individualizan de otra forma.

Hablando en términos generales, la persona que muere joven tendrá un intervalo más corto que la que muere a una edad avanzada; pero es probable que tenga una vida astral más

HOMBRES LUNARES: PRIMER ORDEN

Individualmente en la Cadena lunar Ronda N°	Tipo Actual	Duración media de la Vida Astral
5	Egos avanzados (muchos de ellos están adquiriendo continuas encarnaciones, de modo que no existe la cuestión de intervalos).	5 años; un Ego incluso puede pasar de forma rápida e inconsciente.
	Hombres que destacan en el Arte, la Ciencia o la Religión.	Tendencia general a vida astral más prolongada, en especial en el caso de artistas y de religiosos.
6	Terratenientes y profesionales.	20 a 23 años.
7	Clase media alta.	25 años.

Clase de Ego	Tipo Actual	Duración media de la Vida Astral
Hombres lunares Segundo orden	Burgueses.	40 años.
Hombres-animales lunares	Obreros cualificados.	40 años, en el subplano medio.
Animales lunares Primera Clase	Obreros manuales.	40 a 50 años en los subplanos inferiores.
Animales lunares Segunda Clase	Alcohólicos y vagos.	40 a 50 años, generalmente en el sexto subplano.
Animales lunares Tercera Clase	Lo más bajo de la humanidad.	5 años en el séptimo subplano.

prolongada, debido a que las emociones más intensas, que se agotan en la vida astral, se generan durante los primeros años de la vida física.

No debemos olvidar que en el mundo astral, nuestra manera de medir el tiempo apenas se puede aplicar; si en la vida física unas cuantas horas de angustia o de dolor parecen interminables, esta característica se multiplica por cien en el plano astral. En él el hombre únicamente puede medir el tiempo a través de sus sensaciones. De la deformación de este hecho procede la falsa creencia de la condenación eterna.

Hemos visto que tanto el tiempo de permanencia, como el grado de conciencia en cada uno de los subplanos depende en buena medida del tipo de vida que el hombre haya llevado en el mundo físico. Otro factor de gran relevancia es la actitud mental de la persona después de la muerte física.

La vida astral puede ser dirigida por la voluntad, igual que puede serlo la vida física. Un hombre con poca fuerza de voluntad es en el mundo astral lo mismo que en el físico: la criatura del entorno que él mismo ha creado. Por el contrario, un hombre decidido siempre puede sacar el mayor provecho de las condiciones y vivir su vida a pesar de ellas.

En consecuencia, en el plano astral el hombre no se desprende de sus malas tendencias, a menos que trabaje con empeño para conseguirlo. Si no hace los esfuerzos necesarios, por fuerza tendrá que sufrir debido a su incapacidad para satisfacer sus deseos, porque eso solamente podría hacerlo si poseyera un cuerpo físico. En el transcurso del tiempo, tales deseos se agotarán y desaparecerán, simplemente por la imposibilidad de satisfacerlos.

Pese a ello, el proceso se acelera en gran medida en cuanto el hombre se da cuenta de la necesidad de liberarse de los malos deseos que lo frenan, y decide hacer el esfuerzo exigido. El hombre que ignora su verdadera situación, suele meditar y reflexionar sobre sus deseos, prolongando así la duración de éstos y se aferra desesperadamente, todo el tiempo posible, a las partículas groseras del plano astral, porque las sensaciones relacionadas con ellas parecen acercarlo a la vida física que él aún anhela. Como es natural, lo que debería hacer es anular el deseo terreno y recogerse en sí mismo lo más rápidamente posible. Aun así, el mero conocimiento intelectual de las condiciones de la vida astral y de las enseñanzas teosóficas en general, es de inapreciable valor para el hombre, después de la muerte física.

Es de la mayor trascendencia que, después de dicha muerte, el hombre comprenda con claridad que se está retirando continuamente hacia el Ego y, por ello, debe esforzarse por apartar su pensamiento de las cosas físicas y concentrar su atención en asuntos espirituales, que lo mantendrán ocupado, cuando pase del plano astral al mental, o mundo celestial.

Adoptando esta actitud, facilitará en gran medida la desintegración del cuerpo astral, en lugar de retrasarse innecesaria e inútilmente en los subplanos más bajos del plano astral. Por desgracia, muchas personas se niegan a dirigir sus pensamientos hacia arriba y se aferran insistentemente a las cosas terrenas. Sin embargo, con el paso del tiempo, debido a la normal evolución va perdiendo gradualmente el contacto con los mundos inferiores, pero al resistirse a cada paso, se crean un sufrimiento que podrían evitar, y retrasan en gran medida su progreso. En esta ignorante oposición al curso natural de las cosas, la posesión de un cadáver físico le sirve al hombre como punto de apoyo en el plano físico. El mejor remedio contra esto es la cremación del cadáver, que es una forma de destruir el vínculo con el plano físico.

Algunos ejemplos de la vida astral después de la muerte pueden ilustrar la naturaleza y desarrollo de esa vida.

Un hombre corriente, sin colorido, ni particularmente bueno ni malo, no cambia en absoluto al morir: permanece sin color. Por tanto, no experimentará ni sufrimientos ni alegrías especiales; de hecho, puede ocurrir que la vida allí le parezca un poco aburrida, ya que, al no haber cultivado ninguna afición en concreto a lo largo de su vida física, no encontrará nada que le interese en la vida astral. Si durante la vida física no ha tenido otras ocupaciones que la charla insustancial, los deportes, los negocios y la ropa, es lógico que cuando no los tenga, ni pueda tenerlos, no sepa en qué ocupar el tiempo.

Sin embargo, el hombre que experimenta fuertes deseos de baja índole y que en la vida física haya sido, por ejemplo, borracho o un sensual, se sentirá aún peor. No sólo conservará sus ansias y deseos (recuérdese que los centros de sensación están localizados en Kâma y no en el cuerpo físico), sino que los sentirá con más fuerza que antes, porque la plena vitalidad de los mismos se expresa en la materia astral, y no se emplea parte de ella para poner en acción las pesadas partículas físicas. Un hombre así se hallará en la condición más degradada del plano astral; aparentemente, estará lo bastante cerca del físico como para percibir ciertos olores, aunque la vibración originada sólo sirva para estimular todavía más sus locos deseos y conducirlo al borde del frenesí. Pero, al no poseer un cuerpo físico, mediante el cual podría satisfacer sus anhelos, no puede aplacar su terrible sed. De ahí proceden las incontables tradiciones de los fuegos del Purgatorio, mencionadas por todas las religiones. Dichas tradiciones revelan con exactitud las angustiosas condiciones descritas, condiciones que se pueden prolongar durante mucho tiempo, puesto que desaparecen muy lentamente a causa del desgaste.

La explicación y justificación automática del proceso no deja lugar a dudas: el hombre ha creado por sí mismo esas condiciones y con sus acciones ha determinado el grado de poder y la duración de las mismas. Por otra parte, es el único medio por el que puede desprenderse de sus vicios, porque, si reencarnara en seguida, la nueva vida se iniciaría precisamente tal como acabó la última, es decir, esclavo de sus pasiones y apetitos, y tendría muchas menos posibilidades de dominarse. En cambio, las nuevas condiciones provocan que sus ansias y deseos se debiliten hasta desaparecer, lo cual le brinda la oportunidad de empezar la nueva encarnación desprovisto de esa carga. Después de tan dura lección, es posible que su Ego lleve a cabo todo tipo de esfuerzos para impedir que sus vehículos inferiores vuelvan a cometer el mismo error.

Un alcohólico es capaz, a veces, de envolverse en un velo de materia etérica y materializarse en parte. En tales condiciones, puede percibir el olor del alcohol, pero no lo huele de la misma forma que lo hacemos nosotros. Por eso se empeña en forzar a otros a que se embriaguen, con el fin de poder introducirse parcialmente en sus cuerpos físicos y obsesionarlos y, de este modo, pueden volver a experimentar directamente el gusto y otras sensaciones deseadas. La obsesión puede ser temporal o permanente. Como ya hemos señalado, un sensual muerto puede apropiarse de un vehículo que esté a su alcance y satisfacer sus bajos deseos. En otras ocasiones, uno puede obsesionar a otro como un acto de venganza premeditado, como el caso de un hombre que obsesionó a la hija de su enemigo.

La obsesión se puede resistir mejor y esquivar gracias a la fuerza de voluntad. Cuando sucede, casi siempre es porque la víctima se ha rendido voluntariamente a la influencia invasora; por lo tanto, el primer paso es evitar que se produzca el acto de sumisión. La mente debe oponerse a la obsesión con resistencia firme y decidida, convencida de que la voluntad humana es más fuerte que cualquier influencia maligna. La obsesión, como es obvio, se opone al orden natural de las cosas y es enormemente perjudicial para ambas partes.

Asimismo, debemos mencionar el efecto que produce sobre el cuerpo astral después de la muerte el hábito de fumar en exceso. El veneno satura dicho cuerpo hasta tal punto que se endurece y no puede actuar de modo adecuado ni moverse con facilidad. Durante algún tiempo, el hombre se encuentra como paralizado, puede hablar pero le resulta imposible realizar cualquier movimiento y es prácticamente insensible a influencias superiores. Únicamente cuando se debilita la parte envenenada del cuerpo astral, puede salir de tan penoso estado.

El cuerpo astral renueva sus partículas de la misma forma que el físico, pero no hay nada que equivalga a comer y digerir el alimento. Las partículas que se desprenden son sustituidas por otras de la atmósfera circundante. Allí no existen los deseos puramente físicos de hambre y sed, pero el deseo de satisfacer el paladar que experimenta el glotón, y el deseo del borracho de experimentar la sensación producida por el alcohol, al ser ambos astrales, persisten todavía. Como ya hemos señalado, pueden ser motivo de grandes sufrimientos, teniendo en cuenta que ya no poseen el cuerpo físico, que es el único que les permitiría satisfacer tales deseos.

Existen muchos mitos y tradiciones que pueden ilustrar las condiciones anteriormente descritas. Uno de ellos es el de Tántalo, quien padecía una sed insaciable y que fue condenado a ver retroceder el agua en el preciso instante en que iba a tocarla con sus labios. Otro, que ejemplifica la ambición, es el de Sísifo, condenado a hacer rodar una pesada roca montaña arriba, sólo para verla deslizarse montaña abajo, cuando prácticamente alcanzaba la cumbre. La roca simboliza los planes ambiciosos que el hombre se empeña en hacer para luego encontrarse con que carece de cuerpo físico para poder llevarlos a la práctica. Con el tiempo, su egoísta ambición se va desgastando, se da cuenta de que no tiene necesidad de empujar la roca y la deja en paz al pie de la montaña.

Otro mito es el de Titio, a quien los cuervos mordisqueaban el hígado mientras él permanecía atado a una roca, y sin embargo, el hígado crecía a medida que los cuervos lo devoraban. Este ejemplo representa al hombre torturado por el remordimiento ocasionado por pecados cometidos en la tierra.

La peor vida que el hombre corriente del mundo se puede preparar para después de la muerte es una existencia inútil, tremendamente aburrida y carente de todo interés racional, resultado de haber derrochado su vida en la tierra en satisfacciones egoístas, frivolidades e intrigas. Las cosas que anhela ya no puede conseguirlas, porque en el plano astral no se hacen negocios. Aun cuando pueda tener toda la compañía que quiera, la sociedad es para él algo muy distinto, porque en el astral no existen los convencionalismos en los que se basa la sociedad en la tierra.

Por consiguiente, el hombre se construye su propio purgatorio y su propio cielo; estos no son lugares, sino estados de conciencia. El infierno no existe, es tan sólo una ficción de la imaginación teológica. Ni el purgatorio ni el cielo pueden ser eternos, ya que una causa distinta no puede producir un resultado infinito. Sin embargo, las condiciones después de la muerte, para el hombre de peor naturaleza quizás se puedan describir mejor mediante la palabra «*infierno*», aunque éste no sea eterno. Así, en ocasiones sucede que el asesino es perseguido por su víctima, sin que jamás pueda escapar de tal acoso. La víctima (salvo que sea de tipo muy bajo) está envuelta en inconsciencia y ésta hace aún más horrible la persecución mecánica.

Los que realizan vivisecciones también tienen su «infierno», donde viven rodeados de sus víctimas mutiladas, quejándose, tiritando y aullando. Dichas formas están vivificadas, no por las almas de los animales, sino por la vida elemental que se estremece de odio hacia el torturador, repitiendo con mecánica regularidad los peores experimentos, con plena conciencia de todo el horror que éstos encierran. Pese a ello, está obligado a sufrir esa tortura, a causa de la costumbre adquirida durante la vida en la tierra.

Las mencionadas condiciones no se dan de manera arbitraria, sino que son consecuencia inevitable de causas creadas por la propia persona. Las lecciones de la Naturaleza son severas, pero a la larga resultan misericordiosas, porque contribuyen a la evolución del Alma, al ser rigurosamente correctoras y saludables.

Para muchas personas el estado después de la muerte es mucho más dichoso que la vida en la tierra. La primera sensación de la que es consciente el que muere, suele ser de una extraordinaria y deliciosa libertad. No hay nada que le cree preocupaciones, no hay deberes que cumplir, excepto los que él mismo quiera imponerse. Si consideramos la cuestión desde este punto de vista, tienen razón aquellos que afirman que los «vivos», físicamente encerrados y confinados en sus cuerpos físicos, están verdaderamente menos «vivos» que aquellos a quienes llamamos muertos. Estos son mucho más libres, porque están menos obstaculizados por condiciones materiales. Pueden trabajar con mayor eficacia y dedicarse a un campo de actividad mucho más amplio.

La persona que no haya permitido la redistribución de su cuerpo astral por el Elemental de Deseo, se encontrará libre en todo ese mundo y no le parecerá demasiado poblado como para acarrearle molestias, pues es mucho más extenso que la superficie de la tierra y la población es menor, ya que la vida humana media en el plano astral es más breve que en la tierra.

Aparte de los que han muerto, en el plano astral se encuentran alrededor de una tercera parte de los que viven y han dejado temporalmente el cuerpo físico mientras duermen. Aunque el plano astral está atento a todos sus habitantes que no hayan aceptado la redistribución de sus cuerpos astrales, la mayor parte de ellos permanece próxima a la superficie de la tierra.

En cuanto al hombre de tipo más elevado, tomaremos en consideración ahora a alguno que manifieste cierto interés por cosas de índole racional, como música, literatura, ciencia, etc. En este plano no es necesario dedicar una parte considerable del día a «ganarse la vida», así que el hombre es libre de hacer lo que le apetezca, siempre que pueda llevarlo a cabo sin ayuda de materia física. En el mundo astral, no sólo es posible escuchar la mejor música, sino oírla mucho mejor, porque allí se captan armonías que no se pueden oír con los oídos físicos. El artista tiene a su alcance todas las bellezas del mundo astral. El hombre puede trasladarse de un lado a otro con gran rapidez y contemplar las maravillas de la naturaleza con muchísima más facilidad que en el plano físico. Si es un historiador o un científico, las bibliotecas y los laboratorios del mundo están a su disposición y su comprensión de los procesos naturales será mucho más perfecta que antes, porque podrá ver tanto la acción interna como la externa y verá las causas que anteriormente sólo podía deducir a partir de los efectos. En todos estos casos, la satisfacción es mucho más profunda, ya que no hay lugar para la fatiga.

El filántropo puede seguir con sus obras de caridad con más vigor que antes, y en condiciones más favorables que en el mundo físico. En el mundo astral hay miles a quienes puede ayudar y con mayor seguridad de poder beneficiarlos realmente.

En el plano astral, cualquiera, después de morir, puede iniciar estudios y adquirir ideas totalmente nuevas para él. Se conoce el caso de uno que aprendió música, aunque éste es un hecho fuera de lo común.

En términos generales, la vida en el mundo astral es más activa que la del plano físico, pues la materia astral está mucho más vitalizada que la física y las formas son más plásticas. Las posibilidades de disfrutar y de progresar en el mundo astral son, en todos los sentidos, mucho mayores que en el plano físico. Pero dichas posibilidades son de orden superior, por lo cual requieren mayor inteligencia para poder aprovecharlas. El hombre que en su vida terrena haya dedicado su pensamiento y energía únicamente a cosas materiales, tendrá pocas probabilidades de adaptarse a condiciones más ventajosas, pues su mente, medio atrofiada, no tendrá capacidad suficiente para captar las amplias posibilidades de una vida más elevada. Por el contrario, el hombre que en la tierra haya dedicado su vida e intereses a asuntos elevados, podrá progresar en pocos años de existencia astral, mucho más que en una larga vida física.

Al ser los placeres astrales mucho más intensos que los del mundo físico, se corre el riesgo de desviarse del sendero del progreso. Pero los deleites de la vida astral no representan un grave peligro para quienes al menos hayan atisbado algo superior.

Después de la muerte, el hombre debería intentar pasar lo más rápido posible y no caer en los refinados placeres del mundo astral más que a los del físico.

El hombre evolucionado que, después de fallecido, es en todos los sentidos tan activo durante su vida astral como lo fue a lo largo de su vida física, indudablemente puede impulsar o entorpecer tanto su propio progreso como el de otros, igual que antes; de esa forma, continuamente está generando karma de la mayor importancia. De hecho, la conciencia del hombre que habita permanentemente en el plano astral, por lo general es mucho más precisa que cuando pasaba sus horas de sueño en el plano astral. Gracias a ello, es capaz de pensar y de actuar con firmeza, por lo que sus posibilidades de crear karma bueno o malo son mucho mayores.

En sentido general, podemos afirmar que el hombre es capaz de crear karma siempre que su conciencia esté desarrollada, o siempre que pueda actuar o escoger. Así, las acciones llevadas a cabo en el plano astral pueden producir frutos kármicos en la próxima vida en la tierra.

En el subplano astral más bajo, existen otras cosas que pueden atraer la atención del hombre, por lo que se ocupa muy poco de lo que sucede en el mundo físico, excepto cuando visita lugares de vicio.

En el subplano siguiente, —el sexto—, están los hombres que, aun estando despiertos, centran sus deseos y pensamientos en asuntos meramente mundanos. Consecuentemente, merodean alrededor de las personas y lugares con los que tuvieron una vinculación más estrecha durante su vida terrena y llegan a saber muchas cosas relacionadas con aquellos. No obstante, nunca pueden ver la materia física, sino sólo su contraparte astral.

Así, por ejemplo, un teatro repleto de público tiene su contraparte astral, que es visible para las entidades astrales. A pesar de ello, no ven –como los vemos nosotros– ni los trajes, ni la expresión de los actores. Las emociones de éstos, al ser simuladas y no reales, no dejan huella en el plano astral. Los habitantes del sexto subplano –que se encuentra en la superficie de la tierra– se hallan rodeados por las contrapartes astrales de las montañas, árboles, lagos, etc., que existen físicamente.

En los dos subplanos siguientes, el quinto y el cuarto, también se da la conciencia de las cosas físicas, pero en grado paulatinamente decreciente. En los dos subplanos que siguen, el tercero y el segundo, el contacto con el plano físico sólo puede lograrse por medio de un esfuerzo especial para comunicarse a través de un médium. Desde el plano más elevado, el primero, la comunicación con un médium sería muy difícil.

Los que moran en los subplanos más elevados, suelen proporcionarse las escenas que desean. Algunos de ellos se rodean de paisajes de su propia invención, pero otros aceptan los creados por otras personas. (En el Capítulo XVI describiremos los distintos subplanos).

En ciertos casos, el hombre elabora las fantásticas escenas descritas en las Escrituras religiosas: crea torpes modelos de árboles cuajados de joyas, mares de cristal mezclado con fuego, criaturas llenas de ojos por dentro y dioses provistos de cientos de cabezas y brazos.

En lo que los espiritistas denominan «Tierra de Verano», las personas de la misma raza y de la misma religión procuran estar juntas después de la muerte, igual que en la vida terrena. Por ello, hay una especie de cadena de dichos lugares sobre los países a los que pertenecen las personas que los han creado y constituyen comunidades diferentes unas de otras, lo mismo que sucede en la tierra. Esto es debido, no sólo a la afinidad natural, sino a la existencia en el plano astral de las barreras lingüísticas.

Este principio es aplicable al plano astral en general. En las sesiones espiritistas de Ceilán se observó que las entidades comunicantes eran budistas que, más allá de la tumba, habían hallado confirmación a sus preconceptos religiosos, exactamente igual que les ocurre a los miembros de las distintas sectas cristianas en Europa. En el plano astral, los hombres encuentran, no solamente sus propias formas mentales, sino también las de otros. Éstas son, algunas veces, el resultado de generaciones de pensamientos de miles de personas, todas en la misma dirección.

No es raro el caso de padres que intentan inculcar en los hijos sus ideas acerca de algún asunto que les interese en particular; por ejemplo, un compromiso matrimonial. Esa influencia es dañina, pues existe la posibilidad de que quien la reciba, la considere como deseo subconsciente propio.

En numerosas ocasiones, los muertos se erigen en ángeles guardianes de los vivos: las madres suelen proteger a sus hijos, los maridos a sus viudas, etc. a lo largo de muchos años.

En otros casos, un escritor o un compositor de música inculcará sus ideas o composiciones a un ser viviente en el mundo físico, de forma que obras atribuidas a éste sean realmente del muerto. El que recibe el escrito o la composición puede ser consciente de la influencia, o ignorarla por completo. Un famoso novelista, en una de sus declaraciones, ha reconocido que no sabe de dónde le vienen sus obras, que en realidad no son escritas por él, sino por mediación de él. Probablemente no es el único, pero los otros no son conscientes de ello.

Un médico, después de muerto, con frecuencia sigue interesándose por sus pacientes, procurando curarlos desde el otro lado, o aconsejando a su sustituto tratamientos que, gracias a sus nuevas facultades astrales, considera más eficaces.

La mayor parte de las personas clasificadas como «buenas'», y que fallecen de muerte natural, probablemente no son conscientes de algo físico, al atravesar los subplanos inferiores, antes de despertar la conciencia astral. Sin embargo, existe la posibilidad de que sean atraídas al mundo físico por una seria preocupación por alguien que han dejado en él.

El dolor y los lamentos de familiares y amigos también pueden atraer la atención de alguien que haya pasado al plano astral, lo que tiende a ponerlo de nuevo en contacto con la vida terrena. Esta tendencia hacia abajo se acentúa más con la repetición, hasta que por propia voluntad, la persona trata de mantenerse en contacto con el mundo físico. Durante algún tiempo, aumentará la facultad de ver cosas terrenas, pero luego decrecerá, lo que posiblemente le hará sufrir mentalmente, al notar que está perdiendo esa capacidad. En muchos casos, quienes permanecen en este mundo no sólo provocan mucho sufrimiento innecesario, sino que además dañan seriamente a aquellos cuya pérdida lamentan con su dolor irreflexivo.

Durante todo el tiempo que pasa en el plano astral, sea breve o prolongado, la persona está sujeta a las influencias terrenas. En los casos que acabamos de relatar de parientes y amigos que lloran con amargura la muerte de seres queridos, se establecen vibraciones en el cuerpo astral de los difuntos que llegan y despiertan a la mente o manas inferior. Una vez despertado de su estado soñoliento, es posible que el difunto intente comunicarse con sus amigos de la tierra, tal vez valiéndose de un médium. Tal despertar por lo general va acompañado de un intenso sufrimiento. En todo caso, se retarda el proceso natural del desprendimiento del Ego.

Las enseñanzas ocultistas no aconsejan de ningún modo que olvidemos a los muertos, sino que aseguran que el recuerdo cariñoso de los difuntos es una fuerza que, convenientemente dirigida, puede ayudarles en su ascenso al mundo celestial (plano mental) y acelerar su tránsito por el estado intermedio, lo cual les será de gran utilidad. En cambio, los lamentos no sólo no le ayudan sino que le perjudican. Con todo acierto, la religión indostánica prescribe la ceremonia Shraddha y la Iglesia Católica sus oraciones por los fallecidos. Estas plegarias, junto con las ceremonias que las acompañan, generan elementales que luchan contra el cuerpo astral de la entidad pâmalóquica y precipitan la desintegración del mismo, acelerando su paso hacia el mundo celestial.

Por ejemplo, cuando se celebra una misa con la finalidad de ayudar a una persona fallecida, ésta sin duda se beneficia. Gracias a la afluencia de fuerza, inevitablemente capta su atención el intenso pensamiento con que se lo rodea y al ser atraído a la iglesia, participa en la ceremonia y disfruta en gran medida del resultado. Aunque la persona difunta permanezca inconsciente, la voluntad y la oración del sacerdote le envían una corriente de fuerza que la beneficia enormemente.

Las plegarias colectivas y los buenos deseos expresados en favor de los muertos, aunque vagos y, por ende, menos eficaces que los pensamientos más concretos, por lo general proporcionan en conjunto una gran ayuda cuya importancia es innegable. Europa no es consciente de cuánto debe a las órdenes religiosas que se dedican noche y día a rezar por los fieles difuntos.

Capítulo 15

Vida después de la muerte: casos especiales

Prácticamente no existe diferencia entre la conciencia de un psíquico y la de una persona corriente después de la muerte, si exceptuamos que el psíquico, probablemente por estar más familiarizado con la materia astral, se hallará más en su elemento en el nuevo entorno. Ser psíquico significa poseer un cuerpo físico más sensible, en cierto sentido, que la mayoría de las personas. Por ello, cuando abandona el cuerpo físico, la desigualdad desaparece.

Una muerte repentina, como la provocada por un accidente, no deteriora necesariamente la vida astral. Sin embargo, es preferible la muerte natural, porque el progresivo debilitamiento propio de la edad avanzada o los efectos de una prolongada enfermedad suelen ir casi invariablemente acompañados de un decaimiento y fragmentación de las partículas astrales. Por esa razón, al morir y recobrar la conciencia en el plano astral, el hombre ya encuentra hecha, al menos, una parte del trabajo principal que debía realizar en dicho plano.

En la mayoría de los casos, cuando la vida se interrumpe súbitamente por un accidente o por el suicidio, el vínculo entre kâma (deseo) y prana (vitalidad) no se rompe con facilidad; en consecuencia, el cuerpo astral queda intensamente vivificado. El proceso de despojar los principios sutiles de su envoltura física, en los casos de muerte repentina, motivada por cualquier causa, se ha comparado con el acto de retirar el hueso de una fruta verde. Una parte considerable de la materia astral más gruesa queda adherida a la personalidad. Por ese motivo, ésta permanece retenida en el séptimo o más bajo subplano astral.

Por otro lado, el terror y la perturbación mental que suelen acompañar a la muerte por accidente, no constituyen de ninguna manera una preparación apropiada para la vida astral. En algunos casos, aunque no es frecuente, la perturbación y el temor pueden perdurar algún tiempo después de la muerte.

Las víctimas de la pena de muerte, además del daño que se les causa al arrancar violentamente su cuerpo astral del físico, mientras están dominados por sentimientos de odio, pasión, venganza y demás, son elementos particularmente peligrosos en el mundo astral. Por insoportable que sea para la sociedad un asesino en su cuerpo físico, es mucho más peligroso una vez expulsado de dicho cuerpo. La sociedad puede protegerse de los asesinos en cuerpo físico, pero está indefensa frente a los asesinos lanzados al plano astral en plena efervescencia de sus pasiones. Tales individuos podrían actuar perfectamente como instigadores de otros crímenes. Como es bien sabido, cierto tipo de asesinatos se repite varias veces en la misma comunidad.

En lo que respecta a los suicidas, la situación se complica aún más, debido a que su acto temerario disminuye extraordinariamente el poder del Ego para atraer hacia sí la porción inferior; por tanto, lo expone a mayores peligros. No obstante, debemos tener en cuenta que, como ya hemos señalado, el grado de culpabilidad del suicida varía considerablemente, dependiendo de las circunstancias, desde el acto sin culpa moral de Sócrates, pasando por todos los grados hasta el del que se suicida para escapar del castigo de sus crímenes. Como es obvio, la situación después de la muerte varía en función de estos aspectos.

Por lo general, las consecuencias kármicas del suicidio son enormes, influyendo sin duda sobre la vida siguiente y probablemente, sobre más de una vida. Es un delito contra la Naturaleza intervenir en el período prescrito para la vida física, porque cada persona tiene fijado un plazo de vida, que está determinado por una complicada serie de causas anteriores, es decir, por el karma; tal término debe fluir hasta agotarse, antes de la disolución de la personalidad.

La actitud mental de la persona en el momento de su defunción determina su posterior situación. Existe una profunda diferencia entre quien entrega su vida por razones altruistas, y alguien que destruye intencionadamente la suya por motivos egoístas, tales como temor u otros por el estilo.

Los hombres puros y de mente espiritual, las víctimas de accidentes, etc., pasan el resto de su vida natural durmiendo plácidamente. En otros casos, permanecen conscientes (frecuentemente envueltos en la escena final de su vida terrena durante cierto tiempo), retenidos en la región con la que están vinculados por la capa exterior de su cuerpo astral. Su vida kâmalóquica normal no comienza hasta que se han desembarazado de toda su vida terrena, y son conscientes del mundo astral y del físico que les rodea.

No debemos suponer, ni por un instante, que el hombre tenga justificación para suicidarse ni buscar la muerte, considerando la superioridad, en muchos sentidos, de la vida astral sobre la física. Los hombres encarnan en cuerpos físicos con una finalidad que únicamente puede realizarse en el mundo físico. En esto hay que aprender algunas lecciones, que no pueden aprenderse en ninguna otra parte; cuanto antes las aprenda, más pronto se verá el hombre libre de la necesidad de volver a la vida inferior y más limitada de la tierra. El Ego está obligado a sufrir muchas molestias para encarnar en un cuerpo físico, así como para vivir durante el pesado periodo de la primera edad, durante el cual adquiere poco a poco y con gran esfuerzo el dominio sobre sus nuevos vehículos; por tanto, estos esfuerzos no se deben desperdiciar estúpidamente.

En este punto, se ha de obedecer al instinto de propia conservación, pues es obligación del hombre aprovechar lo máximo posible su vida terrena y conservarla todo lo que le permitan las circunstancias.

Si un hombre fallecido repentinamente ha llevado una vida baja, brutal, egoísta y sensual, quedará completamente consciente en el séptimo subplano astral, y puede que se convierta en una entidad terriblemente malvada. Abrasado por apetitos que ya no puede satisfacer, tratará de complacer sus pasiones valiéndose de algún médium o persona sensible a la cual pueda obsesionar. Tales entidades experimentan un placer diabólico al poner en práctica todas las artes del engaño astral para inducir a otros a cometer los mismos excesos que ellos cometieron. Entre este grupo y entre los cascarones vitalizados se reclutan los demonios tentadores de la literatura eclesiástica.

La descripción que presentamos a continuación expresa con claridad la situación de las víctimas de muerte violenta, sea por suicidio o por accidente, cuando son personas depravadas y poco refinadas: «Sombras desdichadas; si son pecadores y sensuales vagan… hasta que les llega la hora en que deban morir. Muertos en plenitud de sus pasiones terrenas que los atan a las habituales, son atraídas por las oportunidades que se les ofrece de satisfacerlas instantáneamente. Son los Pishâchas, los incubos y súcubos de la época medieval; los demonios de la sed, de la glotonería, de la lujuria y de la avaricia; elementales de astucia, perversidad y crueldad intensificada, que incitan a sus víctimas a cometer horribles crímenes, regocijándose en la consumación de los mismos».

Los soldados fallecidos en combate no entran en esta categoría, porque, aunque la causa por la que luchan sea justa o injusta en abstracto, ellos la consideran justa. Para ellos, es el cumplimiento del deber y sacrifican sus vidas de forma voluntaria y abnegada. A pesar de sus horrores, en cierto plano la guerra puede ser un poderoso factor de progreso. Esto también es el núcleo de verdad contenido en la idea del musulmán fanático, según la cual, el hombre que muere luchando por su credo alcanza directamente una vida muy agradable en el otro mundo.

Los niños que mueren a temprana edad probablemente no tengan mucha afinidad con las subdivisiones más bajas del mundo astral, y raramente se les encuentra en los subplanos astrales más bajos.

Algunas personas se aferran con tanta desesperación a la existencia material que, al morir, sus cuerpos astrales no pueden separarse por completo del etérico y por eso, despiertan todavía rodeados de materia etérica. Tales personas se encuentran en un estado muy desagradable: están separadas del mundo astral por la envoltura etérica que los rodea, pero al mismo tiempo están excluidas de la vida física ordinaria, porque carecen de los órganos correspondientes a los sentidos físicos.

La consecuencia es que deambulan en soledad, aterrorizados, sin poder comunicarse con entidades de ninguno de los planos. Son incapaces de comprender que, si no se aferraran frenéticamente a la materia, transcurridos unos momentos de inconsciencia, pasarían a la vida ordinaria del plano astral. Pero se agarran a su mundo gris con su mísera semiconsciencia, para no hundirse en lo que ellos consideran extinción completa, o en el infierno, como les han enseñado a creer. Sin embargo, con el paso del tiempo, la envoltura etérica se desgasta y se reanuda el proceso natural, pese a los esfuerzos de estos seres. Algunos, en su desesperación, se sueltan y prefieren la aniquilación a la existencia que llevan, con un resultado que sorprende por lo agradable. En ciertos casos, otra entidad astral ayuda a estos individuos, convenciéndolos de que suelten lo que para ellos es vida. En otros casos, tienen la desgracia de hallar el modo de reiniciar, en cierto sentido, su contacto con la vida física, a través de un médium. Pero, por regla general, el «espíritu-guía» del médium les impide muy acertadamente el acceso a dicha vida.

El «guía» actúa convenientemente, ya que tales entidades por su terror y necesidad, pierden cualquier escrúpulo y obsesionarían, hasta enloquecerlo, al médium, contra cuyo Ego combatirían igual que lucha por sobrevivir una persona que está ahogándose. Esto no les resultaría difícil siempre que el Ego del médium no tuviera pleno dominio sobre sus vehículos, por mantener deseos, pensamientos y pasiones indeseables.

En ciertas ocasiones, una entidad puede apoderarse del cuerpo de un niño, desalojando a la débil personalidad a la que está destinado. Otras veces, llegan incluso a obsesionar el cuerpo de un animal, en cuyo caso el fragmento del alma-grupo (que, en el animal, ocupa el lugar del Ego en el hombre), ejerce sobre el cuerpo un dominio menos enérgico que el de un Ego. Esta obsesión puede ser completa o parcial. La entidad obsesionante de esta forma logra entrar de nuevo en contacto con el plano físico; ve a través de los ojos del animal y siente el dolor infligido al mismo; de hecho, en esos momentos es el animal, en lo que atañe a su conciencia.

El individuo ligado de este modo a un animal no puede abandonar el cuerpo voluntariamente, sólo podrá hacerlo de manera gradual y con un esfuerzo considerable, quizás durante varios días. Generalmente se libera a la muerte del animal; aun entonces queda un lazo astral que ha de ser desprendido. Tras la muerte del animal, dicho ser a veces trata de obsesionar a otro miembro del mismo rebaño, o a cualquier otra criatura de la que pueda apropiarse en su desesperación. Los animales más frecuentemente tomados son, al parecer, los menos evolucionados, tales como las ovejas y los cerdos. Los animales más inteligentes, como perros, gatos y caballos, por lo visto no son desposeídos con tanta facilidad aunque se dan algunos casos.

Todas las obsesiones, sean de un cuerpo humano o de un animal, perjudican y obstaculizan el desarrollo de la entidad obsesionante, porque fortalecen provisionalmente su vínculo con lo material, y retrasan, de esta forma, el avance natural en la vida astral, aparte de crear vínculos kármicos indeseables.

Cuando un individuo, impulsado por apetitos desenfrenados, establece un vínculo muy fuerte con un animal de cualquier tipo, su cuerpo astral presentará características animales; incluso puede llegar a adoptar la apariencia del animal cuyas cualidades ha fomentado durante la vida terrena. En casos extremos, el individuo puede quedar unido al cuerpo astral del animal y de esta forma, permanecer encadenado, como un prisionero, al cuerpo físico del mismo. En tales condiciones, el hombre es consciente en el mundo astral, goza de sus facultades humanas, pero no puede ejercer control sobre el cuerpo del animal ni expresarse por medio del mismo en el plano físico. El organismo animal actúa como carcelero más que como vehículo. Por otra parte, el alma del animal no abandona el cuerpo, sino que permanece como auténtico ocupante de éste.

Casos como estos explican, al menos en parte, la extendida creencia en muchos países orientales, de que en determinadas circunstancias, un hombre puede reencarnar en un cuerpo animal.

Un destino parecido le aguarda al hombre a su regreso al plano astral en su vuelta para renacer en el físico. De este punto nos ocuparemos en el Capítulo XXIV, dedicado al *Renacimiento*.

Las personas firmemente apegadas a la tierra a causa de la ansiedad se llaman a veces «inclinadas a la tierra». Según dice St. Martin, tales personas son «permanecedoras» no «retornadoras», porque son incapaces de desprenderse por completo de la materia física, hasta que se ha resuelto algún asunto que les interesa en particular.

Ya hemos visto que el hombre real va retirándose cada vez más de sus cuerpos exteriores, y que manas o mente, en particular, trata de desprenderse de kâma o deseo. En determinados casos, la personalidad u hombre inferior está tan poderosamente dominado por kâma que la mente inferior está absolutamente esclavizada y no puede desprenderse, hasta tal punto que el vínculo entre el mental inferior y el superior, es decir, el hilo de plata que la liga al Maestro, se corta en dos. A esto se le denomina en ocultismo «pérdida del Alma». Es la pérdida del yo personal, que se ha separado de su creador y él mismo se ha condenado a perecer.

En los casos referidos, incluso durante la vida terrena, el cuaternario inferior está separado de la Tríada; es decir, los principios inferiores, encabezados por manas inferior, están separados de los principios superiores, Atma, Buddhi y Manas superior. El hombre está dividido en dos; el bruto se ha liberado y marcha desenfrenado, llevando consigo el reflejo de la luz manásica, que debía haberle guiado en el curso de su vida. Dicha criatura, gracias a poseer una mente, es más peligrosa que un animal no evolucionado. Aunque humano en la forma, es de naturaleza bestial, carece de sentimientos, de verdad, de amor y de justicia.

Tras la muerte física, ese cuerpo astral es una entidad de terrible poder, con la particularidad de que puede reencarnar en el mundo de los hombres. Sin otros instintos que los animales, empujados por la pasión y jamás por emociones, con una astucia que ningún bruto puede emular y una perversidad deliberada, alcanza a la máxima degradación y es el enemigo natural de todos los seres humanos normales. Un ser de este tipo, al que se conoce como *Elemental Humano,* se hunde más y más en cada encarnación, hasta que la fuerza maligna se agota y perece, desprendida de la fuente de vida; se desintegra entonces y desaparece como existencia separada.

Desde el punto de vista del Ego, no se ha sacado de aquella personalidad ninguna cosecha ni experiencia de provecho; el «rayo» no ha aportado nada y lo inferior ha resultado un completo fracaso.

La palabra Elemental ha sido empleada por diversos escritores y con muy diferentes sentidos; sin embargo, es recomendable limitarla a la entidad que acabamos de describir.

Capítulo 16

El plano astral

En este capítulo nos limitaremos a describir –hasta donde lo permita la complejidad del tema– la naturaleza, la apariencia, las propiedades, etc., del plano o mundo astral. Otros capítulos están dedicados a la enumeración y descripción de las entidades que habitan en dicho mundo.

El estudiante inteligente comprenderá lo difícil que es describir el mundo astral en lenguaje físico y de forma adecuada. La tarea se puede comparar a la del explorador de una selva tropical desconocida, al que se le pide que haga una descripción detallada de las regiones que ha visitado. La dificultad de detallar el plano astral se complica a causa de dos factores: primero, lo complejo que resulta trasladar adecuadamente del astral al físico el recuerdo de lo que se ha visto; segundo, lo inapropiado del lenguaje del plano físico para poder expresar gran parte de lo que se debe decir.

Una de las características más sobresalientes del mundo astral es que está repleto de formas que cambian continuamente. En él se encuentran no sólo formas de pensamiento, constituidos por esencia elemental y animadas por un pensamiento, sino también grandes masas de esencia elemental de la que surgen sin cesar formas que vuelven a desaparecer sumergidas en ella. La esencia elemental existe en cada subplano bajo cientos de variedades, como si el aire fuera visible, en movimiento ondulatorio constante y cargado de colores que cambian como el nácar. Esta materia astral se ve agitada constantemente por corrientes de pensamiento. Los pensamientos fuertes persisten durante un tiempo prolongado como entidades, mientras que los débiles se recubren de esencia elemental para luego disolverse otra vez.

Ya hemos visto que la materia astral tiene siete grados de finura, que se corresponden con los siete grados de materia física: sólidos, líquidos, gaseosos, etc. Cada uno de esos grados de materia es la base de uno de los subplanos o subdivisiones del plano astral.

Es habitual hablar de estos siete subplanos como si estuvieran uno encima del otro, el más denso abajo y el más sutil arriba; de hecho, en bastantes diagramas aparecen dispuestos de ese modo. Esta manera de representarlos encierra algo de verdad, pero no es cierta al cien por cien.

La materia de cada subplano interpenetra a la del inferior; por lo tanto, en la superficie de la tierra coexisten los siete subplanos en el mismo espacio. Sin embargo, también es cierto que los subplanos superiores se expanden sobre la tierra más extensamente que los más densos.

Una equivalencia bastante aproximada de la relación existente entre los subplanos astrales se da en el mundo físico.

Los líquidos interpenetran considerablemente a los sólidos; por ejemplo, el agua se infiltra en la tierra, los gases interpenetran a los líquidos (el agua contiene por lo general un volumen importante de aire). No obstante, es esencialmente cierto que el mayor volumen de agua se halla en mares y ríos, etc., sobre tierra sólida. De un modo análogo, el mayor volumen de materia gaseosa reposa sobre la superficie de las aguas y se eleva en el espacio mucho más arriba que los sólidos y los líquidos.

Algo semejante sucede con la materia astral. El conjunto de materia astral más densa se encuentra dentro de los límites de la esfera física. Con respecto a este punto, debemos observar que la materia astral sigue las mismas leyes generales de la materia física, y gravita hacia el centro de la tierra.

El séptimo subplano, el más bajo, penetra hasta cierta profundidad en el interior de la tierra; de esa manera, las entidades que habitan en el mismo se encuentran bajo la corteza de la tierra.

El sexto subplano coincide en parte con la superficie terrestre. El tercer subplano se expande hasta muchas millas en la atmósfera. El límite externo del mundo astral se extiende hasta aproximadamente la distancia media de la órbita de la luna; de manera que, en el perigeo, el plano astral de la tierra y el de la luna se suelen tocar, pero no así en el apogeo. (Nota: La distancia de la tierra a la luna es de unas 240.000 millas). De ahí que los griegos llamaran al plano astral, el mundo sublunar. Esto explica que determinados días del mes sea posible la comunicación astral con la luna, cosa que no ocurre otros días. Es conocido el caso de un hombre que llegó a la luna y tuvo que esperar a que la comunicación se restableciera al aproximarse el satélite.

Las siete subdivisiones constituyen de modo natural tres grupos: a) el séptimo o más bajo; b) el sexto, el quinto y el cuarto; c) el tercero, el segundo y el primero. La diferencia entre los miembros de un grupo es comparable a la que existe entre dos sólidos; por ejemplo, acero y arena; la diferencia entre grupos se puede equiparar a la existente entre un sólido y un líquido.

El séptimo subplano tiene como fondo el mundo físico, aunque se le ve parcialmente deformado, ya que todo lo que es luz, bueno y bello es invisible. Hace cuatro mil años, el Escriba Ani lo describió en un papiro egipcio en los siguientes términos: «¿Qué clase de lugar es éste al que he llegado? No tiene agua, ni aire; es profundo y sin fondo; es negro como la noche más oscura; los hombres deambulan sin rumbo; en él un hombre no puede vivir con el corazón tranquilo».

Para el desdichado ser humano que reside en tal subplano es realmente cierto aquello de: «Toda la tierra está envuelta en tinieblas y es morada cruel»; pero es oscuridad que emana de Él mismo, y hace que su existencia se desarrolle en la noche eterna del mal y del horror. Un infierno real, aunque, como todos los infiernos, es entera creación del hombre.

La mayoría de los estudiantes están de acuerdo en que la investigación de dicha región es una tarea tremendamente desagradable, que produce una sensación de densidad y de grosera materialidad, indescriptiblemente repugnante para el cuerpo astral liberado. Produce una sensación parecida a abrirse camino a través de un fluido viscoso negro y además, los moradores e influencias que allí se encuentran, son absolutamente indeseables.

El hombre decente medio probablemente encontraría muy pocas cosas que lo atrajeran hacia el séptimo subplano; los únicos que suelen despertar la conciencia en él son los que sienten deseos bajos y groseros, tales como: los aficionados a la bebida, los sensuales, los criminales violentos y otros individuos de este tipo.

Los subplanos sexto, quinto y cuarto tienen como fondo el plano físico con el cual estamos familiarizados. La vida en el sexto es igual que la vida física corriente, exceptuando el cuerpo físico y las necesidades de éste. El quinto y el cuarto son menos materiales y más distantes del mundo inferior y de sus intereses.

Al igual que sucede en el físico, la materia astral más densa lo es en exceso para las formas corrientes de la vida astral, pero en ese mundo habitan otras formas que son totalmente desconocidas para los estudiantes de la superficie.

En el quinto y cuarto subplanos, las asociaciones meramente terrenas surgen cada vez con menor importancia. Sus moradores tienen mayor tendencia a moldear su entorno, según lo más persistente en sus pensamientos.

Los subplanos tercero, segundo y primero, aunque ocupan el mismo espacio, parecen estar más alejados del mundo físico; en consecuencia, distan más de ser proporcionalmente menos materiales. A esa altura, las entidades pierden de vista la tierra v sus cosas. Por lo general, están profundamente absorbidas en sí mismas y, en gran medida, crean su propio ambiente, aunque éste es lo bastante objetivo como para ser perceptible para otras entidades. Estas entidades prácticamente no son conscientes de las realidades del plano, sino que habitan en ciudades imaginarias propias, en parte, creadas completamente por sus pensamientos y en parte, en estructuras heredadas de sus predecesores y posteriormente ampliadas.

En estos subplanos se encuentran las regiones de caza de los pieles rojas, el Valhalla de los nórdicos, el paraíso repleto de huríes del musulmán, la Nueva Jerusalén de oro y piedras preciosas del cristianismo y el cielo lleno de liceos del reformador materialista. Se encuentra asimismo la «Tierra de verano» de los espiritistas, donde hay casas, escuelas, ciudades, etc., las cuales, para una percepción más clara, están muy lejos de ser lo que sus satisfechos creadores imaginan, aunque durante un tiempo son reales. Pese a todo, muchas de las creaciones son verdaderamente hermosas, aunque efímeras. Un visitante que no haya visto nada mejor paseará contento por el escenario que se le brinda, el cual es superior en todo caso a cuanto existe en el mundo físico. Como es natural, el visitante puede construirse su propio escenario de acuerdo con sus fantasías, si así lo prefiere.

El segundo subplano es, sobre todo, la morada del religioso, egoísta y poco espiritual. Allí luce su dorada corona y rinde culto a su propia representación material de la divinidad característica de su país y época.

El primer subplano está especialmente destinado a los que, durante su vida terrena, se han dedicado a tareas materialistas, pero intelectuales, desarrolladas no para beneficiar a sus semejantes, sino movidos por una ambición egoísta, o sencillamente como ejercicio intelectual. Estas personas permanecen muchos años en este subplano, desarrollando felices sus cuestiones intelectuales, pero sin reportar beneficios a nadie y sin avanzar apenas en su camino hacia el mundo celestial.

En este subplano atómico, los moradores no construyen creaciones imaginarias, como ocurre en los subplanos inferiores. Los pensadores y los hombres de ciencia a menudo utilizan, con fines de estudio, casi todos los poderes del plano astral completo, ya que son capaces de descender casi hasta el físico, siguiendo ciertas líneas marcadas. De este modo puede llegar hasta la contraparte astral de un libro físico y extraer del mismo los datos que necesita. Con toda facilidad entran en contacto con la mente del autor, graban sus ideas en el mismo y regresan con las de éste. Algunas veces, retrasan durante largo tiempo su partida hacia el mundo celestial, debido a la avidez con que buscan líneas de estudio y de experimentación en el plano astral.

Aunque hablamos de la materia astral como si fuera sólida, en realidad, sólo lo es relativamente. Una de las razones de que los alquimistas medievales representaran la materia astral mediante el agua, fue a causa de la fluidez y penetrabilidad de ésta. En proporción a su tamaño, las partículas de la materia astral más densa están más separadas que las gaseosas; de ahí que a dos cuerpos astrales de los más densos les resulte más fácil pasar uno a través de otro que al gas más leve propagarse en el aire.

Los habitantes del plano astral continuamente están pasando unos a través de otros y a través de objetos astrales fijos. Allí no puede producirse nada parecido a lo que llamamos colisión. En condiciones normales, dos cuerpos que se interpretan no se sienten afectados de un modo apreciable. Sin embargo, si la interpenetración continúa durante algún tiempo, como ocurre cuando dos personas están sentadas una al lado de la otra en una iglesia o en un teatro, pueden influirse mutuamente de forma considerable.

Si una persona en el astral considera que una montaña es un obstáculo, no conseguirá pasar a través de ella. Aprender que no es tal obstáculo es precisamente parte del objetivo de la denominada *prueba de tierra*.

Una explosión en el plano astral puede resultar tan catastrófica como una explosión de pólvora en el plano físico, pero los fragmentos astrales volverán a unirse con gran rapidez. Por eso, en el plano astral no pueden producirse accidentes, en el sentido que solemos darle a esta palabra, porque el cuerpo astral, al ser fluido, no puede ser destruido ni dañado de forma permanente, como le sucede al cuerpo físico.

Un objeto puramente astral puede ser movido mediante una mano astral, si se desea, pero no la contraparte astral de un objeto físico, ya que para lograrlo haría falta materializar una mano y mover el objeto físico, al que acompañará naturalmente la contraparte astral. Esta existe porque el objeto físico existe, de igual manera que el perfume de una rosa llena la habitación porque la rosa se encuentra en ella. No se puede desplazar un objeto físico moviendo la contraparte astral, por la misma razón que no puede mover la rosa moviendo su perfume.

En el plano astral, nunca se toca la superficie de ninguna cosa para saber si es dura o blanda, áspera o suave, caliente o fría; sino que al ponerse en contacto con la sustancia interpenetrante, se percibe un ritmo distinto de vibración, la cual puede ser, obviamente, agradable o desagradable, estimulante o deprimente.

Por eso, si uno pisa la tierra, parte de su cuerpo astral interpenetra el terreno bajo sus pies, pero el cuerpo astral no advertirá el hecho por algo que corresponda a la sensación de dureza, ni por ninguna diferencia en la capacidad de moverse. En el plano astral no se experimenta la sensación de saltar sobre un precipicio, sino simplemente la de flotar sobre el mismo.

Aunque la luz de todos los planos procede del Sol, el efecto que provoca en el plano astral es completamente distinto al que produce en el físico. En el astral, hay una luminosidad difusa que, evidentemente, no proviene de una dirección determinada. Toda la materia astral es luminosa por sí misma, pero un cuerpo astral no es como una esfera pintada, sino como una de fuego viviente. Jamás hay oscuridad en el plano astral. El paso de una nube oscura por delante del Sol no se advierte en el plano astral, ni tampoco la sombra de la tierra a la que llamamos noche. Como los cuerpos astrales son transparentes, no producen sombras. Las condiciones atmosféricas y climatológicas no influyen en el trabajo en el plano astral, ni tampoco en el mental. No obstante, en una gran ciudad la diferencia es grande, a causa de la multitud de formas de pensamiento.

En el plano astral existen muchas corrientes que arrastran a las personas carentes de voluntad, y también a los que la tienen pero no saben cómo emplearla.

No hay nada similar al sueño en el plano astral. Uno puede olvidar en este plano, lo mismo que en el físico. Quizás, es todavía más fácil olvidar en aquel que en éste, porque hay más actividad y está más poblado. Conocer a una persona en el plano astral no implica necesariamente haberla conocido en el mundo físico.

A menudo se le llama al plano astral el «reino de la ilusión», pero en sí mismo no es más ilusorio que el mundo físico, excepto por la poca confianza que merecen las impresiones traídas por videntes poco expertos. Esto tiene su explicación principalmente por dos notables características de dicho plano: en primer lugar, sus moradores poseen la asombrosa facultad de cambiar sus formas con chocante rapidez, y también la de confundir extremadamente a aquellos a cuya costa deciden divertirse. En segundo lugar, la visión astral es muy distinta y mucho más amplia que la física. En visión astral, un objeto se ve, por así decirlo, por todos los lados al mismo tiempo; cada partícula interior de un sólido es claramente visible, lo mismo que las exteriores; es decir, todo está completamente exento de la deformación provocada por la perspectiva.

Si se mira un reloj astralmente, se verá la esfera y todas las ruedecillas colocadas por separado, pero nada encima de otra cosa. Observando un libro cerrado, se podrá ver cada página, no a través de las restantes páginas, delante o detrás, sino directamente como si cada una de ellas fuera la única página visible.

Se comprenderá con facilidad que en tales condiciones incluso los objetos más familiares resulten absolutamente desconocidos, y que el visitante inexperto encuentre graves dificultades para comprender lo que ve en realidad, y aún más si quiere explicar lo que ve, empleando el inadecuado lenguaje común. Sin embargo, un momento de reflexión hará comprender que la visión astral se aproxima mucho más que la visión física a la auténtica percepción, supeditada a las deformaciones de la perspectiva.

Aparte de las citadas fuentes posibles de error, el asunto se complica más por el hecho de que la visión astral conoce formas de materia que, a pesar de ser puramente físicas, son invisibles en condiciones normales. Así son, por ejemplo, las partículas que componen la atmósfera, todas las emanaciones que continuamente se desprenden de las cosas con vida, así como los cuatro grados de materia etérica.

Por otra parte, la visión astral pone de manifiesto otros colores más allá del espectro visual ordinario que son completamente diferentes: los rayos ultrarrojos y ultravioletas, conocidos por la ciencia física, son claramente perceptibles a la visión astral.

Tomemos un ejemplo concreto. Una roca vista a través de la visión astral, deja de ser una masa inerte de piedra. Para la visión astral, es observable la totalidad de la materia física, en lugar de sólo una pequeña porción de ella: son perceptibles las vibraciones de las partículas físicas; es visible la contraparte astral, formada por varios grados de materia astral, toda en movimiento incesante; se ve cómo circula la vida universal (prana) a través de ella y emanando de ella; se observa el aura que rodea la piedra; se aprecia cómo la impregna su apropiada esencia elemental, siempre activa, pero siempre cambiante. En el caso del vegetal, del animal y del hombre, lógicamente las complicaciones son más numerosas.

Un buen ejemplo del tipo de errores que se pueden cometer en el plano astral, es la frecuente inversión de los números que el vidente tenga que anotar; por ejemplo, dirá 139 cuando es 931, y cosas parecidas. En el caso de un estudiante de ocultismo, preparado por un Maestro experto, ese error sería imposible, excepto por precipitación o falta de cuidado, ya que dicho estudiante debe seguir un prolongado y variado curso de enseñanza en esta ciencia de ver adecuadamente. Un vidente experto con el tiempo adquiere seguridad y confianza al tratar fenómenos astrales, que rebasan en gran medida a los de la vida física.

Es erróneo hablar despectivamente del plano astral y considerarlo poco digno de atención. Como es natural, sería verdaderamente desastroso para cualquier estudiante desatender su desarrollo superior y darse por satisfecho con haber alcanzado la conciencia astral. En determinados casos, indudablemente se pueden desarrollar en primer lugar las facultades mentales superiores, algo así como ocultar durante un tiempo el plano astral. Pero ése no es el método que suelen adoptar los Maestros de la Sabiduría con sus discípulos. Para la mayoría el progreso a saltos no es factible; por tanto, hay que avanzar paso a paso.

En «La Voz del Silencio» se mencionan tres Aulas. La primera, la de la Ignorancia, es el plano físico; la segunda, la del Aprendizaje, es el plano astral, así llamado porque la apertura de los chakras astrales revela mucho más de lo visible en el plano físico, y uno se siente más próximo a la realidad de las cosas; sin embargo, no es más que el lugar de aprendizaje para el probacionista. En el Aula de la Sabiduría, que es el plano mental, se adquiere conocimiento aún real y preciso.

Una parte importante del escenario del plano astral consiste en lo que a menudo, aunque erróneamente, se llaman los Registros de la Luz Astral. Estos registros (que, en realidad, son una especie de materialización de la memoria divina, algo así como la representación fotográfica viviente de todo lo que ha sucedido) están impresos en un nivel mucho más elevado de una forma real y permanente, y únicamente se reflejan en el plano astral de manera más o menos irregular. Por ello, una persona cuyo poder de visión no se eleve sobre ella probablemente no consiga más que episodios ocasionales y desconectados del pasado, en lugar de un relato coherente. Sin embargo, estas imágenes reflejadas, de cualquier tipo de acontecimientos pasados, se reproducen sin cesar en el plano astral y constituyen una parte importante del entorno del investigador.

La comunicación en el plano astral está condicionada por el conocimiento de la entidad, igual que sucede en el mundo físico. Una persona capaz de utilizar su cuerpo mental puede allí comunicar sus ideas a las entidades humanas con más facilidad y rapidez que en la tierra, valiéndose de impresiones mentales. Sin embargo, los moradores habituales del plano astral por lo general no son capaces de ejercitar este poder, parecen estar restringidos por limitaciones semejantes a las que predominan en la tierra, aunque tal vez sean menos estrictas. En consecuencia, como hemos dicho antes, se asocian tanto allí como aquí en grupos afines en cuanto a creencias, simpatías y lenguajes comunes.

Capítulo 17

Diversos fenómenos
astrales

Existen motivos para creer que no transcurrirá mucho tiempo hasta que algunas aplicaciones de una o dos fuerzas suprafísicas lleguen a ser conocidas por el mundo en general. Una experiencia muy corriente en las sesiones espiritistas es el empleo de fuerza prácticamente irresistible, por ejemplo, para mover enormes pesos y objetos variados. Esos efectos se pueden producir de distintas formas. Sobre cuatro de ellas, podemos presentar los siguientes indicios:

1 - En la superficie de la tierra se dan grandes *corrientes etéricas* que fluyen de un polo a otro; por su volumen, tales fuerzas son tan irresistibles como la marea alta. Se conocen métodos con cuya aplicación

se puede utilizar sin peligro esta extraordinaria fuerza. Sin embargo, el mero intento de controlarla por parte de algún inexperto encierra grandes peligros.

2 - Hay una *presión etérica* que, en cierto modo, se corresponde con la presión atmosférica, aunque es infinitamente mayor que ésta. El ocultismo práctico enseña la manera de aislar una porción del éter del resto, con objeto de poner en acción la extraordinaria fuerza de la presión etérica.

3 - Existe un inmenso depósito de *energía potencial* que ha permanecido durmiendo en la materia, durante la involución de lo sutil a lo grosero. Si se cambia la condición de la materia, se puede liberar y emplear parte de esa energía, del mismo modo que la energía latente en forma de calor se puede liberar alterando la condición de la materia visible.

4 - Se pueden producir muchos efectos a través de lo que se conoce como *vibración simpática*. Haciendo sonar la nota clave del tipo de materia en la que se quiera influir, se puede provocar un número infinito de vibraciones simpáticas. Cuando esto se realiza en el plano físico, como ocurre, por ejemplo, al dar una nota en un arpa y provocar el sonido en otras arpas afinadas al unísono, no se desarrolla energía adicional. Pero en el plano astral la materia es mucho menos inmóvil, de manera que, cuando se activa mediante vibraciones simpáticas, añade su propia fuerza viviente al impulso original y así se pueden intensificar las vibraciones hasta un grado cuyo resultado no es proporcional a la causa. No parece que haya límites a lo que se puede llevar a cabo con esta fuerza si está en manos de un gran adepto, perfecto conocedor de las posibilidades que ella ofrece. La creación del propio Universo surgió como resultado de las vibraciones establecidas por la Palabra Hablada.

La eficacia de los mantras o encantamientos, cuyo objetivo no sea dominar a ningún elemental, sino simplemente la repetición de ciertos sonidos, depende de la acción de las vibraciones simpáticas.

Los fenómenos de *desintegración* se producen asimismo por medio de la acción de vibraciones extremadamente rápidas, que se añaden a la fuerza de cohesión de las moléculas del objeto sobre el cual actúa. Una vibración aún más elevada, de tipo algo distinto, descompone esas moléculas en sus átomos constituyentes. Un cuerpo, reducido de esta forma a su condición etérica, se puede trasladar de un sitio a otro a gran velocidad. En el momento en que la fuerza aplicada se retire, el objeto retornará a su condición primitiva, debido a la presión etérica.

Es preciso explicar cómo conserva la forma un objeto, cuando se desintegra y se vuelve a materializar. Por ejemplo, si se aplica calor a una llave de metal, hasta la condición de vapor, al retirar la fuente de calor, el metal se solidificará; pero será un trozo de metal, en lugar de una llave. La razón es que la esencia elemental que da forma a la llave, desaparece al variar la condición. No es que se vea afectada por el calor, sino que, al destruir su cuerpo provisional como sólido, la esencia elemental regresa al gran depósito de la misma, de forma parecida a como los principios superiores son expulsados del cuerpo físico, al ser destruido éste por el fuego, aunque no estén alterados por el calor ni por el frío.

Por consiguiente, cuando se enfría el metal de la llave vuelve a su condición de sólido y la esencia elemental «tierra» que entra en él no es la misma de antes; por eso, no hay motivo para que se conserve la forma de la llave.

Quien desintegre una llave para transportarla de un lugar a otro, deberá tener cuidado de conservar la esencia elemental exactamente de la misma forma, hasta que el traslado haya finalizado. Más tarde, al retirar su fuerza de voluntad, la forma de esencia elemental actuará como un molde, hacia el que fluirán las partículas que se están solidificando; mejor dicho, las partículas se agruparán a su alrededor. De esa manera, si no falla el poder de concentración del operador, la forma de la llave se conservará exactamente igual.

Los *Aportes*, es decir, el traslado casi instantáneo de objetos situados a grandes distancias a las sesiones espiritistas, algunas veces se producen de esa manera, porque una vez desintegrados, los objetos pueden atravesar con suma facilidad cualquier sustancia sólida, como por ejemplo el muro de un edificio o el lateral de una caja cerrada. El paso de la materia a través de materia, cuando se logra entender, es tan sencillo como el paso del agua por un colador o del gas por un líquido.

La *Materialización* o el cambio de un objeto del estado etérico al sólido, se realiza invirtiendo el proceso anteriormente descrito. En este caso, también se requiere una constante fuerza de voluntad para impedir que la materia condensada retorne a la condición etérica. Las diferentes fases de materialización se describirán en el Capítulo XXVIII, cuando tratemos de los *Auxiliares Invisibles*.

Las alteraciones eléctricas de cualquier tipo dificultan tanto la materialización como la desintegración, quizás por la misma razón que la luz brillante las hace casi imposibles, debido al efecto destructivo de la vibración fuerte.

La *Reduplicación* se produce formando una imagen mental perfecta del objeto que se debe copiar y a continuación la materia astral y la física necesaria se reúnen alrededor del molde así configurado. El fenómeno requiere un considerable poder de concentración, ya que se debe mantener la visión de cada partícula del objeto que se debe duplicar con toda exactitud y de manera simultánea, tanto interior como exterior. Un operador que no sea capaz de extraer directamente del éter del ambiente la materia necesaria, puede tomarla del material del artículo original, cuyo peso se verá reducido proporcionalmente.

La *Precipitación de letras, etc.*, se produce de diversas maneras. Un Adepto colocará una hoja de papel delante de sí mismo, se formará una imagen mental de la escritura que quiera que aparezca en ella, y extraerá del éter la materia con la cual objetivará la imagen. También puede producir, con la misma facilidad, idéntico resultado sobre una hoja de papel situada delante del corresponsal, cualquiera que sea la distancia que haya entre ellos.

El tercer método es más rápido, y consecuentemente, se emplea con mayor frecuencia. Consiste en grabar toda la sustancia de la carta en la mente de algún discípulo y dejar que éste realice el trabajo mecánico de precipitación. El discípulo imagina entonces que ha visto la carta escrita en el papel de puño y letra del Maestro, y materializa el escrito tal como hemos descrito. Si tiene dificultad para atraer el material del éter y a la vez precipitar el escrito en el papel, utilizará tinta o polvo de color.

Asimismo es fácil imitar la escritura de una persona y hacerla pasar por la de otra, tanto que resultaría imposible descubrir por los medios ordinarios una falsificación hecha de este modo. El discípulo de un Maestro dispone de un medio infalible para detectarla, pero otros tan sólo pueden probar el origen del escrito por el contenido de la carta y el espíritu que aliente en ella, ya que el manuscrito, por muy buena que sea la imitación, no posee valor de prueba.

Es probable que un principiante en la tarea únicamente pueda imaginar unas pocas palabras a la vez, pero un discípulo más entrenado podrá visualizar una página completa o toda la carta. De esta forma, en una sesión espiritista se producen, a veces, largas cartas en unos pocos segundos.

Los cuadros se precipitan de idéntica forma, sólo que en este caso hay que visualizar toda la escena simultáneamente; si se precisan muchos colores se deben hacer, mantenerlos separados y aplicarlos convenientemente. Como se puede ver, la facultad artística desempeña un papel importante, por lo que los artistas experimentados tendrán más éxito que los que carezcan de ese entrenamiento.

La *escritura en pizarras* se produce, en algunos casos, por precipitación, aunque es más frecuente que se materialicen pequeñas porciones de manos, de tamaño suficiente como para poder coger el trozo de lápiz.

La *Levitación*, es decir, cuando un cuerpo humano flota en el aire, tiene lugar a menudo en las sesiones espiritistas por medio de «manos de espíritus» que sostienen el cuerpo del médium. También se puede conseguir con la ayuda de los elementales del aire y del agua. Sin embargo, existe otro método que se emplea siempre en Oriente, y en Occidente sólo en ocasiones. La ciencia oculta conoce la forma de neutralizar e incluso invertir la fuerza de gravedad. De hecho, ésta es de índole magnética y mediante ella se puede realizar la levitación. No cabe duda de que este método se empleó para elevar algunas de las naves aéreas de la antigua India y en la Atlántida, y no se descarta que se utilizara un método semejante en la construcción de las Pirámides de Stonehenge.

La levitación también les ocurre a ciertos ascetas de la India y algunos de los grandes Santos cristianos, quienes al entrar en profunda meditación se elevaron sobre el suelo; ejemplos de ello son Santa Teresa, San José de Cupertino y otros muchos.

Teniendo en cuenta que la luz se basa en vibraciones en el éter, es evidente que quien sepa cómo producir tales vibraciones podrá crear «luces de espíritus», ya sea una suave fosforescencia, la variedad eléctrica brillante, o esas esferas de luz danzante en que se transforman con tanta facilidad cierto tipo de elementales del fuego.

La *manipulación del fuego*, sin quemarse, se hace cubriendo la mano con una finísima capa de sustancia etérica, de manera que no deje pasar el calor. Existen, además, otras formas de hacerlo.

La *producción del fuego* se encuadra también dentro de los recursos del plano astral, lo mismo que la manera de contrarrestar el efecto del mismo. Al parecer, existen por lo menos tres formas de conseguirlo:

1. Establecer y mantener el grado necesario de vibración, cuando haya que producir la combustión.
2. Introducir cuatridimensionalmente un minúsculo fragmento de materia resplandeciente y a continuación soplarle hasta que se convierta en llama.
3. Introducir elementos químicos que originen la combustión.

La *transmutación de metales* se logra reduciendo un trozo de metal a la condición atómica y redistribuyendo los átomos de modo distinto.

La *Repercusión*, de la cual hablaremos en el Capítulo dedicado a los *Auxiliares Invisibles*, está provocada también por el principio de vibración simpática, descrito anteriormente.

Capítulo 18

La cuarta dimensión

n el mundo astral se dan características que coinciden, con notable exactitud, con el mundo de cuatro dimensiones, concebido por la geometría y las matemáticas. Tan grande es la coincidencia, que se conocen casos en que el estudio puramente intelectual de la geometría y de la cuarta dimensión han proporcionado la visión astral al estudiante.

Los clásicos sobre este tema son las obras de C. H. Hinton: *Scientific Romances*, Vol. I y II; *A New Era of Thought; The Fourth Dimension*. El obispo C. W. Leadbeater recomienda estos libros y asegura que el estudio de la cuarta dimensión es el mejor método que él conoce para adquirir un concepto de las condiciones predominantes en el plano astral. Afirma que la exposición de C. H. Hinton sobre la cuarta dimensión es la única que ofrece una explicación, en este plano, de los hechos de visión astral continuamente observados.

Otras obras posteriores son algunos libros de Claude Bragdon como: *The Beautiful Necessity*; *A Primer of Higher Space*; *Fourth Dimensional Vistas*; etc.; así como *Tertium Organum* (obra muy esclarecedora) de P. D. Ouspensky e, indudablemente, muchas otras.

Para quienes no hayan estudiado este tema ofreceremos aquí un muy breve esquema de algunas de las características principales subyacentes en la cuarta dimensión.

Un *punto* que tiene «posición pero no magnitud», no posee dimensiones; la *línea* creada por el movimiento del punto tiene una dimensión: longitud; la *superficie*, originada por el movimiento de la línea, en ángulo recto a sí misma, cuenta con dos dimensiones: longitud y anchura; un *sólido*, producido por el movimiento de una superficie en ángulo recto a sí misma, posee tres dimensiones: longitud, anchura y espesor.

El *tesseract* es un objeto hipotético, originado por el movimiento de un sólido, en una nueva dirección en ángulos rectos a sí mismo, que posee cuatro dimensiones: longitud, anchura, espesor y otra, en ángulo recto a estas tres, que no tiene representación en nuestro mundo de tres dimensiones.

Muchas de las propiedades del *tesseract* se pueden deducir de la Tabla siguiente:

	Puntos	Líneas	Superf.	Sólidos
El punto tiene	1	–	–	–
La línea tiene	2	1	–	–
La superf. de cuatro lados tiene ..	4	4	1	–
El cubo tiene	8	12	6	1
El *tesseract* tiene	16	32	24	8

El *tesseract*, tal como lo describe C. H. Hinton, es una realidad, según afirma el obispo Leadbeater, y es una figura muy común en el plano astral. En «*Some Occult Experiences*» de J. Van Manen, se intenta representar gráficamente un globo cuatridimensional.

Existe un estrecho y sugerente paralelo entre los fenómenos que podrían producirse por medio de un objeto tridimensional en un mundo hipotético de dos dimensiones, poblado por seres conscientes únicamente de dos dimensiones, y muchos fenómenos astrales, tal como se nos presentan a los que vivimos en un mundo físico o tridimensional. Así, por ejemplo:

1. Objetos elevados a través de la tercera dimensión podrían hacerse aparecer y desaparecer a voluntad del mundo de dos dimensiones.
2. Un objeto totalmente rodeado por una línea podría ser levantado del espacio cerrado por la tercera dimensión.
3. Doblando un mundo de dos dimensiones, representado por una hoja de papel, se podrían unir dos puntos distantes e incluso hacerlos coincidir, destruyendo de este modo el concepto bidimensional de la distancia.
4. Un objeto de mano derecha se puede invertir por la tercera dimensión y volver a aparecer en forma de objeto de mano izquierda.
5. Mirando de arriba abajo, desde la tercera dimensión, se pueden observar de un vistazo todos los puntos de un objeto de dos dimensiones, sin la deformación provocada por la perspectiva.

Para un ser que se limita al concepto de dos dimensiones, los ejemplos citados parecerían milagrosos y absolutamente incomprensibles.

Es curioso que precisamente puedan ocurrir y ocurran continuamente engaños de este tipo, como bien saben los espiritistas:

1. Entidades y objetos que aparecen y desaparecen.
2. Se hacen «aportes» de artículos traídos desde grandes distancias.
3. Se sacan artículos de cajas que están cerradas.
4. El espacio aparece como inexistente.
5. Un objeto puede ser invertido; por ejemplo, uno de mano derecha se vuelve de mano izquierda.
6. Todas las partes de un objeto, un cubo por ejemplo, se ven simultáneamente sin deformación de perspectiva; de modo parecido, toda la materia de un libro cerrado se puede ver al mismo tiempo.

La explicación de que una fuerza como la de los Chakras no emane aparentemente de ninguna parte es, como se puede suponer, que procede de la cuarta dimensión.

Un líquido derramado en una superficie tiende a extenderse en dos direcciones, volviéndose muy fino en la tercera dimensión. Análogamente, un gas tiende a expandirse en tres dimensiones; al hacerlo así, puede que se vuelva más pequeño en la cuarta dimensión; es decir, la densidad de un gas puede ser la medida de su espesor relativo en la cuarta dimensión.

Está claro que no es necesario detenerse en las cuatro dimensiones, porque tal vez haya infinitas dimensiones de espacio. En cualquier caso, parece incuestionable que el mundo astral es cuatridimensional, el mental tiene cinco dimensiones y el búdico, seis.

Es evidente que si, por ejemplo, existen siete dimensiones, las habrá siempre y en todas partes; es decir, que no habrá un ser de tres o de cuatro dimensiones. La diferencia aparente radica en la reducida capacidad de percepción de la entidad implicada, no motivada por ningún cambio en los objetos percibidos. Esta idea está muy bien desarrollada en *Tertium Organum,* de Ouspensky.

Sin embargo, una persona puede desarrollar la conciencia astral y pese a ello, ser incapaz de percibir o apreciar la cuarta dimensión. De hecho, lo cierto es que el promedio de los que penetran en el plano astral no perciben, de ninguna manera, la cuarta dimensión. Solamente advierten algo borroso; la mayoría de ellos pasan sus vidas astrales sin descubrir la realidad de la cuarta dimensión en la materia circundante.

Entidades como los espíritus de la Naturaleza, que pertenecen al mundo astral, poseen la facultad natural de ver el aspecto cuatridimensional de todos los objetos, pero ni siquiera ellos los ven a la perfección, porque sólo perciben la materia astral de los objetos y no la física; igual que nosotros vemos la física y no la astral. El paso de un objeto a través de otro no plantea la cuestión de la cuarta dimensión, pero puede surgir de la desintegración, que es un método esencialmente tridimensional.

El tiempo, en realidad, no es la cuarta dimensión; no obstante, considerar el problema desde el punto de vista del tiempo ayudará, en cierto modo, a comprenderlo. El paso de un cono a través de una hoja de papel aparecería, ante una entidad que habitara en la hoja de papel, como un círculo que cambia de tamaño; la entidad, como es natural, sería incapaz de percibir todas las etapas del círculo existentes corno parte del cono. De modo parecido, para nosotros el crecimiento de un objeto sólido, visto desde el plano búdico, corresponde a la vista del cono como un todo. Esto arroja cierta luz sobre nuestro engaño en lo relativo al pasado, al presente y al futuro y sobre la capacidad de previsión.

La visión transcendental del tiempo está muy bien tratada en el relato titulado «Stella», incluido en el volumen II de *Scientific Romances.* Se pueden encontrar también dos referencias interesantes en *La Doctrina Secreta*, Vol. I, pág. 114 y Vol. III, pág. 742 (Edición de Barcelona).

Es significativa la observación de que la Geometría, tal como la estudiamos ahora, no es más que un fragmento, una preparación esotérica para una realidad esotérica. Una vez perdido el verdadero sentido del espacio, el primer paso hacia tal conocimiento es el de la cuarta dimensión.

Podemos concebir a la Mónada, al inicio de su evolución, como capaz de moverse y ver en dimensiones infinitas, una de las cuales desaparece en cada paso hacia abajo, hasta que tan sólo quedan tres para la conciencia cerebral del mundo físico. De esa forma, por involución a la materia, perdemos el conocimiento de todo menos de una parte minúscula de los mundos que nos rodean, e incluso lo que se ve, se ve de modo imperfecto.

Gracias a la visión cuatridimensional se observará que los planetas, que aparecen aislados de nuestras tres dimensiones, están unidos cuatridimensionalmente; de hecho, estos globos son pétalos de una gran flor; de ahí que los hindúes representen el sistema solar como una flor de loto.

Asimismo existe, mediante una dimensión superior, una relación directa entre el corazón del Sol y el centro de la tierra, de modo que aparecen elementos en la tierra sin atravesar lo que denominamos la superficie.

El estudio de la cuarta dimensión parece conducir directamente al misticismo. Así, C. H. Hinton echa mano constantemente de la frase: «desechando el yo», para indicar que, para apreciar un sólido cuatridimensionalmente, hay que considerarlo, no desde cualquier punto de vista, sino simultáneamente desde todos ellos; es decir, hay que trascender el «yo», o punto de vista particular aislado, y sustituirlo por una visión general y altruista.

No debemos olvidar tampoco las conocidas palabras de San Pablo (Efesios III, 17-18). «Que estando arraigados y cimentados en el amor podáis comprender con todos los santos, cual es la anchura, y longitud, y la altura y la profundidad».

Capítulo 19

Entidades astrales: humanas

a tarea de enumerar las entidades astrales, en toda su variedad y extensión, resultaría tan colosal como la enumeración y descripción de la totalidad de las entidades físicas. Lo único que podemos hacer aquí es clasificar los principales tipos, ofreciendo una breve descripción de cada uno de ellos. (Véase Tabla en la pág. 207).

A fin de completar esta clasificación, es preciso manifestar que, aparte de las entidades enumeradas en la Tabla, en ocasiones, aparecen en el mundo astral Adeptos muy elevados de otros planetas del sistema solar, e incluso visitantes más ilustres procedentes de puntos mucho más alejados. Aun cuando esto sea posible, es casi inconcebible que tales visitantes se manifiesten en un plano tan bajo como el astral. Si así lo desean, pueden crear un cuerpo provisional de materia astral de este planeta.

En segundo lugar, existen otras dos grandes evoluciones que se desarrollan en este planeta, aunque, según parece, ni ellas ni el hombre deben conocer su mutua existencia. En caso de ponerse en contacto con ellas, sería posiblemente en el plano físico, pues su relación con el astral es muy débil. La única posibilidad de que aparezcan reside en que se produzca un accidente muy poco probable en magia ceremonial. Por otra parte, son muy pocos los magos avanzados que saben cómo provocarlos; pese a todo, esto ha sucedido, al menos, en una ocasión.

La clase humana. a) Vivos físicamente.

1. *Las personas corrientes.* Este grupo está compuesto por personas, cuyos cuerpos físicos están dormidos, flotando por el mundo astral, en diversos grados de conciencia, según hemos descrito detalladamente en el Capítulo IX, sobre *La Vida de Sueño*.

2. *El psíquico.* Una persona con desarrollo psíquico será, por lo general, plenamente consciente fuera del cuerpo físico, pero por falta de entrenamiento adecuado, interpretará erróneamente todo lo que vea. A menudo, puede recorrer todos los subplanos astrales, pero en ciertas ocasiones, se sentirá particularmente atraído por un subplano determinado, y raramente se alejará de su influencia. En lo que concierne al recuerdo de lo visto oscilará, desde la absoluta claridad hasta la total deformación u olvido completo. En caso de que no tenga un Maestro que lo guíe, aparecerá siempre en cuerpo astral, ya que no sabrá cómo actuar en su vehículo mental.

3. *El Adepto y Sus discípulos.* Esta clase suele emplear, no el cuerpo astral, sino el mental, formado por los cuatro subplanos inferiores del plano mental. La ventaja de este vehículo

ENTIDADES ASTRALES

Humanas		No humanas	Artificiales
Vivas físicamente	Muertas físicamente		
1. Personas corrientes	1. Personas corrientes	1. Esencia elemental	1. Elementales formados inconscientemente
2. Psíquicos	2. Sombra	2. Cuerpos astrales de animales	2. Elementos formados conscientemente
3. Adepto o su discípulo	3. Cascarón	3. Espíritu de la naturaleza	3. Artificiales humanos
4. Mago negro o su discípulo	4. Cascarones vitalizados		
	5. Suicidas y víctimas de muerte repentina		
	6. Vampiros y lobos astrales		
	7. Magos negros o sus discípulos		
	8. Discípulos en espera de reencarnación		
	9. Nirmanakayas		

radica en que permite el paso instantáneo del mental al astral y de éste a aquél, admitiendo, además, el empleo en cualquier momento del poder más grande y sentido más agudo característicos del plano.

Dado que el cuerpo mental no es perceptible a la visión astral, el discípulo que trabaja en dicho cuerpo, aprende a envolverse en un velo de materia astral, cuando pretende hacerse visible a las entidades astrales. Aunque en apariencia es una exacta reproducción del hombre, dicho vehículo no contiene ninguna materia de su propio cuerpo astral, sino que es una reproducción del mismo, de igual manera que una materialización reproduce el cuerpo físico.

En los comienzos de su desarrollo, el discípulo actuará en su cuerpo astral como los demás, pero sea cual sea el cuerpo empleado, el discípulo de un instructor competente es absolutamente consciente y puede actuar con facilidad en cualquiera de los subplanos.

4. *El Mago Negro y sus discípulos*. Esta clase se asemeja, hasta cierto punto, a la del Adepto y Sus discípulos, exceptuando que el desarrollo se orienta hacia el mal en lugar de hacia el bien, y emplean los poderes adquiridos con propósitos egoístas, en vez de altruistas. En las filas más bajas hay negros que practican los ritos del Obi y del Vudú, así como curanderos de las tribus salvajes y magos negros tibetanos, de inteligencia más evolucionada, y por tanto, más culpables.

La clase humana. b) Muertos físicamente.

1. *La persona corriente después de la muerte*. Este grupo, muy numeroso, está compuesto por personas de todas clases y categorías, en muy diversos estados de conciencia, como ya se ha explicado en los Capítulos XII al XV, al tratar de *La Vida después de la Muerte*.

2. *La Sombra.* En el Capítulo XXIII veremos que, cuando la persona concluye su vida astral, muere en ese plano, dejando tras de sí el cuerpo astral desintegrándose, exactamente igual que cuando a la muerte física, abandona el cadáver físico en descomposición.

En muchas ocasiones, el Ego no puede retirar de los principios inferiores todo su principio manásico (mental) y por tanto, una parte de su materia mental permanece adherida al cadáver astral. La porción restante del mental está formada por lo más grosero de cada subplano, que el cuerpo astral ha logrado arrancar del mental.

El cuerpo astral conocido como Sombra es una entidad, y no es en ningún sentido el individuo real; sin embargo, posee exactamente el mismo aspecto personal, su memoria y todas sus pequeñas particularidades. Por tanto, fácilmente se la puede confundir con la verdadera persona, como sucede frecuentemente en las sesiones espiritistas. Tal entidad no es en absoluto consciente de la impersonalización, puesto que, en lo que concierne al intelecto, necesariamente se debe creer que es el individuo. Pese a ello, en realidad es un saco que guarda las cualidades inferiores del individuo, pero carece de alma.

La duración de la vida de una Sombra varía según la cantidad de materia mental inferior que la vivifique; pero, como ésta se consume sin cesar, su intelecto es una cantidad decreciente. Sin embargo, puede que posea una especie de astucia animal y que, al final de su carrera, sea capaz de comunicarse, tomando temporalmente inteligencia del médium. Dada su naturaleza, es muy susceptible de ser arrastrada por todo tipo de malas influencias y, al estar separada de su Ego, no tiene nada en su composición que sea capaz de responder a las buenas. Por tanto, se presta con facilidad a diversos fines de orden inferior de los magos negros. La materia mental de dichas Sombras se desintegra progresivamente y retorna a la materia general de su propio plano.

3. *El Cascarón*. Este es el cadáver astral de una persona en las últimas fases de desintegración, en que ha sido abandonado por toda partícula mental. Por consiguiente, carece de toda conciencia o inteligencia y se desliza con pasividad por las corrientes del plano astral. Sin embargo, aún puede ser vivificado, en horrible parodia de vida, durante breves momentos, si consigue ponerse al alcance del aura del médium. En estas circunstancias, conservará exactamente las facciones y apariencia de la persona desaparecida, y hasta cierto punto, puede reproducir las expresiones y escritura de ésta.

Asimismo posee la capacidad de responder automáticamente a las vibraciones (por lo general del orden más bajo) que estaba acostumbrado a sentir en la última fase de su existencia como Sombra.

4. *El Cascarón Vitalizado*. En realidad, esta entidad no es humana, pero aparece en esta clasificación porque su vestimenta exterior, el cascarón pasivo e insensible, fue durante un tiempo una dependencia de la humanidad. La vida, inteligencia, deseo y voluntad que posea serán las de elemental artificial que lo vitalice, elemental que es producto de un mal pensamiento del hombre.

Un cascarón vitalizado es siempre maligno, un verdadero demonio tentador, cuya influencia negativa se ve limitada únicamente por la magnitud de su poder. Al igual que la Sombra, con frecuencia se utiliza en la magia del Obi y del Vudú. Algunos autores lo denominan «Elemental humano».

5. *El Suicida y la Víctima de Muerte Repentina*. Estos han sido descritos en el Capítulo XV, al analizar la *Vida después de la Muerte*. Debemos hacer hincapié en que esta clase, al igual que las Sombras y los Cascarones Vitalizados, constituye lo que se puede llamar vampiros menores, porque cuando encuentran la ocasión, alargan su existencia absorbiendo la vitalidad de los seres humanos en los cuales pueden influir.

6. *El Vampiro y el «Lobo Astral».* Estas dos clases son actualmente muy poco frecuentes; en ocasiones se encuentran ejemplos en países donde existen rastros de sangre de la cuarta Raza, tales como Rusia y Hungría. Es posible que un hombre lleve una vida tan degradada, egoísta y brutal, que toda la mente inferior quede enredada en sus deseos y al final permanezca separada del Ego. Esto únicamente puede darse en quienes hayan agotado hasta el mínimo vestigio de desinterés o de espiritualidad, y no haya nada capaz de redimirlo.

Una entidad perdida de esta manera, muy pronto después de la muerte, se ve incapaz de permanecer en el mundo astral y, plenamente consciente , es atraída sin remedio al «lugar que le corresponde», la misteriosa octava esfera, para desintegrarse lentamente, después de vivir experiencias que preferimos no describir. Sin embargo, si fallece por suicidio o por muerte repentina, en determinadas circunstancias (sobre todo si tiene algunas nociones de magia) puede eludir el destino al que está condenada, viviendo la horrible existencia del vampiro.

Como la octava esfera no puede reclamarlo hasta después de la muerte del cuerpo, lo mantiene en una especie de trance cataléptico, mediante la transfusión de sangre extraída a otros seres humanos, valiéndose de su cuerpo astral semimaterializado. De este modo, aplaza su destino final cometiendo un sinfín de asesinatos. El remedio más eficaz contra esos casos es, como supone acertadamente la «superstición», la cremación del cadáver, privando así a la entidad de su punto de apoyo.

Cuando se abre la tumba de un individuo de este tipo, el cadáver aparece fresco y sano, y, a menudo, el ataúd está lleno de sangre. La cremación, como es lógico, hace imposible este tipo de vampirismo.

El «Lobo astral» se puede manifestar por vez primera sólo durante la vida física del individuo e invariablemente implica algún conocimiento de las artes mágicas, lo bastante como para permitirle proyectar el cuerpo astral.

Al hacer esto un hombre decididamente cruel y brutal, en determinadas circunstancias otras entidades astrales pueden apropiarse de su cuerpo astral y materializarlo, no en forma humana, sino en la de algún animal salvaje, por lo general, en la del lobo. En dicho estado, recorrerá el país matando a otros animales e incluso a seres humanos, satisfaciendo de esta forma el ansia de sangre que siente, así como la que sienten los demonios que lo hostigan.

En estos casos, como ocurre en las materializaciones ordinarias, una herida provocada a la forma astral se reproduce en el cuerpo físico, por el curioso fenómeno de repercusión. Pero tras la muerte del cuerpo físico, el astral que, probablemente seguirá apareciendo de la misma forma, se volverá menos vulnerable. También será menos peligroso, pues, salvo que encuentre un médium adecuado, no podrá materializarse por completo. En estas manifestaciones es muy posible que haya una gran porción de materia del cuerpo etérico, y quizás también algo de líquido y gaseoso del cuerpo físico, como ocurre en algunas materializaciones. En ambos casos, este cuerpo fluido parece ser capaz de alejarse a mucha mayor distancia del físico de lo que es posible (que se sepa) para un vehículo que contenga materia etérica. Las manifestaciones tanto del vampiro como del lobo astral suelen estar limitadas a la proximidad de su cuerpo físico.

7. *El Mago Negro y su discípulo*. Esta clase se puede comparar, *mutatis mutandis*, con la del discípulo que espera reencarnar, pero en este caso el individuo desafía el proceso natural de evolución y permanece en el mundo astral por arte de magia, a veces de la índole más espantosa.

No parece conveniente enumerar o describir las distintas subdivisiones de esta clase, pues el estudiante de ocultismo procura evitarlas. Todas las entidades que prolongan de esta forma su vida en el plano astral más allá del límite natural, lo hacen a costa de otros, absorbiendo la vida de éstos de un modo o de otro.

8. *El Discípulo en espera de Reencarnación*. Esta es también una clase poco habitual en nuestros tiempos. El discípulo que ha decidido no pasar al Devachan, es decir, no ir al mundo celestial, sino continuar su labor en el plano físico, puede hacerlo con el permiso de muy elevada autoridad, en cuyo caso su Maestro le preparará una reencarnación apropiada. Incluso en el caso de que se le conceda tal permiso, se dice que el discípulo tiene que permanecer obligatoriamente en el plano astral mientras se resuelva la cuestión, porque si alcanza a tocar el plano mental un solo instante, puede verse arrastrado por una corriente irresistible hasta la línea de evolución normal y pasar al mundo celestial, o sea, el mental.

En ocasiones, aunque es raro, puede ser colocado directamente en un cuerpo adulto, cuyo ocupante anterior ya no lo utiliza, pero no es frecuente que encuentre un cuerpo adecuado.

Mientras tanto, el discípulo es absolutamente consciente en el plano astral, y puede desarrollar el trabajo que su Maestro le haya encomendado con mayor eficacia que cuando se hallaba entorpecido por el cuerpo físico.

9. *El Nirmanakaya*. Es realmente muy raro que un ser tan exaltado como el Nirmanakaya se manifieste en el plano astral. Se trata de un ser que, a pesar de haberse ganado el derecho a disfrutar de descanso en bienaventuranza indescriptible a lo largo de innumerables etapas, ha decidido permanecer en contacto con la tierra, suspendido como si dijéramos, entre este mundo y el Nirvana, a fin de generar corrientes de fuerza espiritual, útiles para impulsar la evolución. Si quisiera aparecer en el plano astral, probablemente, crearía para sí mismo un cuerpo astral provisional, tomando la materia atómica de dicho plano. Esto es posible porque un Nirmanakaya conserva su cuerpo causal, así como los átomos permanentes que tuvo durante toda su evolución. De esa manera, en cualquier momento puede materializar los cuerpos mental, astral y físico, si así lo desea.

Capítulo 20

Entidades astrales:
no humanas

Esencia Elemental

l término «elemental» ha sido aplicado por diferentes autores a entidades de muy diversos tipos. En este libro se utiliza para indicar esencia monádica, durante determinadas etapas de su existencia. Por su parte, la esencia monádica puede definirse como afluencia de espíritu o fuerza divina a la materia.

Es muy importante que los estudiantes se den cuenta de que la evolución de esta esencia elemental se lleva a cabo en la curva descendente del arco, como se la suele denominar. Esto significa que su progreso estriba en sumergirse por completo en la materia, tal como la vemos en el reino mineral, en lugar de apartarse de éste. Por tanto, el progreso para ella consiste en descender a la materia, en vez de *ascender* hacia los planos superiores.

El flujo, antes de llegar al estado en que vivifica a un hombre, atraviesa, vitalizándolos, por estas seis fases de evolución: el primer reino elemental (en el plano mental superior), el segundo reino elemental (en el plano mental inferior), el tercer reino elemental (en el plano astral), el mineral, el vegetal y el animal. En ocasiones, se llama a la esencia elemental la mónada animal, vegetal o mineral, aunque esto se presta a confusión, porque mucho antes de llegar a cualquiera de esos reinos, se convierte no en *una* sino en *muchas* mónadas.

En esta obra estamos tratando únicamente de la esencia elemental astral. Esta esencia es fuerza divina que ha descendido y se ha recubierto de materia hasta el subplano atómico astral, envolviéndose en un cuerpo de materia astral *atómica*. A esa combinación es a la que llamamos «esencia elemental» del plano astral, esencia que pertenece al tercer reino elemental, el inmediatamente anterior al reino mineral.

En el curso de sus 2.401 diferenciaciones en el plano astral, atrae a sí misma numerosas y variadas combinaciones de materia de los diferentes subplanos. Pero esas combinaciones sólo son temporales, puesto que sigue siendo básicamente un reino.

En relación con el grupo que estamos examinando, en realidad no existe algo como *un* elemental. Lo que sí encontramos es un vasto depósito de esencia elemental, extraordinariamente sensible al más sutil pensamiento humano; responde con una delicadeza inimaginable, en una fracción infinitesimal de segundo, a la vibración provocada en ella por un ejercicio completamente inconsciente de la voluntad o del deseo del hombre.

Pero en el momento en que esa esencia se transforma en fuerza viviente por la influencia del pensamiento o voluntad, pasa a ser *un elemental* y pertenece a la clase «artificial», de la cual nos ocuparemos en el próximo capítulo. Incluso en ese caso, su existencia separada es, por lo general, evanescente; por eso, en cuanto el impulso se agota, vuelve a la masa indiferenciada de esencia elemental de la cual proviene.

El visitante del plano astral quedará irremediablemente impresionado por las variadas formas que adopta la ola incesante de esencia elemental, girando continuamente a su alrededor; amenazante a veces, pero que siempre se aleja al menor esfuerzo de la voluntad. Asimismo, se asombrará ante el interminable ejército de entidades que emergen sin cesar de este océano a la existencia separada, evocadas por los pensamientos y sentimientos del hombre, sean buenos o malos.

La esencia elemental puede clasificarse en términos generales según el tipo de materia que la envuelva: sólida, líquida, gaseosa, etc. Estos son los «elementales» de los alquimistas medievales, quienes sostenían acertadamente que un «elemental», o sea, una porción de apropiada esencia elemental viviente, es inherente en cada «elemento»; lo que equivale a decir que es la *parte constituyente* de toda sustancia física.

Cada uno de las siete tipos principales de esencia elemental, se puede clasificar a su vez en siete subdivisiones, arrojando un total de cuarenta y nueve.

Aparte de estas divisiones *horizontales,* completamente separadas, existen también siete tipos absolutamente distintos de esencia elemental, cuya diferencia no tiene nada que ver con el grado de materialidad, sino con el carácter y afinidad. Los estudiantes probablemente conozcan esta clasificación como división «perpendicular», división que está relacionada con los «Rayos».

Existen también siete subdivisiones en cada tipo de Rayo, es decir, cuarenta y nueve subdivisiones perpendiculares en total. El número total de clases de materia elemental es de 49 por 49, o sea, 1.401.

La división perpendicular es mucho más duradera y fundamental que la horizontal, porque la esencia elemental, en el lento ciclo de la evolución, atraviesa sucesivamente por las distintas clases horizontales, pero subsiste en su propia subdivisión perpendicular durante todo ese ciclo.

Cuando una porción de esencia elemental permanece durante unos momentos sin verse afectada por influencias externas (lo que raramente sucede), no posee una forma definida propia. Sin embargo, con la menor alteración irrumpe en una sorprendente confusión de formas variables y siempre cambiantes, que se forman, se agitan y desaparecen con una velocidad parecida a la de las burbujas en la superficie del agua hirviendo.

Estas formas evanescentes, aunque originadas generalmente por criaturas vivientes de algún tipo, humanas o de otra índole, no presuponen la existencia de entidades separadas en la esencia. Más bien parecen simples reflejos del vasto depósito de luz astral, aunque en cierta medida, se ajustan al carácter de la corriente de pensamiento que las genera, si bien casi siempre poseen alguna deformación grotesca, algún aspecto turbador o desagradable.

Cuando la esencia elemental adopta formas ajustadas a la corriente de pensamientos involuntarios y semiconscientes, que la mayoría de personas dejan fluir pasivamente de sus cerebros, la inteligencia que elige la forma adecuada, no procede de la mente del pensador, ni tampoco proviene de la propia esencia elemental, ya que ésta pertenece a un reino aún más alejado de la individualización que el mineral, el cual carece por completo de poder mental consciente.

Con todo, la esencia posee una extraordinaria capacidad de adaptación, la cual se asemeja mucho a la inteligencia. No cabe duda de que esta cualidad ha dado pie a algunos libros primitivos para clasificar a los elementos como «criaturas semi-inteligentes de la luz astral».

El reino elemental propiamente dicho no admite conceptos tales como el bien y el mal. Pese a ello, existe en todas las divisiones de dicho reino una especie de inclinación o tendencia que los hace más hostiles que benévolos hacia los seres humanos. Así se explica la experiencia corriente del neófito en el plano astral, a cuyo encuentro salen huestes de variados espectros amenazantes, que siempre retroceden cuando se les hace frente con determinación. Como aseguraban los escritores medievales, la culpa de esta inclinación o tendencia la tiene enteramente el propio hombre: se debe a la indiferencia y falta de simpatía que éste manifiesta hacia otros seres vivientes. Durante la edad de oro del pasado no fue así, ni tampoco lo será en lo futuro, cuando el hombre cambie de actitud. Entonces, tanto la esencia elemental como el reino animal, se volverán dóciles y serviciales para el hombre, en lugar de hostiles como lo son ahora. Esto revela claramente que el reino elemental es en conjunto y en gran medida, lo que el pensamiento colectivo de la humanidad hace que sea.

Quien pueda manejar y dirigir las fuerzas inherentes a las múltiples variedades de esencia elemental, puede emplearlas para muchas aplicaciones. La inmensa mayoría de las ceremonias de magia dependen casi exclusivamente de esta manipulación, esté dirigida por la voluntad del mago, o por alguna entidad astral más concreta evocada por él a tal fin.

La esencia elemental es el instrumento a través del cual se producen casi todos los fenómenos físicos en las sesiones espiritistas. Es también el agente de los fenómenos que, algunas veces, tienen lugar en las casas llamadas de aparecidos. Dichos fenómenos son originados por alguna entidad inclinada a la tierra, que intenta llamar la atención, o por algún espíritu de la naturaleza de bajo orden, perteneciente a la tercera clase. Nunca debemos considerar al «elemental» como el promotor: él es, simplemente, una fuerza latente que necesita ser activada por un poder externo.

Los cuerpos astrales de animales

Este es un grupo considerablemente numeroso; sin embargo, en el plano astral no ocupa una posición de particular importancia, porque sus componentes no permanecen allí durante mucho tiempo. La inmensa mayoría de los animales aún no se han individualizado de manera permanente y cuando uno de ellos muere, la esencia monádica, que se ha manifestado a través de él, vuelve al alma-grupo de la que procede, llevando consigo el progreso o experiencia alcanzado durante la vida en la tierra. Sin embargo, esto no ocurre de inmediato, ya que el cuerpo astral del animal se redistribuye, al igual que el del ser humano, y el animal tiene una existencia real en el mundo astral, cuya duración, aunque no sea muy prolongada, varía según el grado de inteligencia que haya desarrollado. En la mayor parte de los casos, esa existencia no es más que un estado de somnolencia, aunque al parecer es completamente feliz.

Los relativamente escasos animales domésticos que han logrado la individualización y no volverán a nacer como simples animales en este mundo, pasan en el plano astral una vida más prolongada y más vívida que sus compañeros menos avanzados. Estos animales individualizados suelen permanecer cerca de la casa y en contacto con sus amigos y protectores. Este periodo va seguido de otro todavía más feliz, al que se llama conciencia durmiente, periodo que durará hasta que en un mundo futuro adopte la forma humana. Durante todo ese tiempo, el animal se encuentra en un estado parecido al del humano en el mundo celestial, aunque en un nivel inferior.

Una subdivisión interesante de este tipo es la de los simios antropoides, los cuales ya están individualizados y estarán preparados para encarnación humana en la Ronda próxima, y algunos de ellos lo harán incluso antes.

En los países «civilizados», los cuerpos astrales animales contribuyen en buena medida al sentimiento generalizado de hostilidad que existe en dicho plano, debido a la matanza organizada que se lleva a cabo en mataderos y en ciertos deportes, que envía al mundo astral a millones de animales atemorizados y asustados ante la maldad del ser humano. En nuestros tiempos, este sentimiento se ha acentuado a causa de la práctica de la vivisección.

Espíritus de la Naturaleza de toda clase

Estos son tan numerosos y tan variados que sólo podemos ofrecer aquí una pequeña síntesis de las características comunes a todos ellos.

Los espíritus de la Naturaleza pertenecen a una evolución muy diferente de la nuestra. Nunca han sido ni serán miembros de una humanidad como la nuestra. Lo único que los relaciona con nosotros es que temporalmente habitan en el mismo planeta. Según parece, son animales de una evolución superior: se dividen en siete grandes grupos y habitan los mismos siete estados de materia, impregnada por las respectivas variedades de esencia elemental. Por eso, existen espíritus de la Naturaleza de tierra, de agua, de aire y de fuego (o éter) y son entidades astrales inteligentes, que residen y actúan en cada uno de los entornos citados.

Sólo los pertenecientes al grupo del aire habitan generalmente en el mundo astral, pero su número es tan amplio que se hallan en todas partes. En la literatura medieval, los espíritus de la Naturaleza recibían sus propios nombres: gnomos, los de la tierra; ondinas, los del agua; silfos, los del aire y salamandras, los del fuego o éter. En el lenguaje popular, se les llama también hadas, duendes, peris, sátiros, faunos y muchos otros nombres. Sus formas son múltiples y variadas, siendo la más frecuente la humana enana. Como la mayor parte de las entidades astrales, pueden adoptar voluntariamente cualquier apariencia, aunque tienen sus formas favoritas, que asumen cuando un motivo especial no les obliga a adoptar otra. Por lo general, son invisibles a la vista física, pero tienen el poder de hacerse visibles cuando lo desean, por medio de la materialización.

Cada uno de estos grupos está encabezado por un gran Ser, la inteligencia que dirige y guía todo el departamento de la Naturaleza, administrado y sometido por la clase de entidades que está bajo el dominio de dicho Ser. Los hindúes les dan los siguientes nombres: *Indra,* Señor del Akasa o éter; *Agni,* Señor del fuego; *Pavana,* Señor del aire; *Varuna,* Señor del agua; *Kshiti,* Señor de la tierra. Como ya hemos dicho, el vasto reino de los espíritus de la Naturaleza es, en gran medida, un reino astral, aunque una gran parte del mismo pertenece a la región etérica del plano físico.

Existe un gran número de subdivisiones o razas entre los espíritus de la Naturaleza, cuya inteligencia y carácter varía tanto como entre los seres humanos. La mayoría de ellos esquiva completamente al hombre, porque los hábitos y emanaciones de éste les resultan desagradables. El continuo apresuramiento de las corrientes astrales, ocasionado por los inestables y mal regulados deseos humanos, los alteran y molestan. Sin embargo, en ocasiones traban amistad con seres humanos e incluso los ayudan. La actitud servicial es poco frecuente, mostrando en la mayoría de los casos indiferencia o desagrado, o bien se divierten engañando y traicionando al hombre. Muchos de estos casos se dan en solitarias regiones montañosas y en las sesiones espiritistas.

A la hora de llevar a cabo tales engaños, les resulta de gran utilidad su extraordinario poder de ofuscar, de modo que sus víctimas ven y oyen únicamente lo que ellos les sugieren, como si fueran sujetos mesmerizados. Sin embargo, los espíritus de la Naturaleza no pueden dominar la voluntad humana, excepto en casos de personas con una mentalidad muy débil, o en aquellas cuya voluntad está paralizada por el terror. Únicamente pueden engañar a los sentidos, llegando incluso a darse el caso de trastornar al mismo tiempo a un considerable número de personas. Algunas de los actuaciones más maravillosas de los prestidigitadores hindúes se ejecutan invocando la ayuda de los espíritus de la Naturaleza con objeto de producir la alucinación colectiva.

Parece ser que su sentido de la responsabilidad es muy reducido y su voluntad está menos desarrollada que la del hombre vulgar. En consecuencia, pueden ser fácilmente dominados por el mesmerismo, y ser empleados para acatar la voluntad del mago. Se pueden utilizar para numerosos fines, ya que cumplen fielmente y con seguridad las tareas que están a su alcance.

En algunas regiones montañosas, los espíritus de la Naturaleza a veces provocan alucinaciones a los viajeros retrasados, haciéndoles ver casas y personas que en realidad no existen. Estas alucinaciones no siempre son fugaces, sino que pueden perdurar por mucho tiempo. El alucinado experimenta infinidad de aventuras imaginarias y sorprendentes, para encontrarse después con que todo desaparece y se queda en un valle desolado, o en una llanura azotada por los vientos.

Si quiere cultivar relaciones de amistad con tales seres, el hombre deberá estar limpio de emanaciones ofensivas para ellos, como las producidas por la carne, el alcohol, el tabaco y la falta de higiene en general, al igual que de cualquier sentimiento de codicia, cólera, envidia, celos, avaricia y depresión; en otras palabras, deberá ser puro e impecable tanto a nivel físico como astral. Los sentimientos nobles, elevados y equilibrados crean en torno al hombre una atmósfera en la que los espíritus de la Naturaleza se sumergen con gran placer. Todos ellos disfrutan con la música, llegando incluso a entrar en las casas para gozar de ella y moverse a su ritmo.

A los espíritus de la Naturaleza se les debe atribuir también gran parte de los llamados fenómenos físicos, que tienen lugar en las sesiones espiritistas; de hecho, muchas de estas sesiones corren completamente a cargo de estas traviesas criaturas. Son capaces de responder a preguntas, enviar falsos mensajes por medio de golpes o inclinaciones, mostrar luces y traer objetos alejados, leer el pensamiento de cualquiera de los presentes, de propiciar la escritura o dibujos e incluso materializaciones. Como se puede suponer, son capaces de añadir la alucinación a sus otros engaños.

Es muy probable que no tengan la menor intención de engañar o hacer daño, pero se alegran de desempeñar su papel con éxito, y se complacen con la devoción y el afecto que se les demuestra como «espíritus queridos» y «auxiliares angélicos». Participan del placer de los presentes y consideran que realizan una buena obra al consolar a los afligidos.

A veces se disfrazan adquiriendo formas de pensamiento creadas por el hombre y se divierten enormemente luciendo cuernos o una cola puntiaguda, por ejemplo, y apagando llamas en sus travesuras. Otras veces, asustan a niños muy impresionables a tales apariciones. No hay que olvidar, sin embargo, que los espíritus de la Naturaleza no pueden sentir temor; por tanto, no son conscientes del mal que hacen y es probable que consideren que el miedo del niño es fingido y que forma parte del juego.

Ninguno de los espíritus de la Naturaleza posee una individualidad reencarnante permanente. En su evolución, por lo visto, desarrollan la proporción mayor de inteligencia antes de alcanzar la individualización. Los periodos de vida de las distintas clases varían enormemente: algunos son muy cortos y otros, mucho más prolongados que los de la vida humana. La existencia de estos espíritus parece ser sencilla, gozosa, irresponsable, muy parecida a la de un grupo de niños felices rodeados de un ambiente físico excepcionalmente favorable.

Entre los espíritus de la Naturaleza no existe el sexo, ni tampoco las enfermedades ni la lucha por la supervivencia.

Sienten intensos afectos y pueden establecer amistades ínti-
mas y duraderas. Son susceptibles a la cólera y a los celos;
pero les duran poco frente al desmedido placer que experimentan al desempeñar todas las operaciones de la Naturaleza,
que es su característica más sobresaliente.

Los cuerpos de los espíritus de la Naturaleza carecen de
estructura interna, por lo que no pueden ser despedazados ni
heridos, ni les afectan el calor o el frío. Según parece, están
libres de cualquier temor. Aunque juguetones y traviesos,
raramente son maliciosos si no se los provoca. Como grupo,
desconfían del hombre y por lo general, se molestan por la
presencia de un recién llegado al mundo astral, hasta tal punto que se le presentan en forma desagradable y aterradora. Sin
embargo, si el recién llegado se niega a asustarse, en seguida
lo aceptan como un mal necesario y no le prestan atención;
otros, en cambio, se harán amigos suyos.

Una de las mayores diversiones de los espíritus de la
Naturaleza consiste en jugar con los niños y entretenerlos de
mil maneras, mientras residen en el mundo astral y están muertos para el mundo físico. Algunos menos juguetones y más elevados son venerados como dioses locales en las aldeas. Estos
aprecian los homenajes que se les ofrecen y están dispuestos a
realizar cualquier pequeño servicio que se les solicite.

Los Adeptos saben cómo utilizar los servicios de los espíritus de la Naturaleza y a menudo les confían determinados trabajos; pero el mago ordinario únicamente puede hacerlo si los
invoca, es decir, si atrae su atención con súplicas y les prome-
te algo, o bien por medio de la evocación, es decir, obligándo-
les a obedecer. Pero ninguno de estos es recomendable; la evocación es, además, altamente peligrosa, porque el operador
despierta una hostilidad que puede ser nefasta. Ningún discípulo de un Maestro se arriesgaría a utilizar estos métodos.

La clase más elevada de los espíritus de la Naturaleza
está formada por los silfos o espíritus del aire, cuyo vehículo

más bajo es el astral. Poseen una inteligencia equiparable a la del hombre medio. Para ellos, la manera de alcanzar la individualización es asociándose y amando a los miembros inmediatamente superiores, es decir, a los ángeles astrales.

Un espíritu de la Naturaleza que quiera experimentar la vida humana puede obsesionarse con algún ser viviente en el mundo físico. Se han dado casos en que una determinada clase de espíritus de la Naturaleza se han materializado físicamente, y han mantenido relaciones indeseables con hombres y mujeres. A causa de este hecho, han nacido los relatos sobre faunos y sátiros, aunque, a veces, esas historias aluden a una evolución muy distinta a la subhumana.

De paso, debemos dejar constancia de que el resultado final de la evolución de los espíritus de la Naturaleza es igual en todos los aspectos al alcanzado por la humanidad, a pesar de que ese reino es muy diferente al humano, puesto que dichos espíritus carecen de sexo y de temor, y no tienen que luchar por su existencia.

Los Devas

Los seres llamados así por los hindúes, reciben en otras partes el nombre de Ángeles, hijos de Dios, etc. Pertenecen a una evolución diferente a la humana, evolución que se puede considerar como un reino inmediatamente superior al humano. En la literatura oriental, la palabra 'deva' se emplea para designar también toda clase de entidades no humanas. En esta obra lo empleamos en su sentido restringido antes mencionado. Los devas no serán nunca humanos, porque la mayoría de ellos ya se encuentran más allá del estado humano; sin embargo, algunos de ellos han sido humanos en el pasado.

Los cuerpos de los devas son más fluidos que los humanos; la textura de su aura es, por así decirlo, más floja; son capaces de expansión y contracción mucho mayores, y poseen cierta cualidad ígnea claramente distinguible si la comparamos con la de un ser humano corriente. La forma interna del aura de un deva, –que es casi siempre humana–, es mucho menos precisa que la del hombre; el deva vive más en la circunferencia, más en todo el aura que el hombre. Los devas suelen aparecer como seres humanos de estatura gigantesca; poseen un lenguaje de colores, que quizás no sea tan exacto como el nuestro, aunque en cierto sentido tal vez sea más expresivo.

A menudo, los devas se ponen a disposición de los hombres, lo bastante desarrollados y capaces de apreciarlos, para explicar y aclarar cuestiones relativas a sus actividades. Aunque vinculados a la tierra, los devas evolucionan en un gran sistema de siete cadenas; nuestros siete mundos vienen a ser un solo mundo para ellos. Muy pocos seres humanos han alcanzado el grado en que es posible unirse a la evolución de los devas. La mayoría de ellos proceden de otras humanidades del sistema solar, algunas inferiores y otras superiores a la nuestra.

El objetivo de la evolución dévica es elevar su más alto nivel a un grado muy superior al que ha de llegar la humanidad en el correspondiente periodo. Las tres grandes divisiones inferiores de los devas son:

1 - Kamadevas, cuyo cuerpo más bajo es el astral.
2 - Rupadevas, cuyo cuerpo más bajo es el mental inferior.
3 - Arupadevas, cuyo cuerpo más bajo es el mental superior o causal.

La manifestación de los Rupadevas y de los Arupadevas en el plano astral es tan poco frecuente como la materialización de una entidad astral en el plano físico. Sobre las divisiones citadas, existen otras cuatro grandes divisiones, y por encima del reino de los devas, se encuentran las grandes huestes de los Espíritus Planetarios.

En esta obra nos interesan en particular los Kamadevas. El promedio general entre ellos es mucho más elevado que entre nosotros, pues todo lo malo ha sido eliminado de su evolución desde hace mucho tiempo. Se diferencian enormemente en cuanto a disposición: un hombre realmente espiritual puede alcanzar un grado de evolución más elevado que algunos de los Kamadevas.

A través de determinadas evocaciones mágicas se puede atraer la atención de los devas, pero la única voluntad humana que puede dominar la suya es la de algunos Adeptos de orden elevado. Por lo general, da la impresión de que reparan en nuestro mundo físico, aunque circunstancialmente alguno de ellos preste cierta ayuda, de un modo similar a como uno de nosotros ayuda a un animal. Son conscientes, sin embargo, de que actualmente cualquier interferencia en los asuntos humanos puede hacer más mal que bien.

Conviene mencionar aquí los cuatro *Devarâjas,* aunque no pertenecen exactamente a ninguna de nuestras clases. Estos cuatro han seguido una evolución que en nada se corresponde con la nuestra. Se les conoce como Regentes de la Tierra, los Ángeles de los Cuatro Puntos Cardinales, o los Maharajás Chatur. No rigen a los devas, sino a los cuatro «elementos» de tierra, agua, aire y fuego, con los espíritus de la Naturaleza y esencias que habitan en esos elementos. Para mayor claridad, en la siguiente tabla presentamos más datos sobre ellos:

Nombre	Puntos de la brújula	Huestes elementales	Color simbólico
Dhritarâshtra	Este	Gandharvas	Blanco
Virûdhaka	Sur	Kumbhandas	Azul
Virûpaksha	Oeste	Nâgas	Rojo
Vâishrävana	Norte	Yakshas	Oro

La Doctrina Secreta se refiere a ellos como «Globos alados y ruedas de fuego». En la Biblia cristiana Ezequiel intenta describirlos en términos muy parecidos. En el simbolismo de todas las religiones se hace alusión a ellos, y se les venera como protectores de la humanidad. Son los agentes del karma del hombre durante la vida terrena de éste; de modo que juegan un papel importante en el destino humano. Las grandes deidades kármicas del Cosmos, los Lipikas, equilibran las acciones de cada personalidad, al producirse la separación definitiva de los principios, al final de la vida astral, y proporcionan, por así decirlo, el modelo de un doble etérico perfectamente adecuado a su Karma para la próxima encarnación del hombre. Pero son los Devarâjas, quienes, por tener dominio sobre los «elementos de los que se compondrá el cuerpo etérico, regulan sus proporciones, de forma que satisfagan exactamente la intención de los Lipikas.

A lo largo de la vida del individuo, los Devarâjas neutralizan continuamente los cambios producidos en la condición del hombre, debidos al ejercicio de su propio libre albedrío y de los que le rodean, a fin de que el karma se cumpla con exactitud y justicia. Pueden adquirir voluntariamente formas materiales humanas, y se conocen casos donde así lo han hecho.

Todos los espíritus de la Naturaleza de orden superior y los ejércitos de elementales artificiales actúan como agentes de los Devarâjas, en la realización de su magnífico trabajo. Éstos, sin embargo, conservan todos los hilos en sus manos y asumen toda la responsabilidad. Es raro que se manifiesten en el plano astral, pero cuando lo hacen son indudablemente los más notables de los habitantes no humanos de dicho plano.

En realidad, debe haber siete Devarâjas en lugar de cuatro, pero fuera del círculo de los Iniciados poco se sabe, y menos aún podemos decir en lo que concierne a los otros tres.

Capítulo 21

Entidades astrales: artificiales

as entidades artificiales componen la clase más numerosa, y son las más importantes para el hombre. Constituyen una enorme masa caótica de entidades semi-inteligentes, que se distinguen entre sí del mismo modo en que se diferencian los pensamientos humanos, razón por la cual es prácticamente imposible clasificarlas y distribuirlas con detalle. Al ser una completa creación del hombre, están estrechamente vinculadas kármicamente al mismo y la acción sobre él es directa e ininterrumpida.

Elementales formados inconscientemente

En el Capítulo VII hemos descrito cómo se originan estas formas de deseos y de pensamientos. El deseo y el pensamiento del hombre atraen esencia elemental plástica y le dan forma al instante en un ser viviente de forma adecuada. Esta forma no está en absoluto bajo el control de su creador, sino que posee vida propia, cuya duración es proporcional a la intensidad del pensamiento que la creó, la cual puede ir desde unos cuantos minutos hasta muchos días. Los estudiantes encontrarán más detalles en el Capítulo VII.

Elementales formados conscientemente

Es lógico que los elementales creados conscientemente por quienes obran deliberadamente y sabiendo a la perfección lo que hacen, sean muchísimo más poderosos que los creados de manera inconsciente. Los ocultistas de las escuelas blanca y negra emplean con frecuencia elementales artificiales en su trabajo, ya que pocas tareas escapan a los poderes de esas criaturas, cuando se las ha preparado científicamente y se las dirige con conocimiento y habilidad. Quien sepa cómo hacerlo, puede mantener la conexión con el elemental y dirigirlo, de modo que éste actuará prácticamente como si estuviera dotado de la misma inteligencia de su creador.

No es preciso repetir aquí la descripción de esta clase de elementales, pues ya se ha dado en el Capítulo VII.

Artificiales humanos

Esta es una clase muy peculiar, cuyos componentes son muy escasos, pero tienen una importancia desproporcionada para su número, a causa de su estrecha vinculación con el movimiento espiritista.

Para poder explicar el origen de este tipo de elementales, hay que remontarse a la antigua Atlántida. Entre las logias de estudios ocultistas preliminares de la Iniciación, constituidas por Adeptos de la Buena Ley, existe una que sigue practicando el mismo ritual de aquel viejo mundo y enseña el mismo lenguaje atlante, –sagrado y oculto–, que se enseñaba en la época de la Atlántida.

Los Instructores de dicha Logia no poseen el grado de Adeptos, y la logia no forma parte directa de la Fraternidad de los Himalayas, aunque algunos Adeptos de esta Fraternidad estuvieron asociados a dicha logia en anteriores encarnaciones.

Aproximadamente a mediados del siglo XIX, los jefes de la citada logia, preocupados por el evidente materialismo de Europa y de América, decidieron hacerle frente con métodos novedosos, y ofrecer oportunidades para que cualquier persona sensata pudiera obtener pruebas de la vida fuera del cuerpo físico.

Este movimiento se desarrolló en la vasta red del espiritismo moderno, cuyos partidarios se cuentan por millones. Además de otros resultados, es indudable que, gracias al espiritismo, una enorme cantidad de personas han adquirido la creencia en una vida futura del tipo que sea. Este es un excelente triunfo, pese a que algunos consideren que se ha conseguido con un coste excesivo.

El método que se adoptó fue el siguiente: se tomó una persona fallecida, se la despertó completamente en el plano astral y se la instruyó, en cierto grado, acerca de los poderes y posibilidades de dicho plano y se la colocó al frente de un círculo espiritista. Esta persona, por su parte, instruyó de modo parecido a otras personalidades fallecidas; así actuaban sobre los asistentes a las sesiones, llegando a convertir a algunos de éstos en médiums. Indiscutiblemente, a veces los dirigentes del movimiento se manifestaron ellos mismos en forma astral en los mencionados círculos, pero en la mayoría de los casos, se limitaron a dirigirlos y guiarlos como les pareció conveniente. No cabe la menor duda de que el movimiento prosperó hasta tal punto que a los iniciadores les resultó imposible controlarlo, de modo que no son responsables directos del desarrollo posterior.

La intensificación de la vida astral de los «guías» colocados al frente de los círculos inevitablemente retardó su progreso natural. Aunque al principio se pensó que tal demora sería generosamente compensada por el buen karma derivado de guiar a otros hacia la verdad, pronto se llegó a la conclusión de que no se podían utilizar «espíritus-guías» sin ocasionar a éstos daños graves y permanentes.

En ciertos casos, esos «guías» fueron retirados, colocando a otros en su lugar. En otros casos, sin embargo, no se estimó oportuno realizar tales cambios; por ello, se adoptó un expediente muy destacado, el cual dio origen a la curiosa clase de criaturas a las que hemos denominado «artificiales humanos».

Se permitió que los principios superiores del «guía» original prosiguieran su retardada evolución y pasaron al mundo celestial, pero la Sombra que había quedado atrás fue tomada, mantenida y manipulada de modo que apareciera ante el círculo igual que antes.

Al principio, parece ser que tales operaciones eran llevadas a cabo por los miembros de la logia, pero más tarde se decidió que la persona fallecida, escogida para ocupar el lugar del «espíritu-guía» precedente, tomara posesión de la Sombra o cáscara de éste y sencillamente presentara su propio aspecto. Esto es lo que se llama una entidad «artificial humana».

Por lo visto, en algunos casos, se realizó más de un cambio sin despertar sospechas, pero algunos investigadores del espiritismo descubrieron que, después de mucho tiempo, de repente aparecían diferencias en la manera y disposición de un «espíritu».

Ninguno de los miembros de la Fraternidad de los Himalayas ha practicado nunca la formación de una entidad artificial de este tipo, aunque decidieron que no debían oponerse a que lo hicieran quienes consideraban adecuado realizar esas prácticas.

Además del engaño que esto implicaba, el punto débil de tal procedimiento es que podía ser adoptado por otros, aparte de la logia, y nada podía impedir que los magos negros proporcionaran «espíritus» comunicadores, como sabemos que han hecho en ocasiones.

Capítulo 22

El espiritismo

El término «espiritismo» se emplea para designar comunicaciones de muy diversa índole con el mundo astral mediante la intervención de un médium.

El origen y la historia del movimiento espiritista se han especificado en el Capítulo XXI. El mecanismo etérico que hace posible los fenómenos espiritistas aparece extensamente descrito en la obra *El Doble Etérico,* cuyo estudio recomendamos a los lectores.

Pasemos ahora a considerar el valor, si es que tiene alguno, de este medio de comunicación con el mundo invisible, y la naturaleza de las fuentes de donde provienen tales comunicaciones.

En los primeros tiempos de la Sociedad Teosófica, H. P. Blavatsky escribió con gran entusiasmo sobre el tema del espiritismo, haciendo mucho hincapié en la inseguridad de todo el procedimiento y en la preponderancia de las usurpaciones de personalidad sobre las apariciones reales. Sin lugar a dudas, ese punto de vista ha influido y determinado en gran medida la desfavorable actitud de muchos miembros de la Sociedad Teosófica en lo que concierne al espiritismo en general.

Por otro lado, el obispo Leadbeater asegura que su propia experiencia personal ha sido más favorable. Ha dedicado varios años de su vida a experimentar en el campo del espiritismo y dice haber presenciado en repetidas ocasiones casi todos los fenómenos citados en la literatura sobre el tema.

Según su propia experiencia, una gran mayoría de las apariciones son auténticas. Los mensajes que transmiten muchas veces carecen de interés; las enseñanzas religiosas las suelen calificar como un cristianismo «aguado»; pese a ello, es una enseñanza liberal y mucho más avanzada que la actitud fanática ortodoxa.

El obispo Leadbeater afirma que los espiritistas y los teósofos tienen un campo muy importante en común; por ejemplo: 1 - La vida después de la muerte es una certeza real, vívida y siempre presente; 2 - El progreso eterno y la felicidad final para todos, buenos y malos, es también una certeza. Estos dos puntos son de vital y transcendental importancia, y representan un avance tan evidente sobre la posición ortodoxa ordinaria, que es lamentable que espiritistas y teósofos no se pongan de acuerdo sobre estas complejas cuestiones, y sin embargo, coincidan en dejar otras cuestiones de menor importancia, en que las que difieren, para resolverlas cuando el mundo, en general, haya admitido tales verdades. En esta obra hay un vasto campo para los dos grupos de buscadores de la verdad.

Aquellos que deseen presenciar fenómenos y quienes sean incapaces de creer nada sin verlo con sus propios ojos, irán pasando de un modo natural hacia el espiritismo. Por el contrario, los que aspiren a más filosofía de lo que el espiritismo pueda ofrecerles, volverán su vista de manera natural hacia la Teosofía. Ambos movimientos pueden satisfacer a los de mente abierta y tolerante, aunque sean de tipo muy diferente. Mientras tanto, es de esperar que haya armonía y comprensión entre los dos movimientos, teniendo en cuenta los elevados fines que persiguen.

Se debe dar crédito al espiritismo por haber logrado sus propósitos, hasta el punto de haber convertido a un incalculable número de personas que no creían en nada en particular, y que han pasado a tener una convicción firme, proporcionándoles fe en una vida futura. Esto, como ya hemos dicho, es sin duda alguna un admirable triunfo, aunque algunos crean que se ha conseguido a un precio demasiado elevado, pero esto es sólo una cuestión de opinión.

No cabe duda de que el espiritismo encierra ciertos «peligros» para los caracteres emotivos, nerviosos, y fácilmente influenciables. Éstos no deberían llevar sus investigaciones demasiado lejos, por motivos que no escaparán al estudioso. Pero no hay método más rápido para eliminar la incredulidad hacia lo que está fuera del plano físico, que llevar a la práctica algunos experimentos. Para lograrlo, quizás merezca la pena correr algún riesgo.

El obispo Leadbeater afirma sin titubeos que a pesar de los fraudes y engaños que en algunos casos se han cometido, hay grandes verdades detrás del espiritismo, que puede descubrir cualquiera que esté dispuesto a dedicar el tiempo y la paciencia necesarios a la investigación. Además, tenemos a nuestra disposición una extensa bibliografía sobre el tema.

Por otro lado, se han llevado a cabo muchas obras buenas, como la de los Auxiliares Invisibles (Véase Capítulo XXVIII), empleando como agentes a los médiums, o a alguien presente en la sesión. Por tanto, aunque el espiritismo haya frenado frecuentemente a almas que, de otra manera, hubieran alcanzado una rápida liberación, por otra parte ha proporcionado medios de escape a otros, a los cuales les ha abierto el camino hacia el progreso. Se han dado casos en que la persona fallecida ha podido aparecer, sin ayuda del médium, ante sus parientes y amigos y comunicarles sus deseos; pero tales casos son raros y la mayoría de las almas, apegadas a la tierra, únicamente pueden eliminar su ansiedad gracias a los servicios de un médium, o de un Auxiliar Invisible consciente.

En consecuencia, es erróneo fijarse únicamente en el lado oscuro del espiritismo. No debemos olvidar que ha hecho mucho bien en su trabajo especial, ofreciendo a las personas fallecidas la oportunidad de resolver sus asuntos, tras una muerte inesperada y repentina.

Los estudiantes de estas páginas no deberían extrañarse de que entre los espiritistas haya algunos fanáticos y de criterio estrecho, que lo ignoran todo, por ejemplo, sobre la reencarnación. De hecho, es probable que la mayoría de los espiritistas no se hayan ocupado de ella, aunque algunas de sus escuelas la enseñan. Hemos visto que, al morir una persona, suele buscar la compañía de los que ha conocido en la tierra y se reúne con el mismo tipo de gente con quien se asociaba en la vida. Por consiguiente, no es probable que sepa, después de muerto, sobre la reencarnación más de lo que sabía antes de fallecer. En el otro mundo, la mayoría están rodeados de un montón de prejuicios que no les permite aceptar nuevas ideas. Esos prejuicios los llevan al plano astral y allí no son más abiertos a razones y al sentido común de lo que eran en el mundo físico.

Es evidente que una persona de mente abierta puede aprender mucho en el plano astral, pudiendo conocer en él toda la enseñanza teosófica, como hacen muchos. Esto explica que se encuentren fragmentos de esta enseñanza entre las comunicaciones espiritistas.

Asimismo debemos tener en cuenta que existe un espiritismo superior, que el público desconoce y que nunca da cuenta de los resultados que consigue. Los círculos mejores y más avanzados son los estrictamente privados, que se limitan a un reducido número de participantes. En esos círculos se reúnen siempre las mismas personas, y no se admiten desconocidos para no alterar el magnetismo. Las condiciones establecidas son especialmente perfectas y los resultados que se obtienen son, a menudo, sorprendentes. En muchas ocasiones, los llamados muertos forman parte de la familia tanto como los vivos. El lado oculto de tales círculos es extraordinario, las formas de pensamiento que los rodean son excelentes y están calculadas para elevar el nivel mental y espiritual de la región donde trabajan.

En las sesiones públicas, suelen aparecer fallecidos de clase inferior, a causa del magnetismo muy mezclado y confuso. Una de las mayores objeciones que se presentan a la práctica general del espiritismo es que, en el hombre medio, la conciencia después de la muerte se eleva sin cesar de la parte inferior de la naturaleza a la superior. El Ego, como ya hemos dicho, se retira y se aleja de los mundos inferiores; por tanto, no es recomendable para su evolución sacar a su naturaleza inferior de la inconsciencia natural en que se encuentre, y se la ponga de nuevo en contacto con la tierra, para comunicarse a través de un médium.

En consecuencia, es una bondad cruel atraer a la esfera de la tierra a alguien cuya mente inferior aún desea satisfacer deseos, porque ello retrasa el avance de su evolución e interrumpe lo que tendría que ser una progresión ordenada. Esto prolonga la estancia en el kâmaloka, nutre al cuerpo astral, retiene al Ego y se posterga la libertad del mismo. En especial en casos de suicidio o muerte repentina, no conviene en absoluto despertar a Trishnâ, es decir, el deseo de existencia sensible.

El peligro concreto en este punto se entenderá mejor si se tiene en cuenta que, al recogerse el Ego en sí mismo, cada vez es menos capaz de influir en la parte inferior de su conciencia.

Sin embargo, dicha porción tiene la facultad de generar karma, mientras la separación no sea completa y en tales circunstancias, es mucho más probable que añada más karma malo que bueno.

Por otra parte, las personas que hayan llevado mala vida y tengan grandes deseos de placeres animales que no puedan disfrutar directamente, tenderán a juntarse en torno a los médiums o los sensitivos y tratarán de utilizarlos para satisfacer sus ansias. Estas se encuentran entre las fuerzas más peligrosas con las que temerariamente se enfrentan, en su ignorancia, los curiosos y los irreflexivos.

Una entidad astral puede, en su desesperación, adherirse a un asistente sensitivo y obsesionarlo, incluso puede seguirle hasta su casa y pegarse a la esposa o la hija del mismo. Se han producido numerosos casos de estos y por lo general es casi imposible desembarazarse de una entidad obsesionante de este tipo.

Igualmente hemos visto que la tristeza apasionada de los parientes y de los amigos de la tierra tiende también a atraer al que se ha ido a la esfera de la tierra, produciéndole así un intenso sufrimiento, al tiempo que se le entorpece en su evolución normal.

Las entidades que pueden comunicarse valiéndose de un médium pueden ser clasificadas de esta manera:

— Seres humanos muertos, que se hallan en el plano astral.
— Seres humanos muertos, que se encuentran en el *devachan*.
— Sombras.
— Cascarones.
— Cascarones vitalizados.
— Espíritus de la Naturaleza.
— El Ego del médium.

— Adeptos.

— Nirmânakâyas.

Como la mayoría de ellos ya han sido descritos en el Capítulo XIV, al ocuparnos de las *Entidades Astrales,* poco nos queda por decir sobre este punto.

En teoría, cualquier persona muerta que se encuentra en el mundo astral, puede comunicarse a través de un médium. Esta facilidad es mucho mayor mientras está en los subplanos inferiores, pero va decreciendo a medida que la entidad asciende a los subplanos superiores. Por tanto, en igualdad de condiciones, es lógico esperar que la mayor parte de las comunicaciones recibidas por dicha vía procedan de los subplanos inferiores, es decir, de entidades relativamente poco desarrolladas.

El estudiante recordará que los suicidas y otras víctimas de muerte repentina, incluyendo a los criminales ajusticiados, por haber muerto en pleno vigor de su vida física, son probablemente los que sienten más atracción hacia el médium, con la esperanza de satisfacer su Trishnâ o sed de vida física. En consecuencia, el médium ayuda a que nazca en ellos una nueva serie de *Skandhas,* otro cuerpo con tendencias y pasiones mucho peores que las que perdieron. Esto ocasiona grandes males para el Ego, y provocará que renazca en una existencia mucho peor que la anterior.

La comunicación con una entidad que resida en el *devachan,* es decir, el mundo celestial, no requiere mayores explicaciones. Si el sensitivo o el médium es de carácter puro y elevado, su Ego liberado puede elevarse al plano del *devachan* y entrar allí en contacto con la entidad. En muchas ocasiones, parece que la entidad se ha acercado al médium, pero lo cierto es que ocurre al contrario: es el Ego del médium el que se eleva al subplano de la entidad en el devachan. Debido a los peculiares estados de conciencia de las entidades en el *devachan* (de las cuales no podemos ocuparnos en esta obra), los mensajes recibidos de esta forma no son de total confianza. En el mejor de los casos, el médium o sensitivo puede saber, ver y sentir únicamente lo que la entidad sabe, ve y siente en el *devachan*. Por tanto, si se generaliza, hay muchas probabilidades de error, porque cada entidad vive en el *devachan* en su esfera particular del mundo celestial.

Otra causa de posible error es que, a pesar de que la sustancia de la comunicación está compuesta por los pensamientos, conocimientos y sentimientos de la entidad comunicante, es muy probable que la personalidad y las ideas del médium condicionen la forma en que se produce tal comunicación.

Una *Sombra* puede aparecer a menudo en la sesión y comunicarse, presentando la misma apariencia de la persona fallecida. Al poseer la memoria, la idiosincrasia, etc. de ésta, con frecuencia no se la diferencia; sin embargo, no es consciente de haber ocupado el lugar de la entidad real. De hecho, no es más que un «ramillete de las cualidades inferiores» de dicha entidad.

Un *Cascarón* se asemeja también exactamente al fallecido, aunque no es otra cosa que el cadáver astral del mismo, del que se han desprendido todas las partículas mentales. Al entrar en contacto con el aura del médium, puede ser galvanizado, durante unos segundos, en una caricatura de la entidad real.

Tales fantasmas no poseen conciencia, están desprovistos de buenos impulsos, y tienden a la desintegración; por consiguiente, únicamente pueden hacer el mal, ya sea renovando su vitalidad mediante el vampirismo en las sesiones, o humillando al médium y a los asistentes con conexiones astrales desaconsejables.

Un *Cascarón Vitalizado* también puede comunicarse a través de un médium. Por lo que hemos visto, es un cadáver astral, vitalizado por un elemental artificial, y es siempre maligno. Como es obvio, representa un gran peligro para las sesiones espiritistas.

Los suicidas, las Sombras y los Cascarones Vitalizados, al ser vampiros menores, absorben la vitalidad de los seres humanos en quienes consiguen ejercer influencia. Por eso, tanto el médium como los asistentes, a veces se sienten débiles y agotados, al terminar la sesión física. A los estudiantes de ocultismo se les enseña la manera de protegerse contra tales intentos, pero a los que no poseen tales conocimientos, les resulta difícil salvaguardarse y deben contribuir en mayor o menor medida.

La intromisión de Sombras y de Cascarones en las sesiones da lugar a que muchas de las comunicaciones resulten estériles desde el punto de vista intelectual. La aparente intelectualidad de las mismas proporciona únicamente reproducciones. La falta de originalidad se pone de manifiesto en que no se aportan ideas nuevas ni independientes.

Espíritus de la Naturaleza. El papel que suelen desempeñar en las sesiones ya se ha descrito con anterioridad en el Capítulo XX. Muchos de los fenómenos se deben clasificar como falsas vaguedades de fuerzas subhumanas, más que como actos de «espíritus», ya que mientras ocupaban un cuerpo físico fueron incapaces de cometer tales desatinos.

El Ego del médium. Si el médium es puro y sincero y busca la luz, esa aspiración consigue ponerlo en contacto con su naturaleza superior y desciende la luz que ilumina su conciencia inferior. Entonces, la mente inferior se une a la superior y transmite todo el conocimiento que puede retener. De esa manera, algunas comunicaciones proceden del Ego del propio médium.

La clase de entidades atraídas a las sesiones depende en gran medida del tipo del médium. Los de bajo orden atraen de modo natural a visitantes muy poco deseables, cuya vitalidad se fortalece en la sesión. Y no sólo esto; si en la sesión está presente un hombre o una mujer de similar bajo desarrollo, el «fantasma» será atraído hacia tal persona y se adherirá a ella,

generando así corrientes entre el cuerpo astral de la persona viviente y el cuerpo astral del fallecido, con resultados lamentables.

Un *Adepto* o *Maestro* se comunica asiduamente con sus
discípulos, sin recurrir a los métodos de comunicación ordinarios. Si el médium fuera un discípulo del Maestro, es muy
probable que el mensaje de Éste fuera interpretado como el de
un «espíritu» de orden inferior.

Un *Nirmânakâya* es un ser humano que ha alcanzado la
perfección, que ha dejado a un lado su cuerpo físico, pero conserva sus principios inferiores, manteniéndose en contacto con
la tierra, con objeto de ayudar en la evolución de la humanidad. Estas grandes entidades pueden comunicarse y, en contadas ocasiones, se comunican a través de un médium, pero éste
debe ser muy puro y de carácter muy elevado.

A no ser que se tenga mucha experiencia en relación con
la mediumnidad, resulta muy difícil creer a individuos que,
sin mayor importancia, anhelan presentarse como instructores
del mundo. Por lo general, son sinceros en sus intenciones y
están convencidos de tener grandes enseñanzas que podrían
salvar a la humanidad. Al ser conscientes del escaso valor de
los objetos puramente terrenos, piensan muy acertadamente
que, si pudieran inculcar sus ideas en el género humano, el
mundo se transformaría en algo muy distinto.

Después de adular al médium haciéndole creer que es el
único canal para determinada enseñanza exclusiva y transcendental, una de estas entidades comunicantes es tomada por los
asistentes por un Arcángel o por alguna otra manifestación
más directa de la Deidad. Por desgracia, tal entidad suele olvidar que durante su estancia en la tierra, otros hacían comunicaciones semejantes, a las que no prestaba la menor atención.
Y no se da cuenta de que los otros, igualmente inmersos en los
asuntos mundanos, tampoco le escucharán y se negarán a
seguir sus indicaciones.

En ocasiones, dichas entidades adoptan nombres distinguidos, tales como: Jorge Washington, Miguel Arcángel, Julio César, por la justificable razón de que la enseñanza bajo tales nombres cuenta con más probabilidades de ser aceptada que si llega bajo el nombre de Juan Pérez o de Tomás Brown. De igual modo, entidades que intentan impresionar las mentes de quienes veneran a los Maestros, toman el nombre de éstos, a fin de que se acepten con más facilidad las ideas que desean revelar.

En ciertos casos, hay quien intenta perjudicar la obra del Maestro, adoptando la forma de Éste, para influir así sobre el discípulo del mismo. Aunque tales entidades pueden reproducir una apariencia física casi perfecta, les resulta absolutamente imposible imitar el cuerpo causal del Maestro; de manera que alguien que posea la visión causal no puede ser engañado de esa manera.

En contadas ocasiones, los propios miembros de la logia de ocultistas que originó el movimiento espiritista, han impartido valiosas enseñanzas sobre temas de profundo interés valiéndose de médiums. Pero esto ha ocurrido en sesiones familiares, estrictamente privadas, nunca en sesiones públicas previo pago de entrada.

En *La Voz del Silencio* se recomienda muy sensatamente: «No busques al Gurú en estas regiones mayávicas». No se debería aceptar con fe ciega ninguna enseñanza de un preceptor que se ofrezca desde el plano astral. Cualquier comunicación o consejo que provenga de tal plano se debe recibir del mismo modo que se haría con un consejo similar del plano físico. Las enseñanzas se deben tomar por lo que valgan, después de analizadas por la conciencia y el intelecto.

Una persona no es más infalible después de fallecida que cuando estaba viva físicamente. Uno puede pasar muchos años en el mundo astral y no saber de él más de lo que sabía cuando salió del mundo físico. Por tanto, no se debe dar más importancia a las comunicaciones del mundo astral (o de cualquier otro plano superior), que a cualquier indicación realizada en el plano físico.

Un «espíritu» que se manifiesta a menudo es tal como dice ser, pero también puede ocurrir que no lo sea. Los asistentes a las sesiones no tienen forma de distinguir lo verdadero de lo falso, porque los recursos del plano astral se pueden utilizar para representar lo que no es, ante las personas del mundo físico; por consiguiente, no se puede confiar en lo que parece prueba convincente. No pretendemos, ni por un instante, negar que algunas entidades auténticas hayan aportado comunicaciones importantes en sesiones de este tipo. Lo que queremos decir es que quienes asisten normalmente a ellas no tienen forma de saber si los están engañando o no.

De lo anterior se deduce que son muy variadas las fuentes desde las que se pueden recibir comunicaciones del plano astral. Como dijo H. P. Blavatsky, la variedad de causas de los fenómenos es enorme; hay que ser un Adepto y detenerse a analizar cada manifestación, con objeto de poder explicar, en cada caso, lo que subyace en ella.

Para completar lo expuesto, podemos decir que el hombre medio, una vez fallecido, es capaz de hacer en el plano astral todo cuanto puede hacer en el mundo físico. Podemos obtener fácilmente comunicaciones escribiendo, en trance, o utilizando poderes desarrollados del cuerpo astral tanto de personas encarnadas como de desencarnadas. Por consiguiente, lo más sensato sería desarrollar uno mismo los poderes de la propia alma, en lugar de lanzarse de un modo ignorante a llevar a cabo experimentos peligrosos. De esta forma, se acumularán conocimientos y se acelerará la evolución. El hombre debe aprender que en realidad la muerte no tiene poder sobre él; la llave de la prisión del cuerpo está en sus manos y debe aprender a usarla según su voluntad.

De la esmerada consideración del conocimiento que poseemos en favor y en contra del espiritismo, parece desprenderse que está justificado para destruir el materialismo, a condición de que se utilice con prudencia y discreción. Cuando se haya alcanzado este objetivo, parece encerrar muchos peligros, tanto para los vivos como para los muertos. En líneas generales no es recomendable, aunque en casos excepcionales puede practicarse sin riesgo y con grandes beneficios.

Capítulo 23

Muerte astral

Hemos finalizado la historia de la vida en el plano astral, y poco nos queda por añadir con respecto a la muerte en el mismo y de la disolución final. El continuo desprendimiento del Ego en el transcurso de un periodo de tiempo, cuya duración varía dentro de amplios límites, hace que las partículas del cuerpo astral progresivamente vayan dejando de funcionar. Este proceso se desarrolla, en la mayoría de los casos, en capas dispuestas en orden de densidad, siendo la exterior la más densa de todas.

De esta forma, el cuerpo astral se desgasta poco a poco, y va desintegrándose a medida que la conciencia se retira paulatinamente del mismo, debido al esfuerzo semiconsciente del Ego. Así, el hombre va abandonando por grados lo que le retiene y le impide alcanzar el mundo celestial.

Durante su estancia en el plano astral, la mente entretejida con pasiones, emociones y deseos, los purifica y asimila la parte pura de los mismos, absorbiendo todo lo que sea de utilidad para el Ego; lo que queda de karma es puro residuo, del cual el Ego, la Triada Inmortal de Atma-Buddhi-Manas, se libera con facilidad. Pausadamente, la Triada o Ego atrae a sí la memoria de su vida terrena finalizada, sus amores, sus esperanzas, aspiraciones, etc. y se dispone a salir del kâmaloka y pasar al estado bienaventurado del devachan, la «morada de los dioses» o el «mundo celestial».

No entraremos a analizar lo que le sucede al ser humano a su llegada al llamado mundo celestial, por estar fuera de los límites del tema tratado en este libro. De ello nos ocuparemos en otro volumen de esta colección.

Por ahora, sin embargo, podemos decir a modo de resumen, que el periodo transcurrido en el devachan es de asimilación de las experiencias de la vida, de restablecimiento del equilibrio, antes de dar comienzo al nuevo descenso a la encarnación. Es el día que sigue a la noche de la vida terrena, lo subjetivo en contraste con el periodo objetivo de la manifestación.

Al trasladarse del kâmaloka al devachan, el hombre no puede llevar consigo sus formas mentales de mala condición. En el plano del devachan no puede existir la materia astral, ni la materia de aquel puede reaccionar a las groseras vibraciones de las bajas pasiones y deseos. En consecuencia, lo único que el hombre puede llevar al devachan, cuando se ha desprendido de los últimos residuos de su cuerpo astral, son los gérmenes y tendencias subyacentes, los cuales al hallar el medio apropiado se manifestarán en el plano astral como pasiones y deseos del mismo carácter. Tales gérmenes quedan latentes en el átomo astral permanente, durante toda la estancia en el devachan. Al finalizar la existencia en el kâmaloka, se aparta la tela vital dorada del cuerpo astral, dejando que éste se desintegre, y envuelve el átomo astral permanente que se recoge en el cuerpo causal.

La lucha final con el elemental astral se produce al final de la vida astral, porque el Ego trata de recoger en sí mismo todo lo que puso al encarnar, al principio de la vida finalizada. Sin embargo, intentarlo se topa con la resistencia del Elemental de Deseos, que el propio Ego creó y alimentó.

En la mayoría, siempre resta algo de materia mental enredada con la astral y es imposible recuperarla. El resultado de la lucha es que alguna porción de la materia del mental e incluso del causal (mental superior) permanece en el cuerpo astral, cuando el Ego lo abandone definitivamente. Por el contrario, los que durante la vida terrena hayan dominado por completo sus bajos deseos y hayan conseguido liberar de éstos a la mente inferior, no tienen que luchar y el Ego puede retirar todo lo que puso al encarnar, unido a todo el beneficio de las experiencias, facultades, etc. Se dan también casos extremos en que el Ego lo pierde todo y se convierte en lo que se conoce como «almas perdidas» o «elementales humanos».

En los volúmenes que seguirán a éste, donde nos ocuparemos del «Cuerpo Mental» y del «Cuerpo Causal», aparecerá una completa consideración del método mediante el cual el Ego pone una porción de sí mismo en encarnación y trata de retirarlo.

El abandono del cuerpo astral y el adiós a este plano es, pues, una segunda muerte, en la que el hombre deja un cadáver astral, que se desintegra, a su vez, regresando los materiales del mismo al mundo astral, al igual que los materiales del cuerpo físico retornan a la tierra.

Este cadáver astral y los diversos casos posibles se han tratado ya en el Capítulo XIX, donde hablamos sobre *Entidades Astrales,* bajo los nombres de «Sombras», «Cascarones», «Cascarones Vitalizados», etc.

Capítulo 24

Renacimiento

Una vez agotadas las causas que lo llevaron al mundo mental y asimiladas plenamente las experiencias pasadas, el Ego siente de nuevo el anhelo de vida material, vida que sólo se puede satisfacer en el plano físico. A este anhelo los hindúes lo llaman *trishnâ*.

Se puede considerar, primero, como deseo de expresarse; en segundo lugar, como deseo de recibir impresiones externas, que le produzcan la sensación de estar vivo. Para esto es la ley de evolución. Trishnâ (o anhelo) actúa por medio de Kâma (o deseo), el cual, tanto para el individuo como para el Cosmos, es la causa primaria de la reencarnación.

Durante el reposo en el mundo mental, el Ego se ve libre de sufrimientos y penas, pero el mal que hizo en su vida anterior se ha mantenido en estado de animación suspendida, no de muerte. Las semillas de las malas tendencias anteriores empiezan a germinar en cuanto la nueva personalidad comienza a formarse para la nueva encarnación. El Ego debe cargar con el pasado: los gérmenes y semillas cosechados de la última vida, a los cuales los budistas denominan *skandhas*.

Kâma (o deseo), con su ejército de skandhas (gérmenes), aguarda a las puertas del mundo mental, del que surge el Ego dispuesto a tomar una nueva encarnación. Dichos gérmenes consisten en cualidades materiales, sensaciones, ideas abstractas, tendencias de la mente, facultades mentales, etc.

El proceso se pone en marcha al concentrar el Ego su atención en la unidad mental, la cual reinicia inmediatamente su actividad y más tarde, en el átomo astral permanente, al que aplica su voluntad. Las tendencias que, según hemos visto, se encuentran en un estado de animación suspendida, son exteriorizadas por el Ego al descender a la reencarnación, y se envuelven primero en materia mental y además en esencia elemental del segundo gran reino, de modo que expresan con exactitud el desarrollo mental alcanzado por el hombre al final de su última vida celestial. El hombre reanuda así el proceso en el mismo punto en que lo dejó.

El siguiente paso consiste en atraer hacia sí la materia del mundo astral y esencia elemental del tercer reino, consiguiendo de este modo los materiales para construir su cuerpo astral, haciendo que reaparezcan los apetitos, las emociones y las pasiones que trajo de las vidas anteriores. El Ego, al descender a la reencarnación, no reúne la materia astral conscientemente, sino como una acción automática. Por otro lado, el material acumulado es la fiel reproducción del cuerpo astral que tenía al término de la última vida astral, de modo que el hombre reanuda la vida en cada mundo exactamente donde la abandonó.

Los estudiantes descubrirán en lo anterior una parte de la acción de la ley kármica, de la cual no vamos a tratar en esta obra. Cada encarnación está vinculada de manera inevitable, automática y exacta, a las vidas anteriores, de manera que la serie forma una cadena continua.

La materia astral así acumulada aún no constituye un cuerpo astral definido. En primer lugar, adquiere la forma de un ovoide, el cual es la expresión más aproximada de lo que se entiende por la forma real del cuerpo causal. En cuanto el cuerpo físico del niño está formado, la materia física ejerce una violenta atracción de la materia astral, anteriormente estaba bastante bien distribuida en el ovoide, y concentra la gran masa de la misma dentro de los límites del cuerpo físico.

A medida que el cuerpo físico se va desarrollando, la materia astral reproduce todos los cambios. Un noventa y nueve por ciento de dicha materia está concentrado dentro de la periferia del cuerpo físico, y únicamente el uno por ciento restante llena el ovoide y constituye el aura, como hemos visto en un capítulo anterior.

El proceso de acumulación de materia alrededor del núcleo astral se lleva a cabo a veces con gran rapidez, pero otras ocasionan un gran retraso. Cuando ha terminado, el Ego se encuentra en su vestidura kármica preparada por él mismo, dispuesto a recibir de los agentes de los señores del Kârma el Doble Etérico como nuevo molde en el que se formará el cuerpo físico (Véase *El Doble Etérico*).

Al principio, las cualidades del hombre no entran en acción; son simples gérmenes de cualidades, que se han asegurado un posible campo de manifestación en la materia de los nuevos cuerpos. De la facilidad o entorpecimiento que rodeen al niño en sus primeros años dependerá que tales cualidades se desarrollen en la nueva vida, con las mismas tendencias de la anterior. Cualquiera de ellas, buena o mala, puede fácilmente entrar en acción si se alienta o, por el contrario, quedar neutralizada, si no se estimula. Si se activa, puede llegar a ser en la vida del hombre un factor más poderoso que en la vida anterior; si se sofoca, queda sencillamente como un germen sin fructificar que, con el tiempo, se atrofia y muere y no aparece ya en ninguna otra encarnación.

Se puede afirmar, pues, que el niño aún no posee un cuerpo mental, ni un cuerpo astral propiamente dicho, sino que sólo tiene a su alrededor y dentro de sí mismo los materiales con los que habrá de construirlos. Por ejemplo, imaginemos que uno fue alcohólico en su vida anterior: en el mundo astral pudo haber agotado el deseo de beber y verse libre del mismo. Sin embargo, aunque el deseo esté anulado, subsistirá la misma debilidad de carácter que puede ocasionar que ese deseo renazca y vuelva a dominarlo. En la vida siguiente, su cuerpo astral contendrá materia susceptible de dar expresión a este mismo deseo; pero no está, de ningún modo, obligado a utilizar tal materia del mismo modo que antes. Si los padres son prudentes y hábiles, y le enseñan a considerar que tal deseo es malo, lo reprimirá y logrará dominarlo antes de que se manifieste; de esa manera, dicha materia quedará sin vivificar y se atrofiará por falta de uso. Es preciso recordar que la materia del cuerpo astral se gasta y se reemplaza sin cesar, al igual que la del cuerpo físico. Así, a medida que se descarta la materia atrofiada, se sustituye por otra más refinada. De esta forma, los vicios que se dominan, se vuelven imposibles para el futuro, y la virtud contraria se establece en su lugar.

Durante los primeros años de la vida del hombre, el Ego ejerce poco dominio sobre sus vehículos; por tanto, espera que los padres le ayuden a conseguir un poder más firme, rodeándole de condiciones apropiadas. Es imposible exagerar la plasticidad de estos vehículos aún no formados. Mucho puede hacerse con el cuerpo físico de los niños, pero aún más se puede hacer con el vehículo astral y con el mental. Estos cuerpos responden con rapidez a cualquier vibración que les llegue, y son profundamente receptivos a cualquier influencia, buena o mala, que proceda de quienes les rodean. Además, aunque en su temprana infancia son muy susceptibles y se moldean con facilidad, muy pronto se asientan y endurecen y adquieren hábitos que, cuando se han arraigado con firmeza, son difíciles de erradicar. Por eso, el porvenir de los niños depende de los padres, en una medida mucho mayor de lo que muchos de ellos creen. Únicamente un clarividente sabe con qué rapidez y en qué proporción se perfeccionaría el carácter de los niños si el de los adultos fuera mejor de lo que suele ser.

Se conoce un caso en que la brutalidad de un maestro provocó un daño irreparable en el cuerpo de un niño, hasta tal punto que le resultó imposible avanzar en esta vida todo lo que era de esperar. El entorno en que crece el niño es de tanta importancia, que en la vida en que se alcanza el adeptado, el niño debe estar en un entorno absolutamente perfecto.

En el caso de las mónadas de clase inferior, con cuerpos astrales extraordinariamente fuertes, las cuales reencarnan a intervalos muy cortos, sucede a veces que la Sombra o el Cascarón, abandonados en la última vida astral, subsisten todavía. En ese caso, es muy probable que sean atraídos por la nueva personalidad. Cuando eso ocurre, traen los viejos hábitos y modo de pensar y, en ocasiones, también la memoria de la vida anterior.

En un individuo cuya vida fue tan mala que los cuerpos astral y mental fueran arrancados del Ego después de la muerte, al reencarnar, como no dispone de cuerpos que ocupar en los mundos astral y mental, debe formar otros de inmediato. Cuando los haya creado, la afinidad con los antiguos, aún no desintegrados, se afirma. Estos cuerpos astral y mental viejos constituyen la forma más terrible de lo que se ha denominado el «guardián del umbral».

En el caso extremo de un hombre que llega al renacimiento y que, por sus viciosos deseos o por otra razón haya establecido un fuerte vínculo con un animal de cualquier tipo, quedará unido por afinidad magnética al cuerpo astral del animal cuyas

cualidades alentó y permanecerá encadenado como prisionero al cuerpo físico del animal. Así, no puede realizar el renacimiento. Es consciente en el plano astral, posee sus facultades humanas; pero no puede dominar el cuerpo del bruto al
que está unido ni expresarse por medio del mismo en el mundo físico. El organismo animal es en este caso una cárcel más
que un vehículo. El alma animal no es desposeída, sino que es
la ocupante y la que domina en el cuerpo. Tal prisión no es
reencarnación, pero explica, de alguna manera, la creencia
oriental de que el hombre, en determinadas circunstancias,
puede reencarnar en un cuerpo animal.

En el caso de que el hombre no esté tan degradado como
para quedar aprisionado, pero posea un cuerpo astral con una
fuerte tendencia animal, pasará con normalidad al renacimiento humano, pero las características animales se reproducirán
en el cuerpo físico, como lo testimonian los «monstruos» que,
algunas veces, nacen con facciones y rasgos de animales. El
sufrimiento que esto conlleva para la entidad humana consciente es enorme, aunque de acción reformadora. Algo semejante les ocurre a otros Egos que vienen con cuerpos humanos,
pero con cerebros enfermos, como los idiotas, lunáticos, etc.,
aunque la idiotez y la locura proceden de otras causas.

La locura es muchas veces consecuencia de la crueldad,
sobre todo, cuando ésta es intencionada y refinada.

Capítulo 25

Dominio sobre las emociones

El trabajo de redactar este libro será inútil, si los que lo lean no se convencen de la necesidad de: primero, alcanzar el control de su cuerpo astral; en segundo lugar, de convertirlo progresivamente en un vehículo de la conciencia, absolutamente obediente a la voluntad del hombre real, o sea, el Ego; en tercer lugar, desarrollar y perfeccionar, a su debido tiempo, los distintos poderes de dicho cuerpo.

El hombre mundano medio sabe muy poco, y se preocupa aún menos de estas cosas. Para el estudiante de ocultismo es, sin embargo, de vital importancia poder alcanzar el pleno dominio sobre todos sus vehículos –físico, astral y mental–. Aunque para realizarlos y estudiarlos tenemos que separarlos y considerarlos individualmente, en la vida práctica veremos que, en buena medida, los tres cuerpos pueden entrenarse a la vez; de manera que cualquier poder desarrollado en uno ayuda al progreso de los otros dos.

Ya hemos examinado la necesidad de purificar el cuerpo físico, mediante la selección del alimento, de las bebidas y por la higiene, etc., con objeto de hacer menos difícil el control del cuerpo astral. El mismo principio se aplica, pero con mayor fuerza, al cuerpo mental, porque en último extremo, podemos dominar los deseos, las emociones y las pasiones del cuerpo astral sólo con el pensamiento y la voluntad.

Para muchos será de gran utilidad el detallado estudio de la psicología de las emociones, porque es mucho más fácil dominar una fuerza cuyo origen y naturaleza se conocen plenamente.

A tal fin, el autor recomienda muy encarecidamente el estudio de los principios expuestos en el brillante tratado *La Ciencia de las Emociones* de Bhagavan Das, cuya tesis principal se puede exponer brevemente de la siguiente forma:

Toda existencia manifestada puede ser analizada como el Yo, el No-yo y la Relación entre los dos.

Podemos dividir la Relación en:

1 - Conocimiento (Gnyânam).
2 - Deseo (Ichchâ).
3 - Acción (Kriyâ).

Saber, desear y procurar o actuar abarcan toda la vida consciente.

El sentimiento o emoción es de dos tipos: placentero o doloroso. El placer que es básicamente una sensación de plenitud, produce atracción, amor (râga); el dolor, fundamentalmente una sensación de carencia, genera repulsión, odio (dvesha).

De la atracción proceden todas las emociones de amor y de la repulsión, todas las de odio. Todas las emociones surgen del amor, del odio, o de ambos, en distintos grados de intensidad.

La naturaleza precisa de una emoción en concreto viene determinada por la relación entre quien experimenta la emoción y el objeto que la provoca. Quien experimenta la emoción puede ser, *en cuanto respecta a las circunstancias vinculadas a la emoción*, 1. - Más que el objeto de ella; 2. - Igual al mismo; o 3. - Menos que tal objeto.

Prosiguiendo con este análisis, llegamos a seis posibles tipos de elementos-emoción, indicados en la columna 3 de la Tabla de la pág. 264. En la cuarta columna se indican subdivisiones de los elementos primarios, según los distintos grados de intensidad, siendo los más fuertes los de arriba y los más débiles los de abajo.

Todas las emociones humanas contienen uno de tales elementos-emociones, o más frecuentemente, la combinación de dos o más de ellos. Con esto, dejamos que el estudiante examine el tratado mencionado de Bhagavan Das, para ampliar detalles sobre este tema, con la certeza de que su trabajo se verá recompensado.

Otra línea de estudio, valiosa para los que aspiren a conocerse y dominarse a sí mismos, es la de la conciencia colectiva o de las multitudes. La mejor obra que el autor conoce sobre el tema es la de Sir Martin Conway, *The Crowd in Peace and War* (La Multitud en la Paz y en la Guerra).

Con maravillosa lucidez y profusas ilustraciones, Sir Martin demuestra los siguientes hechos fundamentales:

1- La gran mayoría de los hombres se desarrollan 'en medio de' y 'pertenecen a' ciertos grupos psicológicos, o sea, grupos de personas que piensan y, sobre todo, sienten de modo análogo. Tales grupos son: la familia, los amigos y asociados, las escuelas y

GÉNESIS DE LAS EMOCIONES

Relación hacia el objeto		Elemento-emoción primario	Grados de emoción
Cualitativa	**Cuantitativa**	**Elemento-emoción primario**	**Grados de emoción**
1	**2**	**3**	**4**
AMOR al	Superior	Reverencia	Culto Adoración Reverencia Estima Respeto Admiración
	Igual	Afecto	Afecto Camaradería Amistad Cortesía
	Inferior	Benevolencia	Compasión Ternura Bondad Lástima
ODIO al	Superior	Temor	Horror Terror Temor Aprensión
	Igual	Ira	Hostilidad Rudeza Aversión Frialdad Distanciamiento
	Inferior	Orgullo o tiranía	Desprecio Desdén Menosprecio Arrogancia

universidades, las profesiones, las sectas religiosas, los partidos políticos, las naciones, las razas, etc. Incluso los que leen los mismos periódicos, o pertenecen a una misma sociedad forman un grupo psicológico.

2- Tales grupos se forman, sobre todo, al ser atraídos o dominados por sentimientos y emociones, *no por el pensamiento.* Una multitud siente todas las emociones, pero no tiene intelecto: puede sentir, pero no pensar. Las opiniones del grupo o de la multitud nunca, o casi nunca, se forman razonando, sino que son pasiones contagiosas, que recorren todo el cuerpo como una corriente eléctrica, cuyo origen es frecuentemente un solo cerebro. Una vez que la idea u opinión cala en la multitud, el individuo pierde rápidamente su capacidad de pensar y sentir por sí mismo, y se convierte en uno con la multitud, tomando parte en la vida, opiniones, prejuicios, actitudes, etc. de la misma.

3- Muy pocos tienen el valor de separarse de los distintos grupos a que pertenecen. La inmensa mayoría permanece toda su vida bajo el dominio de los grupos en que están asimilados.

Sir Martin procede a enumerar y describir las diferentes virtudes del grupo y muestra en qué se diferencian de las virtudes del individuo, siendo las del grupo, en su conjunto, de orden muy inferior y más primitivas.

a) *El Cabecilla de la Multitud.* Este es el que domina y dirige a la multitud, imponiendo en ella sus ideas, gracias a su fuerte personalidad. Ejemplos de este tipo son: Napoleón, Disraeli, César y Carlomagno.

b) *El Exponente de la Multitud.* Este tipo, completamente distinto al anterior, es uno que siente, con su sensibilidad natural, lo que la multitud siente o va a sentir, y sabe expresar en lenguaje preciso y gráfico, las emociones de la multitud, que en ésta son inarticuladas. Estos individuos no suelen reflexionar sobre los problemas para luego proclamar su evangelio, sino que esperan que las emociones de la multitud adquieran forma. Luego, se lanzan en medio de ella y expresan con elocuencia, fuerza y entusiasmo lo que la gente que los rodea siente de un modo vago y confuso. Los ejemplos de esta clase son muy comunes, en particular en el terreno político.

c) El *Representante de la Multitud.* Los dirigentes de multitudes de este tipo son figurones pintorescos, más que fuerzas individuales. Ejemplos típicos son un rey constitucional, un cónsul, un embajador, un juez (al menos en Inglaterra). Estos son meramente «el pueblo», la «opinión pública» personificados; hablan con la voz del pueblo, actúan en nombre de éste, y lo representan ante el mundo. Deben reprimir u ocultar sus opiniones personales, aparentan sentir lo que el pueblo siente y actúan según los deseos y sentimientos del pueblo.

Lo anterior es sólo un mero esbozo de los principios más importantes enunciados en el extraordinario libro citado, cuyo detenido estudio recomendamos. No sólo ayudará al estudiante a apreciar con exactitud las fuerzas que mueven a la «opinión pública», sino también a valorar adecuadamente sus propias creencias, opiniones y actitudes personales con respecto a muchas cuestiones cotidianas.

Asimismo es muy importante que el estudiante de ocultismo actúe sobre sus pensamientos y sentimientos de forma deliberada y consciente. La sentencia griega: «Conócete a ti mismo», es un inmejorable consejo, porque el conocimiento de uno mismo es imprescindible para quien desee progresar.

El estudiante no puede ser arrastrado, ni quedar inmerso en una emoción o forma de pensamiento colectivos, porque éstos crean una especie de atmósfera, a través de la cual se ven todas las cosas, que todo lo colorea y que de modo tan evidente domina e inclina a las multitudes entre las que uno se mueve. No es asunto fácil ponerse en contra de un prejuicio popular, a causa del continuo martilleo de formas mentales y corrientes de pensamientos que llenan la atmósfera. No obstante, el estudiante de ocultismo debe aprender a mantenerse firme. Además, tiene que ser capaz de reconocer los distintos tipos de dirigentes de multitudes y no dejarse dominar, persuadir ni ser adulado para aceptar ideas o seguir líneas de acción, sin la debida reflexión y con todas sus facultades en estado de alerta.

La influencia de las multitudes psicológicas y de los cabecillas de multitudes en el mundo actual, (como probablemente lo habrá sido en todas las épocas), es muy grande; las fuerzas que manejan son sutiles y de amplio alcance, de manera que el estudiante que trate de adquirir el dominio de sí mismo y quiera dirigir su propia vida emocional e intelectual, deberá estar continuamente en guardia contra tan engañosas influencias.

El autor es de la opinión que la lectura de *La Ciencia de las emociones* y de *La Multitud en la Paz y en la Guerra* será de valor inapreciable como preparación para la tarea de educar y desarrollar el cuerpo astral, hasta convertirlo en un eficaz y obediente servidor de la voluntad soberana del Ego.

Además, se aconseja muy especialmente otra línea de estudio, o sea, la mente subconsciente, a la que se llama hoy «el subconsciente». A tal fin se recomienda como introducción al tema la obra de T. J. Hudson *The Law of Psychic Phenomena* (La Ley de los Fenómenos Psíquicos).

Al estudiar este libro, no debemos olvidar que fue escrito en 1892. A la luz de los conocimientos de la época actual, no es necesario aceptar por completo el análisis, la clasificación y la terminología de Hudson. No obstante, la obra es aún muy valiosa; primero, porque recomienda un sano escepticismo científico y no aceptar con demasiada facilidad explicaciones, aparentemente plausibles, de muchos fenómenos psíquicos. En segundo lugar, descubre, con gran firmeza, las enormes posibilidades latentes en la parte subconsciente de la naturaleza humana, que el estudiante cuidadoso y discreto puede utilizar con provecho considerable para dominar su propio cuerpo astral y, en general, para purificar y formar su propio carácter. Existen lógicamente muchos libros más modernos que serán de ayuda para los estudiantes.

Hudson declara en síntesis:

1° Que la mentalidad del hombre es claramente divisible en dos partes, cada una con sus poderes y funciones separadas. A estas las llama: *Mente Objetiva* y *Mente Subjetiva.*

2° Que la mente objetiva es la que adquiere conocimiento del mundo objetivo, a través de los sentidos físicos como medio de observación, siendo el razonamiento la más elevada de sus funciones.

3° Que la mente subjetiva toma conocimiento del entorno por medios independientes de los sentidos físicos. Es la sede de las emociones y el depósito de la memoria. Realiza sus funciones más elevadas cuando los sentidos objetivos están inactivos; por ejemplo, en estado hipnótico o de sonambulismo. Muchas otras facultades, atribuidas por Hudson a la mente subjetiva, son sin lugar a dudas las del cuerpo astral; por ejemplo, viajar a largas distancias, leer el pensamiento, etc.

Por otro lado, aunque la mente objetiva no puede ser controlada por «sugestión» en contra de la razón, del conocimiento positivo o de la evidencia de los sentidos, la mente subjetiva es permanentemente dominada por el poder de sugestión, sea de otras personas o de *la mente objetiva del mismo sujeto.*

Con la ayuda del conocimiento moderno que poseemos con respecto a los cuerpos astral y mental y sobre la naturaleza y utilización de las formas de pensamiento y de emoción, el estudiante hallará muchas confirmaciones interesantes e independientes de lo que haya aprendido de los escritores teosóficos. Como ya hemos dicho, será más consciente de los poderes aparentemente ilimitados, subyacentes en su propia constitución psicológica, los cuales podrá emplear conforme a las indicaciones de ocultistas acreditados como, por ejemplo, la meditación. Asimismo es posible que entienda con mayor claridad que antes cómo el deseo y la mente están entrelazados y cómo puede desligarlos con mayor beneficio y fortalecimiento de cada uno.

Hay que tener siempre presente que el deseo se puede cambiar, y acabar dominándolo por medio del pensamiento. A medida que la mente afianza su control, el deseo se transforma en voluntad; en ese caso, no gobiernan los objetos externos, que atraen o repelen, sino el Ego del hombre, el Regente interno.

Huelga decir que el estudiante debe procurar dominar y eliminar ciertos defectos menores, tales como debilidades y vicios emotivos. En esta tarea, hay que tener en cuenta que un vicio como la irritabilidad, por ejemplo, ha llegado a convertirse en hábito por haber cedido al mismo, y que se mantiene, no en el Ego, como cualidad inherente, sino en el átomo astral permanente. Sin embargo, aunque la fuerza acumulada allí sea considerable, se puede afirmar, sin temor a equivocarse, que la perseverancia en el esfuerzo para transmutarla traerá consigo la victoria. De parte del Ego está la fuerza de la voluntad, y tras ésta la fuerza infinita del mismo Logos. La comprensión de esta idea de unidad proporciona al hombre un motivo apropiado para emprender la tarea de formar su propio carácter, tarea sin duda difícil y en ocasiones, desagradable. No obstante, por dura que sea la lucha, teniendo de su parte a las fuerzas del Infinito, acabará por sobreponerse a las fuerzas finitas del mal que ha acumulado durante sus vidas anteriores.

Puede ocurrir que alguien que trate de matar el deseo con el fin de equilibrar su karma, consiga su objetivo. Pero no podrá eludir la ley de evolución, y más tarde o más temprano, será nuevamente arrastrado por una presión irresistible y tendrá que reencarnar. Matar el deseo no es el procedimiento del ocultista.

No se deben matar los amores personales, sino expandirlos hasta que se vuelvan universales; los amores deben ser nivelados, no rebajados. Por no comprender este punto, y debido a lo difícil de la tarea, muchos apagan todos sus amores, en lugar de expandirlos hasta abarcar el mundo. Un Mâhatmâ es un océano de compasión, no un témpano de hielo. Intentar matar el amor es el método del sendero de la izquierda.

No obstante, es imprescindible suprimir por completo los deseos bajos y groseros y lo que quede se debe purificar y transmutar en aspiración y determinación. Desear es un despilfarro de fuerza; el ocultista lo transforma en *voluntad*, porque ésta es el aspecto noble del deseo.

Igualmente se ha dicho que es preciso matar la forma lunar, es decir, el cuerpo astral. Esto no significa que se deban destruir todos los sentimientos y emociones, sino que el cuerpo astral debe ser absolutamente sometido, que hemos de ser capaces de anular la forma lunar *a voluntad*. A medida que el hombre se desarrolla, aúna su voluntad con la del Logos, y éste desea la evolución. Sobra decir que esa unificación elimina de golpe deseos tales como la ambición, el deseo de progreso y otros parecidos.

La Voz del Silencio nos recuerda que, oculta en cada flor del mundo astral, por bella que sea, está enroscada la serpiente del deseo. En el caso del afecto, por ejemplo, hay que dejar de lado todo lo que implique sujeción, pero los afectos elevados, desinteresados y puros no se pueden trascender, porque son característicos del propio Logos y son una cualidad necesaria para avanzar por el sendero que conduce a los Maestros y a la Iniciación.

Capítulo 26

El desarrollo de los poderes astrales

a posesión de poderes psíquicos no conlleva necesariamente un elevado carácter moral; tampoco los poderes psíquicos, en sí mismos, son indicios de un gran desarrollo en otros aspectos, como por ejemplo, del intelecto.

En consecuencia, aunque es posible que un gran psíquico no sea obligatoriamente una persona espiritual, una persona altamente espiritual es inevitablemente psíquica. Cualquiera que se tome el trabajo que ello implica, puede desarrollar los poderes psíquicos. Se pueden desarrollar la clarividencia o el mesmerismo, de la misma manera que se aprende a tocar el piano, si uno está dispuesto a aplicarse a la dura tarea.

Todas las personas poseen los sentidos astrales, pero en la mayoría sólo están latentes; por lo general, quienes traten de utilizarlos en el estado actual de la evolución, deben desarrollarlos de forma artificial. En algunas personas, esos sentidos se ponen en acción sin necesidad de ningún impulso artificial, pero en la inmensa mayoría, se pueden despertar y desarrollar de manera artificial. En todos los casos, la condición que posibilita la actividad de los sentidos astrales es la pasividad de los físicos y cuanto más completa sea esta, mayor será la posibilidad de la actividad astral.

Las civilizaciones primitivas suelen poseer la clarividencia, al igual que ciertos individuos ignorantes y sin cultura de civilizaciones más avanzadas. A veces, se la llama psiquismo inferior y no es en absoluto lo mismo que la facultad del hombre debidamente entrenado y más avanzado, ni se desarrolla de la misma forma.

La aparición circunstancial de psiquismo en una persona no desarrollada es una especie de sensación que se propaga vagamente a todo el vehículo, más que una percepción exacta y precisa procedente de órganos especializados. Dicha sensación caracterizó a la cuarta Raza Raíz (la Atlante). No se manifiesta mediante los chakras astrales, sino a través de centros astrales relacionados con los sentidos físicos. Estos no son exactamente astrales, aunque son incorporaciones de materia astral en el mismo cuerpo. Son a modo de puentes que conectan el plano astral y el físico, pero no son sentidos astrales desarrollados, en el significado exacto del término. La «segunda vista» pertenece a este tipo de sensibilidad; a menudo es simbólica, ya que el perceptor transmite su conocimiento de este curioso modo. Es un error estimular los centros-puentes, en lugar de los Chakras, que son los órganos astrales. Este psiquismo inferior está también vinculado con el sistema nervioso simpático. Por el contrario, el psiquismo superior está relacionado con el sistema cerebro-espinal. Reavivar el dominio sobre el sistema simpático es dar un paso atrás, no significa avanzar. En el transcurso del tiempo, el psiquismo inferior desaparece, recuperándose más tarde; pero entonces, ya estará bajo el control de la voluntad.

Las personas histéricas o muy nerviosas son, en ocasiones, clarividentes; lo cual constituye uno de los síntomas de su enfermedad. Está provocado por un grado tal de debilitamiento de su cuerpo físico, que éste ya no ofrece ninguna resistencia a cierta medida de visión etérica o astral. El *delirium tremens* es un caso extremo de este tipo de psiquismo, cuyas víctimas muchas veces ven, momentáneamente, elementales horribles y entidades etéricas.

Los que aún no hayan desarrollado la visión astral deberían aprender a valorar intelectualmente la realidad del mundo astral y a entender que los fenómenos de éste pueden ser observados por quienes estén capacitados para ello, igual que ocurre con los del plano físico.

Existen métodos concretos de yoga cuya aplicación puede desarrollar los sentidos astrales de modo racional y sano. Sin embargo, intentar poner en práctica dichos métodos sin haber superado la etapa preparatoria de purificación, no sólo es inútil, sino que además resulta peligroso. En primer lugar, hay que purificar tanto el cuerpo físico como el astral, dejando los malos hábitos en el comer y en el beber, y vencer las emociones de odio de cualquier tipo.

Generalmente, no conviene forzar el desarrollo del cuerpo astral por métodos artificiales, porque hasta que no se posea la fuerza espiritual adecuada, la intromisión de visiones, sonidos y otros fenómenos astrales pueden ser perturbadores e incluso alarmantes.

Más tarde o más temprano, según el karma, quien sigue el sendero real y antiguo descubrirá que poco a poco va adquiriendo conocimiento de los fenómenos astrales; despertará una visión más aguda, y se expandirán ante nuevas visiones de un universo más complejo en todos los sentidos. Es otra ilustración del dicho: «Busca primero el Reino de los Cielos, y lo demás se te dará por añadidura».

La obtención de poderes astrales como fin en sí misma conduce inevitablemente a lo que en Oriente se conoce como el método *laukika* de desarrollo. Los poderes que se logran así sólo sirven para la actual personalidad y como no hay vigilancia, lo más probable es que el estudiante haga mal uso de ellos. A este tipo pertenecen las prácticas de Prânayama o regulación de la respiración, la invocación de los elementales, y todos los métodos que, de algún modo, impliquen el aflojamiento de los sentidos físicos, ya sea *activamente,* mediante drogas, autohipnosis o, como los derviches, girando en danza loca de fervor religioso, hasta que les sobreviene el vértigo y la insensibilidad; o *pasivamente,* haciéndose mesmerizar, de forma que los sentidos astrales afloren a la superficie. Otros métodos son: el empleo de bolas de cristal (lo cual sólo origina la clarividencia más baja), la repetición de invocaciones, o el uso de amuletos o ceremonias.

Una persona que entra en trance mediante el encantamiento o la repetición de palabras, es probable que venga en la próxima vida como médium o será propensa a la mediumnidad. Esto no se debe considerar en absoluto como un poder psíquico, porque el médium, lejos de ejercitar ningún poder, en realidad renuncia al dominio sobre sus vehículos en favor de otra entidad. Por tanto, la mediumnidad no es un poder, sino una condición.

Se habla de ciertos ungüentos o drogas misteriosos, los cuales, aplicados a los ojos, hacen que se vean hadas, etc. Untarse los ojos puede estimular la visión etérica, pero no puede, de ningún modo, abrir la visión astral. Sin embargo, determinados ungüentos, aplicados por todo el cuerpo, ayudan enormemente al cuerpo astral a abandonar el físico con plena conciencia. El conocimiento de este hecho parece haber sobrevivido de tiempos medievales, según demuestran los juicios seguidos contra la hechicería.

El método *lokottara* está basado en ciertas prácticas de Raja Yoga o progreso espiritual, el cual es sin duda alguna el mejor método. Aunque más lento, los poderes adquiridos pertenecen a la individualidad permanente y jamás se pierden. Al mismo tiempo, se tiene seguridad, ya que es el Maestro quien guía, a condición de que se sigan cuidadosamente sus instrucciones.

Otra gran ventaja de ser instruido por un Maestro radica en que todo poder desarrollado por el discípulo está definitivamente bajo el dominio del mismo y puede utilizarlo de forma plena y constante cada vez que lo necesite. Los poderes obtenidos gracias a los métodos antes citados, se manifiestan sólo de modo parcial y espasmódico y aparecen y desaparecen, sin que se sepa cómo ni por qué.

La visión más amplia del plano astral no es exactamente una bendición sin mezcla, ya que hace ver además las tristezas y las miserias, el mal y la avaricia del mundo. Nos vienen a la memoria las palabras de Schiller: «¿Por qué me has enviado a la ciudad de los siempre ciegos, a proclamar tu oráculo con el sentido abierto? Toma esta triste clarividencia; aparta de mis ojos esta luz cruel. Devuélveme mi ceguera, la feliz oscuridad de mis sentidos; toma tu horrible regalo».

La facultad de la clarividencia, si se emplea con prudencia y de manera adecuada, puede ser una bendición y una ayuda, pero mal utilizada se convertirá en un entorpecimiento y una maldición. Los peligros principales son los del orgullo, de la ignorancia y de la impureza. Es absurdo que el clarividente piense que únicamente él posee ese don, y que ha sido especialmente elegido, bajo guía angélica, para fundar una nueva adjudicación, y cosas parecidas. Además existen entidades astrales juguetonas y traviesas, dispuestas en todo momento a promover tales engaños y cumplir cualquier función que se les encomiende.

Es conveniente que el clarividente tenga nociones de la historia de este tema, que entienda algo de las condiciones de los planos superiores y, si es posible, que posea algunos conocimientos de carácter científico.

Además, la persona de vida o de móviles impuros atraerá a los elementos peores en los mundos invisibles. El hombre de vida y mente puras, por el contrario, estará, por esta misma razón, protegido contra la influencia de entidades indeseables de otros planos.

En muchos casos, se tienen chispazos ocasionales de conciencia astral, sin que se haya despertado la visión etérica. Esta irregularidad en el desarrollo es uno de los motivos principales de la enorme posibilidad de equivocarse en cuestiones de clarividencia, particularmente durante las primeras etapas.

En el curso del desarrollo normal, la persona despierta muy lentamente a las realidades del plano astral; es algo semejante a como un niño despierta a las realidades del plano físico. Los que entran en el sendero de forma deliberada y, por decirlo así, prematura, desarrollan este conocimiento de modo anormal y, por tanto, al principio son más proclives a cometer errores.

Si no fuera porque todos los discípulos, bajo un adecuado entrenamiento, son ayudados y orientados por instructores competentes, ya acostumbrados al plano astral, ocurrirían fácilmente todo tipo de peligros y daños. Por esta razón, al comienzo, se le muestran al neófito todo tipo de visiones horribles, con objeto de que las comprenda y se habitúe a ellas. De no hacerlo así, recibiría un *shock* que no sólo le impediría desarrollar un trabajo útil, sino que además sería peligroso para su cuerpo físico.

La primera incursión en el mundo astral puede producirse de diversas formas. Algunas personas llegan a tener sólo una vez en su vida la sensibilidad suficiente para experimentar la presencia de una entidad astral o de algún fenómeno de esa misma naturaleza. Otros, con progresiva frecuencia, ven y oyen cosas ante las cuales los demás son ciegos y sordos; algunos, en cambio, comienzan por recordar sus experiencias durante el sueño.

Cuando una persona comienza a ser sensible a las influencias astrales, algunas veces se siente súbitamente invadida por un sentimiento de inexplicable terror. Esto está originado, en parte, por la hostilidad natural del mundo elemental hacia el humano, a causa de los múltiples elementos destructivos que se emplean en el mundo físico, cuyos efectos repercuten en el astral. Este sentimiento se debe también, en parte, a los elementales artificiales antagónicos, creados por mentes humanas. Esto último se ha observado sobre todo en la ciudad de Chicago y en sus alrededores.

Determinadas personas comienzan siendo conscientes, a ratos, de los brillantes colores del aura humana; otras, ven rostros, paisajes o nubes de colores, que flotan en la oscuridad ante sus ojos, instantes antes de dormirse. Tal vez la experiencia más frecuente sea la de recordar cada vez con mayor claridad experiencias vividas en otros planos, durante el sueño.

A veces, la única experiencia en la vida de una persona es haber visto, por ejemplo, la aparición de un amigo moribundo. Esto puede deberse a dos causas, siendo la fuerza motriz, en cualquier caso, un intenso deseo del agonizante. Esa fuerza le ha permitido a éste materializarse por un instante; en este caso, como es lógico, no se precisa la clarividencia. No obstante, lo más probable es que dicha fuerza haya actuado mesméricamente, debilitando el físico o estimulando la sensibilidad superior del que la percibe.

Una persona con la visión astral desarrollada deja de estar limitada por la materia física; ve a través de todos los cuerpos físicos, y las sustancias físicas opacas son tan transparentes para ella como el vidrio. En un concierto, aprecia maravillosas sinfonías de colores; en una conferencia, puede ver los pensamientos del conferenciante en colores y con forma, de manera que puede entender lo que dice muchísimo mejor que otros que carezcan de visión astral.

Un pequeño análisis revelará que muchas personas obtienen de un conferenciante mucho más de lo que este dice. Esto indica que el cuerpo astral se va desarrollando y volviéndose más sensitivo y así responde mejor a las formas de pensamiento enunciadas por el orador.

Ciertos lugares ofrecen también mayor facilidad que otros para el trabajo ocultista. California, por ejemplo, con su clima muy seco y mucha electricidad en el aire, es una zona muy propicia para desarrollar la clarividencia. Algunos psíquicos necesitan una temperatura bastante elevada para conseguir mejores resultados; otros, en cambio, únicamente pueden trabajar con temperaturas bajas.

Desde el momento en que el clarividente puede ver el cuerpo astral de las personas, no cabe la posibilidad, en el mundo astral, de poder ocultarse o disfrazarse, ya que el observador imparcial lo verá como es. Pero el observador debe ser realmente imparcial, porque ve a los demás a través de sus propios vehículos. Es algo así como si contemplara el paisaje por medio de un cristal coloreado. Hasta que aprenda a descartar esta influencia, es probable que atribuya a los demás las características dominantes en sí mismo. Se requiere mucha práctica para evitar la deformación originada por sus propios puntos de vista y así, poder observar a los demás con claridad y exactitud.

La mayoría de los psíquicos que vislumbran ocasionalmente el mundo astral, al igual que la mayoría de las entidades que se comunican en las sesiones espiritistas, no mencionan muchas de las complejidades del plano astral citadas en este libro. La razón es que pocas personas pueden ver las cosas tal como son realmente en el plano astral, hasta después de haber adquirido una considerable experiencia. Los que ven plenamente se desconciertan demasiado para comprender o recordar, y les resulta difícil expresar lo que ven mediante el lenguaje del plano físico. Muchos psíquicos carentes de preparación jamás examinan científicamente sus visiones; sencillamente, captan la impresión, que puede ser exacta, pero también falsa, o tal vez totalmente engañosa. Además, como ya hemos visto, algunos traviesos habitantes del plano astral intentan engañar, y contra eso la persona no preparada no puede defenderse.

En el caso de una entidad astral que se comunique continuamente a través de un médium, puede suceder que sus sentidos astrales más sutiles se entumezcan y se vuelva insensible a los grados más delicados de materia astral.

Sólo un visitante bien preparado, procedente del plano físico, con plena conciencia en ambos planos, podrá ver clara y simultáneamente en el físico y en astral. La auténtica clarividencia, entrenada y digna de absoluta confianza, exige facultades que pertenecen a un plano más elevado que el astral. La facultad de previsión exacta se encuadra asimismo dentro de un plano superior. Algunas veces, se presentan chispazos o reflejos de previsión a la vista astral, especialmente en las personas sencillas, que viven en condiciones apropiadas. Un buen ejemplo de «segunda vista» lo constituyen los habitantes del altiplano de Escocia.

Hay personas incapaces de ver en el astral, lo mismo que las hay en el plano físico, a quienes se les escapan muchos fenómenos astrales. Al principio, se cometen muchas equivocaciones al emplear la visión astral, igual que las comete el niño al comenzar a utilizar los sentidos físicos; pero, con el tiempo, se llega a ver y a oír con tanta exactitud en el astral como en el físico.

Otro método para desarrollar la clarividencia, recomendado por todas las religiones, es la meditación, mediante la cual se desarrolla un tipo de clarividencia muy pura. Este método, siempre que se adopte de manera cuidadosa y respetuosa, no causará daño a ningún ser humano. El proceso de la meditación aparece explicado en numerosos libros, y existen escuelas dedicadas a su enseñanza. Gracias a la meditación, se puede desarrollar una gran sensibilidad, manteniendo a la vez el equilibrio perfecto, la sensatez y una buena salud.

Practicando la meditación se refina la materia de los cuerpos y se llegan a sentir grandes emociones, procedentes del plano búdico, es decir, del plano inmediatamente superior al mental, que se reflejan en el cuerpo astral. Pero, al mismo tiempo, hay que desarrollar el cuerpo mental y el causal para conservar el equilibrio. No se puede saltar de la conciencia astral a la búdica, sin haber desarrollado los vehículos intermedios. El sentimiento por sí solo nunca puede proporcionar equilibrio y estabilidad perfecta; puede suceder que grandes emociones que aparentemente nos empujan en la dirección correcta, nos desvíen de la forma menos conveniente. Las emociones suministran la fuerza, pero el poder dirigente proviene de la sabiduría y de la estabilidad. Existe una estrecha relación entre el plano astral y el búdico; en cierto sentido, el cuerpo astral es un reflejo del búdico.

Un ejemplo de la estrecha relación del plano astral con el búdico lo encontramos en la Misa Cristiana. Durante la consagración, la Hostia irradia una fuerza cuya potencia es mayor en el plano búdico que en los demás, aunque también es muy poderosa en el plano mental superior. Por otra parte, la actividad de dicha fuerza viene marcada en los subplanos astrales primero, segundo y tercero, aunque esto puede ser un reflejo del mental, o el efecto de una vibración simpática.

Aparte de lo dicho, en la Misa se produce otro efecto, que es proporcional y depende de la intensidad del sentimiento consciente de devoción de cada individuo durante la celebración. Un rayo como de fuego emerge de la Hostia elevada y hace resplandecer con intensidad al cuerpo astral. Por medio del cuerpo astral, y basándose en la estrecha relación de éste con el vehículo búdico, este último también se ve afectado. De esta forma, los dos vehículos se accionan y reaccionan recíprocamente.

Un efecto análogo se produce al dar la bendición con el Santísimo Sacramento.

Capítulo 27

Clarividencia en espacio y tiempo

S e pueden observar acontecimientos que ocurren a distancia mediante los siguientes métodos:

1 - *Por medio de una corriente astral.* Este método es algo parecido a la magnetización de una barra de acero. Consiste en lo que se podría llamar polarización (por un esfuerzo de voluntad) de un número de líneas paralelas de átomos astrales, desde el observador hasta la escena que desea contemplar. Todos los átomos permanecen rigurosamente paralelos, unos con respecto a los otros, formando una especie de tubo provisional a través del cual puede mirar el clarividente. El tubo es susceptible de ser alterado e incluso destruido por alguna corriente astral de fuerza suficiente, que se cruce en su camino, aunque esto raramente sucede.

El tubo se forma, bien por la transmisión de energía de partícula a partícula, o por el uso de fuerza de un plano superior que actúe a la vez sobre todo el tubo. Este último método conlleva un desarrollo mucho mayor, además del conocimiento de fuerzas de un plano notablemente más elevado y de la capacidad de utilizarlas. Sin embargo, una persona capaz de construir un tubo utilizando este método no lo necesita, porque le resultará mucho más fácil emplear una facultad superior.

La corriente o tubo se puede formar incluso de modo inconsciente y sin intención de hacerlo; en tales casos, suele ser resultado de un intenso pensamiento o emoción, proyectados desde cualquiera de los extremos; es decir, por el vidente o por la persona vista. Si dos personas están unidas por un intenso afecto, es probable que entre ellas surja una corriente continua de pensamiento. Puede darse el caso de que por una necesidad repentina, o por algún suceso lamentable, una de ellas proporcione a dicha corriente el poder polarizador necesario para crear el telescopio astral.

La visión que se consigue gracias a este método es similar a la obtenida mediante un telescopio. Las figuras humanas, por ejemplo, aparecen muy pequeñas, pero absolutamente nítidas; algunas veces, aunque no siempre, por este método se puede tanto ver como oír. Sin embargo, tiene sus limitaciones. En primer lugar, el telescopio permite contemplar la escena únicamente en una dirección, en un determinado campo de visión muy reducido. De hecho, la visión astral, a través de ese tubo, es limitada, al igual que ocurre con la visión física por medios análogos.

Este tipo de clarividencia se puede simplificar extraordinariamente si se utiliza un objeto físico a modo de foco a fin de desarrollar el poder de la voluntad. La bola de cristal es el objeto más empleado y eficaz, pues a causa de la peculiar distribución de la esencia elemental en ella, posee en sí misma cualidades que fomentan la facultad psíquica. Se utilizan otros objetos con la misma finalidad, tales como una copa, un espejo, una mancha de tinta (Egipto e India), una gota de sangre (entre los maoríes de Nueva Zelanda), una taza llena de agua (pieles rojas), un estanque (romanos y africanos), agua en una botella de vidrio (Fez), y prácticamente cualquier superficie pulida, así como un platillo de fondo muy negro, originado por un puñado de polvo de carbón vegetal.

Hay personas que pueden decidir a voluntad lo que ven; es decir, que pueden enfocar su telescopio como quieran. Sin embargo, la gran mayoría forman un tubo fortuito, y ven lo que aparezca al otro extremo del mismo.

Algunos psíquicos sólo pueden usar el método del tubo mientras se encuentran bajo influencia mesmérica. Entre ellos, se distinguen dos tipos: unos son capaces de construir el tubo por sí mismos y otros miran a través de un tubo hecho por el mesmerizador.

En ocasiones, aunque no es frecuente, se produce el aumento por medio del tubo; en tales casos, probablemente se esté desarrollando algún nuevo poder.

2 - *Mediante la proyección de una forma mental.* Este método se basa en proyectar una imagen mental de uno mismo, envolviéndola también en materia astral. Se debe mantener la conexión con dicha imagen, lo que hará posible que se reciban impresiones a través de ella. Dicha forma actúa a modo de avanzadilla de la conciencia del vidente. Las citadas impresiones se comunican al pensador mediante vibración simpática. En un caso perfecto, el vidente podrá ver casi tan bien como si estuviera en el lugar de la forma mental. Con este método también se puede cambiar el punto de mira, si se desea. En la clarividencia de este tipo, la clariaudiencia es menos frecuente que en el método anterior. En el instante en que falla la concentración, la visión desaparece y es preciso construir una nueva forma mental para recuperarla. Este tipo de clarividencia es menos frecuente que la anterior, porque exige dominio mental y se emplean fuerzas más sutiles. Además, si se prolonga, agota mucho.

3 - *Viajando en el cuerpo astral*, sea durante el sueño o estando en trance. Este procedimiento se ha descrito ya en anteriores capítulos.

4 - *Viajando en el cuerpo mental*. En este caso, se abandona el cuerpo astral con el físico. Si uno quiere hacerse ver en el plano astral, se forma un cuerpo provisional de esta materia, tal y como se describe en el Capítulo XXIX.

Asimismo es posible recabar información relacionada con sucesos ocurridos a distancia invocando o evocando a una entidad astral, como por ejemplo un espíritu de la Naturaleza, induciéndolo u obligándolo a que inicie la investigación. Obviamente, esto no es clarividencia, sino magia.

Si se quiere encontrar a una persona en el plano astral, es preciso ponerse en armonía con ella, para lo cual basta con una fotografía, un objeto de su propiedad, una carta escrita por ella, etc. Entonces, el operador emite la nota clave de esa persona y, si ésta se halla en el plano astral, recibirá la respuesta en seguida.

La nota clave de una persona, en el plano astral, es una especie de tono medio, que resulta de todas las distintas vibraciones habituales de su cuerpo astral. Igualmente, existe un tono medio para cada uno de los restantes vehículos de la persona, que juntos constituyen su acorde, o sea, el acorde místico, como se le suele denominar.

El vidente entrenado sintoniza sus propios vehículos para lograr la tónica exacta de la persona; luego, mediante un esfuerzo de voluntad, emite su sonido. Dondequiera que esté la persona, en cualquiera de los tres mundos, se obtendrá una respuesta inmediata de su parte. Esta respuesta es visible en el acto para el vidente y de esa manera, puede establecer una línea magnética de conexión con la persona buscada.

Otra forma de clarividencia permite al vidente percibir sucesos acaecidos en el pasado. Este poder tiene muchos grados: desde quien puede consultar los Registros Akásicos hasta la persona que únicamente alcanza vislumbres ocasionales. El psicómetra corriente necesita un objeto, conectado físicamente con el episodio del pasado que desea ver, aunque lógicamente también puede emplear como foco un cristal o cualquier otro objeto.

Los Registros Akásicos representan la memoria divina, a la que se ha hecho alusión brevemente en el Capítulo XVI. Los registros que se ven en el plano astral son meros reflejos de otros reflejos de un plano mucho más elevado, por lo que son muy imperfectos, extremadamente fragmentarios y, a menudo, están gravemente deformados. Estos reflejos se pueden comparar con los que se producen en la superficie del agua, ondulada por el viento. En el plano mental, los registros son completos y precisos y se pueden leer con exactitud. Sin embargo, esto exige facultades que pertenecen al plano mental.

Capítulo 28

Los *auxiliares* *invisibles*

os estudiantes que hayan leído las páginas precedentes serán conscientes de los casos de «intervención» de agentes invisibles en asuntos humanos, que ocurren de vez en cuando y son inexplicables desde el punto de vista materialista. Quien sabe algo del plano astral y de las posibilidades del mismo, se los explica de una manera simple, racional y sencilla.

En Oriente han aceptado desde siempre la existencia de los llamados «Auxiliares Invisibles». En Europa también contamos con las antiguas leyendas griegas sobre la intervención de los dioses en los asuntos humanos, así como con la leyenda romana según la cual Cástor y Pólux dirigieron a las legiones romanas de la naciente república en la batalla del lago Regilio. De los tiempos medievales, conservamos muchas leyendas de santos que se aparecieron en momentos críticos y cambiaron la suerte de la guerra en favor de las huestes cristianas, por ejemplo el Apóstol Santiago al frente de las tropas españolas; así como de Ángeles de la guarda que, en ciertos casos, salvaron a viajeros de graves peligros e incluso de la muerte.

Los seres humanos pueden recibir diversos tipos de ayuda de parte de los habitantes del plano astral. Esta ayuda puede provenir de los espíritus de la Naturaleza, de los devas, de los muertos físicamente, así como de personas que viven en este mundo y son capaces de actuar libremente en el plano astral.

Los casos en que los espíritus de la Naturaleza ayudan a los hombres son raros. Los espíritus de la Naturaleza (Véase Capítulo XX) suelen alejarse de los lugares frecuentados por los humanos, pues les repugnan sus emanaciones, así como su nerviosismo e inquietud. Además, salvo algunos de elevado orden, los espíritus de la Naturaleza por lo general son volubles y no piensan; parecen niños jugando felices, más que entidades serias y responsables. Por lo común, no se puede confiar en ellos para nada que implique cooperación continua en labores de este tipo; aunque, a veces, alguno de ellos simpatice con un ser humano y le ayude en muchas tareas.

El trabajo de un Adepto o Maestro se desarrolla sobre todo en los subplanos superiores del plano mental, donde pueden influir en las auténticas individualidades de los hombres, sin ocuparse de la simple personalidad; ésta es la única a la que se puede llegar en el mundo astral y en el físico. Por consiguiente, el Maestro no suele considerar necesario ni conveniente trabajar en un plano tan bajo como el astral.

Algo parecido se puede decir con respecto a los devas o ángeles. Estas entidades responden, a veces, a los elevados anhelos y a las llamadas del hombre, desde el plano mental más que desde el astral o el físico y mucho más durante el periodo entre encarnaciones que a lo largo de la existencia física.

Quienes acaban de morir para el mundo físico y permanecen en estrecho contacto con los asuntos terrenos, algunas veces prestan ayuda. El estudiante se dará cuenta probablemente de que en esas circunstancias la ayuda será muy limitada, porque cuanto más abnegada y servicial sea una persona, menos se detendrá después de su muerte, con plena conciencia, en los subplanos inferiores del astral, desde donde la tierra es más accesible.

Por otra parte, para que una persona fallecida pueda influir sobre otra viva físicamente, es preciso que esta última sea muy sensible, o que la muerta posea determinados conocimientos y cierta habilidad, condiciones que se dan muy raramente.

De todo ello se deduce que, en la actualidad, la tarea de ayudar en el plano astral y en el mental inferior está encomendada sobre todo a los discípulos de los Maestros y a otros lo bastante evolucionados como para actuar conscientemente en tales planos. Aunque esta clase de trabajo es muy variado, lógicamente todo se encamina hacia un gran objetivo único, es decir, a impulsar la evolución. En ocasiones, está vinculado con el desarrollo de los reinos inferiores, el elemental, al igual que el vegetal y el animal, cuya evolución se puede acelerar bajo ciertas condiciones. De hecho, en algunos casos, el avance de estos reinos inferiores sólo es posible mediante la intervención del hombre. Así, por ejemplo, un animal únicamente se puede individualizar en determinadas especies domesticadas por el hombre.

Con todo, la tarea más amplia e importante de los «Auxiliares Invisibles» está relacionada, de una u otra forma, con la humanidad, sobre todo con su desarrollo espiritual. No obstante, algunas veces también se dan casos de ayuda puramente física. En la obra clásica sobre este tema *Auxiliares Invisibles,* del obispo C. W. Leadbeater, se mencionan varios ejemplos típicos de intervención física. Sucede, a veces, que el Auxiliar Invisible, gracias a tener una visión más dilatada, es capaz de presentir algún peligro para alguien, en cuyo caso intenta avisar a la persona amenazada o a algún amigo suyo, para que la ayude. De esta forma, se han evitado algunos naufragios. Otras veces, el Auxiliar Invisible se materializa por sí mismo o con ayuda de otro, lo bastante como para salvar a alguien de un peligro; por ejemplo, rescatar a un niño de un edificio en llamas, evitar que uno caiga por un precipicio, devolver a su casa a niños extraviados, etc. Se cuenta el caso de un Auxiliar que encontró a un niño que había caído por un acantilado y se había seccionado una arteria; el auxiliar se materializó para vendar al niño y cortar la hemorragia que habría tenido fatales consecuencias, de haber continuado. Mientras tanto, otro Auxiliar grabó en la mente de la madre el peligro que el niño corría, encaminándola hacia el lugar del accidente.

Alguno se preguntará cómo puede una entidad astral percibir un grito físico o un accidente. La respuesta es que cualquier grito que contenga un fuerte sentimiento o emoción produce efecto en el plano astral y transmite la misma idea, igual que ocurre en el plano físico. En el caso de un accidente, la emoción, provocada por el dolor y el temor, originan un resplandor semejante a una gran luz, que por fuerza atrae la atención de una entidad astral próxima.

Para producir la necesaria materialización de un cuerpo astral, de modo que se puedan llevar a cabo operaciones puramente físicas, es esencial conocer el método de hacerlo. Existen cuatro variedades bien definidas de materializaciones, que detallamos a continuación:

1 - La tangible, aunque no visible a la vista física ordinaria. En las sesiones espiritistas, ésta es la variedad más frecuente. Se emplea para mover objetos pequeños y para la «voz directa». El grado de materia utilizada no refleja ni obstaculiza la luz pero, en

ciertas condiciones, se puede usar para producir sonidos. Una variedad de este tipo puede afectar a algunos de los rayos ultravioleta, consiguiendo de esta
manera tomar fotografías de espíritus.

2 - La variedad visible, aunque no tangible.

3 - La materialización perfecta, tanto visible como tangible.

Muchos espiritistas conocen estos tres tipos de materializaciones.

Las materializaciones a que nos referimos se generan por
un esfuerzo de la voluntad. Ese esfuerzo, encaminado a cambiar la materia de su estado natural a otro, equivale, por así
decirlo, a oponerse temporalmente a la voluntad cósmica. Se
debe mantener el esfuerzo durante todo el tiempo, porque si la
mente se distrae, aunque sólo sea medio segundo, la materia
vuelve inmediatamente a su estado original.

En las sesiones espiritistas, la plena materialización se
efectúa empleando materia de los cuerpos etérico y físico del
médium, así como de los asistentes. En tales casos, es lógico
que se establezca una conexión muy estrecha entre el médium
y el cuerpo materializado. El significado de esto será analizado más adelante.

Cuando un auxiliar invisible experto considera necesario
producir una materialización temporal, emplea un método distinto. Ningún discípulo de un Maestro permite depositar tal
tensión en el cuerpo de otro, como sucede cuando se la emplea
para la materialización; y por otra parte, tampoco es necesario.
Un método mucho menos peligroso es condensar del éter circundante e incluso del aire físico la cantidad de materia reque-
rida. Esto, que sin duda está fuera del poder de las entidades
que suelen manifestarse en las sesiones espiritistas, no representa ningún problema para el estudiante de química oculta.

En estos casos, aunque se consigue una reproducción
exacta del cuerpo físico, éste es originado mediante un esfuerzo

mental, con materia completamente ajena a tal cuerpo. En consecuencia, el fenómeno de percusión no puede tener lugar como cuando la forma se materializa con materia procedente del cuerpo del médium.

La percusión se produce al provocar una herida en una forma materializada, herida que se reproduce exactamente en la parte correspondiente del cuerpo del médium. En las sesiones espiritistas es muy corriente marcar con tiza, por ejemplo, la mano materializada; al desaparecer la mano, la tiza aparece en la mano del médium.

Una herida causada a la forma materializada de un auxiliar invisible, cuya materia se ha tomado del éter o del aire, no puede afectar al cuerpo físico del auxiliar por percusión, por la misma razón que el daño ocasionado a una estatua no puede afectar al cuerpo físico de la personalidad que representa. Sin embargo, si en el plano astral uno cree que algo que suceda en el plano físico puede dañarlo como, por ejemplo, la caída de un objeto, el daño al cuerpo físico es posible mediante la percusión.

El tema de la percusión es profundo y complicado, y aún se entiende poco. Para comprenderlo perfectamente, hay que entender las leyes de vibración simpática en más de un plano. No existe, sin embargo, la menor duda en cuanto al extraordinario poder de la voluntad en todos los planos. Si este poder es lo bastante fuerte, se puede producir prácticamente cualquier resultado por acción directa; no es preciso que quien ejercite el poder sepa nada de cómo se realiza el trabajo. El grado hasta el que se puede desarrollar la voluntad no conoce límites.

Este poder es el que se aplica en el caso de materialización, aunque, por lo general, es un arte que se debe aprender como cualquier otro. El hombre vulgar, en el plano astral, no podrá materializarse sin haber aprendido antes el modo de hacerlo, igual que en el plano físico no podrá tocar el violín, sin estudiar música. Sin embargo, se dan casos excepcionales en que la intensa simpatía y la firme decisión permiten a una persona llevar a cabo una materialización temporal, aunque conscientemente no sepa cómo se hace.

Vale la pena mencionar que estos casos excepcionales de intervención física, de parte de un auxiliar invisible, a menudo son posibles a causa de un vínculo kármico entre el auxiliar y la persona ayudada. De esta forma, se retribuyen antiguos servicios; las buenas acciones de una vida se compensa en una futura, incluso por métodos tan excepcionales como los citados. En grandes catástrofes, donde muere mucha gente, algunas veces se salvan «milagrosamente» una o más personas, porque no es su karma morir entonces; es decir, porque no tiene deudas con la ley divina que se deban pagar de esa manera. Algunas veces, aunque pocas, incluso un Maestro proporciona ayuda física a seres humanos.

El obispo Leadbeater narra un caso que le sucedió a él mismo: mientras caminaba por una carretera, oyó de repente la voz de su Instructor hindú, que a la sazón se hallaba a 7.000 millas del lugar. La voz le decía: «Salta hacia atrás». Leadbeater saltó en el preciso instante en que una chimenea de metal caía con gran estruendo a menos de un metro delante de él.

Otro caso destacado es el de una señora que se encontró en grave peligro, en medio de una pelea callejera; de repente, se vio levantada y depositada sana y salva en una calle lateral. El cuerpo tuvo que ser elevado por encima de los edificios y bajado en la calle siguiente, envuelto durante el tránsito probablemente en un velo de materia etérea, para que no se la viera remontarse por los aires.

De la lectura de los Capítulos sobre la *Vida después de la Muerte,* se deduce que existe un amplio campo de trabajo para los auxiliares invisibles entre los que mueren. Muchos de éstos desconocen por completo la vida después de la muerte y, al menos en los países occidentales, están aterrorizados ante la perspectiva del «infierno» y de la «condenación eterna». Esto ofrece una buena oportunidad para ilustrarlos acerca de su verdadero estado, y sobre la naturaleza del plano astral en el que se hallan.

El trabajo primordial del auxiliar invisible es tranquilizar y reconfortar a los que acaban de morir y, si es posible, liberarlos del terrible e innecesario temor que con demasiada frecuencia se apodera de ellos. Éste no sólo les hace sufrir, sino que además retrasa su avance hacia esferas más elevadas, y les impide comprender el futuro que les aguarda.

Se dice que en tiempos primitivos este tipo de trabajo corría a cargo exclusivamente de entidades no humanas de orden superior; pero desde hace algún tiempo, los seres humanos capaces de actuar conscientemente en el plano astral, gozan del privilegio de prestar ayuda en esta generosa tarea.

En casos en que el Elemental de Deseo haya efectuado la redistribución del cuerpo astral, el auxiliar astral puede desbaratar tal redistribución y devolver el cuerpo astral a su estado original, de modo que el individuo pueda percibir todo el mundo astral, en lugar de sólo un subplano.

Otros que han permanecido más tiempo en el plano astral, reciben ayuda en forma de explicaciones y consejos sobre el rumbo que han de seguir en las distintas etapas. De este modo, se les puede avisar del peligro y la demora resultantes de los intentos de comunicarse con las personas vivas, valiéndose de un médium. En ocasiones, aunque no es frecuente, una entidad ya atraída a un círculo espiritista, puede ser conducida a una vida más elevada y sana. El recuerdo de esas enseñanzas naturalmente no puede llevarse directamente a la próxima encarnación, pero siempre quedará el conocimiento real interno, que proporcionará una fuerte predisposición a aceptarlo en cuanto se oiga otra vez en la nueva vida.

Algunas personas, cuando acaban de morir, se ven en el plano astral tal como son, de ahí que sientan grandes remordimientos. En estos casos, el auxiliar puede explicar que lo pasado, pasado está, que el único remordimiento que en verdad vale es decidirse a obrar bien en el futuro, que cada uno debe tomarse como es y tratar de mejorar con perseverancia para llevar una vida más digna en lo sucesivo.

Otros están preocupados por reparar algún daño que hicieron en la tierra, por el anhelo de descargar su conciencia de algún secreto que los deshonra y que han guardado celosamente, por el ansia de revelar el lugar donde se guardan papeles importantes o dinero, y otras cosas parecidas. En ciertos casos, el auxiliar puede intervenir de algún modo en el plano físico y, así, puede contentar al muerto; pero, en la mayoría de ellos, lo mejor que puede hacer es explicar que es demasiado tarde para llevar a cabo la reparación y que no vale la pena lamentar lo que no tiene remedio. De esta manera, intenta convencer al individuo de que abandone esos pensamientos, que lo mantienen en estrecho contacto con la vida terrena, y de que procure sacar mejor partido de la vida que le espera.

Asimismo se realiza un gran trabajo entre los vivos, inculcando buenos pensamientos en las mentes dispuestas a recibirlos. Sería muy fácil (más de lo que muchos creen) para un auxiliar invisible dominar la mente de cualquier individuo, y obligarle a pensar lo que aquel quisiera, sin despertar en el sujeto ninguna sospecha de estar influenciado desde fuera. Pero ese procedimiento es absolutamente inaceptable. Lo único permitido es colocar en la mente de la persona el buen pensamiento, mezclado con todos los demás que incesantemente surgen en ella, con la esperanza de que lo asimile y actúe en consecuencia.

De esta forma, se puede prestar ayuda muy variada. A menudo, se consuela a los tristes y a los enfermos, se propicia la reconciliación entre quienes se han separado por una divergencia de opinión o por un conflicto de intereses y a los que sueñan con encontrar la verdad se les orienta en su búsqueda. Frecuentemente, se puede dar la solución de un problema metafísico o espiritual, sugiriéndolo a la mente de los que se esfuerzan por resolverlos. A los conferenciantes se les ayuda con sugerencias e ilustraciones, ya sea materializándolas sutilmente ante los ojos del orador o grabándolas en su cerebro.

Un auxiliar invisible regular muy pronto cuenta con un gran número de «pacientes», a quienes visita cada noche, igual que un médico en la tierra visita con regularidad a sus pacientes. De este modo, cada trabajador se convierte en el centro de un pequeño grupo, el jefe de un equipo de auxiliares, para quienes siempre encuentra ocupación. En el mundo astral, siempre hay trabajo para los «empleados»; por eso, quien quiera hacerlo, sea hombre, mujer o niño, encontrará en qué ocuparse.

A menudo, se utiliza a un discípulo como agente para responder a la oración. Aunque es cierto que cualquier sincero deseo espiritual, como los que se expresan en la oración, es una fuerza que reporta automáticamente ciertos resultados, también es un hecho que tal esfuerzo espiritual ofrece la oportunidad de ayudar a los Poderes del Bien. Un auxiliar servicial puede convertirse así en canal para las fuerzas benéficas. Esto se puede aplicar mejor aún a la meditación. En ciertos casos, tal auxiliar se toma como el santo a quien se ruega. Se conocen ejemplos que sirven para ilustrar tales casos. A veces, se emplean discípulos para sugerir ideas a novelistas, poetas, artistas y músicos.

En ciertas ocasiones, aunque son raras, se puede advertir a las personas del peligro que encierra para su desarrollo moral alguna línea de acción que hayan emprendido. Asimismo se intenta hacer desaparecer determinada mala influencia alrededor de alguna persona o lugar, o neutralizar las confabulaciones de los magos negros.

Hacen falta tantos trabajadores en el mundo astral, que cada estudiante de la ciencia espiritual se debe preparar ineludiblemente para realizar su parte. El trabajo de los auxiliares invisibles no se puede llevar a cabo, si no hay discípulos dispuestos a hacer todo lo que puedan. A medida que se entrenan, van pasando automáticamente a realizar trabajos cada vez más importantes.

El auxiliar invisible debe tener siempre presente que todo poder y entrenamiento que se le suministre tendrá ciertas limitaciones. Nunca los debe emplear con fines egoístas, ni presumir de ellos para satisfacer a los curiosos; tampoco los debe emplear para entrometerse o enterarse de los asuntos ajenos, ni realizar en las sesiones espiritistas las llamadas «pruebas». En resumidas cuentas, no debe hacer nada que parezca un fenómeno en el plano físico. Puede comunicar un mensaje a alguien que haya muerto, pero no debe llevar la respuesta de un muerto a un vivo, salvo con instrucciones directas de un Maestro. Un grupo de auxiliares invisibles no es una policía de investigaciones, ni una oficina de informaciones astrales; su función es realizar de manera simple y silenciosa el trabajo de ayuda que se le asigne o se le sugiera.

A medida que el estudiante de ocultismo avanza, en lugar de ayudar únicamente a individuos, aprende a ayudar a grupos, países y razas. Conforme va adquiriendo los conocimientos y los poderes necesarios, comienza a manejar la gran fuerza del akasa y de la luz astral y se le enseña a aprovechar al máximo cada ciclo favorable de influencia. Se le pone en contacto con los grandes Nirmânakâyas y se convierte en uno de los mendigos de Éstos, aprendiendo a distribuir las fuerzas, que son producto del sublime sacrificio de los mismos.

Las cualidades exigidas a quienes aspiren a ser auxiliares no son ningún secreto. Se han descrito hasta cierto punto, pero no estará de más que las expongamos de forma plena y categórica. Son las siguientes:

1 - *Unidad de propósito.* Esto se ha llamado, a veces, mente en una sola dirección, o concentración; el aspirante debe considerar como primer deber la tarea de

ayudar a otros; su principal interés en la vida será realizar el trabajo que el Maestro le haya encomendado. Además, debe saber discernir, no sólo entre la labor útil e inútil, sino también sobre cuál es de mayor provecho entre los distintos trabajos útiles. La economía de esfuerzo es una de las primeras leyes del ocultismo, es decir, cada estudiante debe dedicarse al más elevado trabajo que pueda hacer. También es primordial que el estudiante haga todo lo posible en el plano físico para ayudar a otros.

2   *Dominio de sí mismo.* Esto abarca el dominio absoluto sobre el carácter, de manera que no se enfade por lo que vea u oiga, porque las consecuencias de la irritación son mucho más graves en el plano astral que en el físico. Si alguien con facultades plenamente desarrolladas en el plano astral, sintiera ira contra una persona en dicho plano, le causaría serios daños, tal vez de fatales consecuencias. Cualquier manifestación de irritabilidad, excitación o impaciencia convierten al auxiliar en un ser temible, hasta tal punto que aquellos a quienes trata de ayudar huirán de él llenos de pavor.

Se conoce el caso de un auxiliar invisible que llegó a tal estado de excitación, que su cuerpo astral se expandió hasta alcanzar un tamaño extraordinario, vibrando violentamente con destellos de colores de fuego. La persona que acababa de morir, a quien el auxiliar quería ayudar, se asustó al ver aquella enorme esfera llameante que se le aproximaba, tomándola por el legendario diablo en persona, del que trató de huir aterrorizada. Y su terror aumentó al comprobar que el presunto auxiliar la perseguía con insistencia.

Además, es fundamental el control de los nervios, para que el estudiante no vacile ante las visiones terribles o fantásticas que se le presenten. Como ya hemos dicho, para estar seguros de este dominio sobre los nervios, y con objeto de prepararlos para el trabajo a realizar, los candidatos, tanto hoy día como en la antigüedad, se sometan a las pruebas llamadas de la tierra, del agua, del aire y del fuego.

El estudiante debe entender que la roca más densa no ofrece ningún impedimento a la libertad de movimientos del cuerpo astral, ya que éste puede saltar impunemente los más altos precipicios y sumergirse, con entera confianza, en un volcán en erupción o en el abismo sin fondo del océano. El estudiante debe ser consciente de estas cosas para poder actuar de forma instintiva y confiada.

Por otro lado, debe dominar la mente y los deseos. La mente, porque sin el poder de concentración, sería imposible realizar ningún trabajo útil en medio de corrientes diversas, que distraen en el mundo astral, y el deseo, porque en el mundo astral desear es poseer. Si el deseo no está sometido, el estudiante puede hallarse en posesión de sus propias creaciones, de las cuales se sentiría avergonzado.

3 - *Calma.* Esto significa ausencia de preocupación y de depresión. Gran parte del trabajo consiste en tranquilizar a los inquietos y animar a los apenados; por tanto, el auxiliar no podrá cumplir su misión si su propia aura está agitada e intranquila por las preocupaciones, o con la tonalidad gris de la depresión. No hay nada que entorpezca más el progreso oculto que la preocupación por nimiedades. La actitud optimista siempre es la más próxima al modo de ser divino; por consiguiente, está más cerca de la verdad, porque únicamente lo bueno y lo bello es permanente, mientras que el mal, por su propia naturaleza, es pasajero.

La calma imperturbable acarrea una serenidad gozosa, que hace imposible la depresión.

4 - *Conocimiento.* Cuantos más conocimientos posea el hombre en cualquier campo, más útil será. Se debe preparar estudiando todo lo que se ha escrito sobre el plano astral y el trabajo en el mismo, ya que no debe esperar que otros, cuyo tiempo está ocupado en el trabajo, le expliquen lo que puede aprender en el mundo físico, si se toma el trabajo de leer libros. No existe ningún conocimiento que el ocultista no pueda aplicar con utilidad.

5 - *Amor.* La última y la mejor de las cualidades es también la menos comprendida. De ningún modo es blando sentimentalismo, rebosante de vaguedades y generalidades, que teme mantenerse firme en lo correcto, por miedo a que los ignorantes lo califiquen de «mal hermano». Hace falta un amor lo bastante fuerte para actuar sin hablar de ello; el deseo intenso de servir, siempre a la espera de oportunidades, aunque prefiere hacerlo en el anonimato; el sentimiento que emana de corazón de quien ha llegado a comprender la gran obra del Logos, y está convencido de que para él no puede haber, en los tres mundos, otro rumbo que el de identificarse con la obra, con todo su poder; en convertirse, de la manera más humilde, en un pequeño canal para el maravilloso amor de Dios que, como la Paz de Dios, va más allá de toda comprensión.

Se recordará, además, que para que dos personas puedan comunicarse en el plano astral es necesario que posean un lenguaje común; por tanto, cuantos más idiomas conozca el auxiliar invisible, más útil será.

Las condiciones fijadas para los Auxiliares Invisibles no son inalcanzables; al contrario, cualquier persona puede reunirlas, tras un cierto periodo de preparación. Todos conocen algún caso de sufrimiento o de malestar, sea entre los vivos o entre los muertos. Al irse a dormir se toma la determinación de hacer todo lo posible, durante el sueño y en el cuerpo astral, por ayudar a esa persona. Si al despertar uno no recuerda lo que ha hecho, eso no reviste la menor importancia; se puede tener la seguridad de que algo se ha conseguido y algún día, tarde o temprano, se tendrá la confirmación del éxito alcanzado.

En las personas que están completamente despiertas en el plano astral, el último pensamiento al dormirse es menos importante, porque en el mundo astral tienen la facultad de pasar de un pensamiento a otro sin dificultad. En este caso, el factor esencial es el sentido general de su pensamiento, pues, tanto de día como de noche, su mente actuará de la forma habitual.

Capítulo 29

El discipulado

Ya hemos mencionado la posibilidad de recibir instrucción en especial sobre el cuerpo astral por parte de algún Maestro de la Sabiduría. Podemos añadir alguna información a este respecto, pues es un tema de gran importancia para el estudiante de ocultismo. En el capítulo anterior se han enumerado detalladamente las cualidades de carácter que se precisan.

Cuando un estudiante se acerca al estado en que está preparado para ser admitido como discípulo de un Maestro, éste generalmente lo pone «a prueba». Esto quiere decir que lo someterá, durante algún tiempo, a una estrecha vigilancia. El Maestro hace lo que se llama una «imagen viviente» del alumno en periodo de prueba, o sea, una reproducción exacta de los cuerpos causal, mental, astral y etérico del discípulo. El Maestro mantiene la imagen donde pueda examinarla con facilidad y la pone en relación magnética con el discípulo, de manera que cualquier alteración en pensamiento y en sentimiento en éste se reproduzca fielmente en la imagen. El Maestro examina la imagen a diario y de esta forma obtiene, con la mayor comodidad, un registro absolutamente exacto de los pensamientos y sentimientos de su alumno en perspectiva, lo cual le permite saber en qué momento puede establecer una relación más íntima, o sea, la condición del discípulo aceptado.

Cuando el discípulo es «aceptado», la imagen viviente se disuelve y entra en la conciencia del Maestro de tal manera que todo lo que piensa y siente se manifiesta en los cuerpos astral y mental del Maestro.

Si penetra en la mente del discípulo algún pensamiento indigno del Maestro, éste inmediatamente levanta una barrera que deja fuera la vibración.

El efecto producido por esta estrecha y maravillosa asociación es armonizar y sintonizar los vehículos del discípulo. Este se convierte así en una avanzadilla de la conciencia del Maestro, de manera que la fuerza de los Grandes Seres pueda fluir a través del discípulo a fin de beneficiar al mundo. Cuando el discípulo envía un pensamiento de devoción a su Maestro es como si se abriera una válvula, produciéndose una corriente intensa de amor y fuerza del Maestro, que se extienden en todas direcciones como la luz del Sol.

El discípulo se encuentra en tan íntima relación con el pensamiento del Maestro, que puede saber, en cualquier momento, qué es lo que Éste piensa sobre un tema determinado; así, se escapa muchas veces de caer en una equivocación. El Maestro puede, además, enviar en cualquier momento un pensamiento al alumno como sugerencia o como mensaje.

Un discípulo aceptado tiene el derecho y la obligación de bendecir en nombre de su Maestro.

En ocasiones, el Maestro utiliza el cuerpo del discípulo, pero esto no se debe confundir en absoluto con la mediumnidad espiritista ordinaria, pues el estado es completamente distinto. La forma más elevada de control espiritista quizás se aproxime un poco a la relación entre el Maestro y el discípulo, pero en aquella raramente se alcanza y casi nunca es total.

La diferencia entre ambos fenómenos es fundamental, pues las condiciones son muy diferentes. En la mediumnidad la persona es pasiva y se abre a la influencia de cualquier entidad astral que se encuentre en los alrededores. Bajo esta influencia el médium generalmente es inconsciente y al despertar no recuerda nada de lo sucedido. Su estado es realmente de obsesión transitoria. Algunas veces, ni siquiera el espíritu-guía, que suele estar presente, es capaz de proteger al médium de influencias indeseables e incluso desastrosas.

Por el contrario, cuando un Maestro decide hablar a través del discípulo, éste es plenamente consciente de lo que se hace y sabe muy bien a quién está prestando sus órganos vocales. Se mantiene apartado de su vehículo, pero está atento y observa. Oye cada palabra y lo recuerda todo con claridad. Nada hay en común entre los dos casos, excepto que el cuerpo de una persona es utilizado provisionalmente por otra.

En la tercera etapa del discipulado, la relación se vuelve más íntima, pues el discípulo se convierte en «hijo» del Maestro y el Ego del discípulo, en el cuerpo causal, queda envuelto en el del Maestro. Esta unión es tan estrecha y tan sagrada que ni siquiera el Maestro puede deshacer lo hecho, y separar las dos conciencias ni siquiera un instante. Como es lógico, antes de alcanzar este estado, el Maestro debe estar muy seguro de que no aparecerá nada, ni en la mente ni en el cuerpo astral del discípulo, que se deba rechazar.

Estas relaciones: Probación, Aceptación y Filiación, no tienen nada que ver con las iniciaciones o pasos en el Sendero. Estas últimas son indicaciones de la relación del discípulo, no con el Maestro, sino con la Gran Logia Blanca y su augusto Jefe. Estas cuestiones aparecen extensamente tratadas en la obra del obispo Leadbeater *Los Maestros y el Sendero,* volumen muy valioso para el estudiante serio del ocultismo blanco.

Antes de abandonar el tema, debemos mencionar que en la Iniciación, la Mónada se identifica con el Ego, acto que produce un efecto interesante sobre el cuerpo astral, imprimiéndole a éste un fuerte impulso rítmico, sin alterar la estabilidad de su equilibrio; de manera que, en adelante, será capaz de sentir más vivamente que antes, sin ser movido de su base, ni perder el control.

Los Maestros emplean a Sus discípulos de muy diversas maneras. Algunos desarrollan las actividades descritas en el capítulo precedente sobre los «Auxiliares Invisibles». Otros ayudan personalmente a los Maestros en algún trabajo desarrollado por Éstos. Otros, en cambio, se ocupan de impartir conferencias en el plano astral a entidades menos desarrolladas, o de enseñar o ayudar a otros que se encuentran temporalmente en el plano astral, o que pasan en él la vida después de la muerte.

Cuando el discípulo duerme, suele presentarse al Maestro. Si no hay nada especial que hacer, seguirá con sus tareas cotidianas, cualquiera que sean. Siempre hay mucho que hacer en el plano astral, por ejemplo, catástrofes repentinas que arrojan a dicho plano a un gran número de personas, dominadas por el terror, a las cuales hay que ayudar. La mayor parte de la instrucción dada en el plano astral corre generalmente a cargo de los discípulos más antiguos de los Maestros.

Los estudiantes no deben confundir un cuerpo astral ordinario con un Mâyâvi Rûpa, o «Cuerpo de Ilusión». El discípulo de un Maestro por lo general abandona su cuerpo astral con el físico y actúa en su cuerpo mental. Cuando temporalmente necesita un cuerpo astral, para realizar trabajos de este tipo, materializa uno de la sustancia astral circundante.

Este cuerpo podrá parecerse o no al cuerpo físico, pues tendrá la forma adaptada al objeto en vista. También se puede hacer físicamente visible o invisible, según su voluntad; se puede hacer indiferenciable del cuerpo físico, cálido y sólido al tacto, así como visible y capaz de mantener una conversación igual que un ser humano normal. Solamente los Maestros y Sus discípulos tienen poder para formar verdaderos Mâyâvi Rûpa, poder que se adquiere en la segunda Iniciación o poco antes de ella. La ventaja del Mâyâvi Rûpa es que no está sujeto al engaño o a la ofuscación en el plano astral, como lo está el cuerpo de esta materia.

Cuando uno actúa en su vehículo mental y deja el astral en estado de animación suspendida junto con el físico, puede, si así lo requiere, rodear el cuerpo astral en una concha o puede establecer una vibración que lo vuelva inmune a cualquier influencia maligna.

En los misterios menores de la antigua Grecia que se celebraban en Agrar, la enseñanza principal estaba relacionada con el cuerpo astral y la vida astral después de la muerte. La indumentaria oficial de los iniciados era una piel de cervatillo, cuya apariencia manchada se consideraba representativa de los colores de un cuerpo astral ordinario. Inicialmente, el instructor producía, con materia astral y etérica, imágenes que simbolizaban cuáles serían, en el mundo astral, los resultados de determinadas modalidades de vida física. Más tarde, las enseñanzas se explicaban de otra manera: eran representaciones o dramas, cuyos papeles eran desempeñados por los sacerdotes, o muñecos accionados mecánicamente.

Los iniciados contaban con varios proverbios o aforismos peculiares, algunos muy característicos, tales como: «Muerte es vida y vida es muerte». Otro era «Aquel que persiga realidades en vida, las perseguirá después de la muerte; el que persiga irrealidades en vida, las perseguirá también después de la muerte».

Los grandes misterios, celebrados en Eleusis, se relacionaban con el plano mental, y el vellocino de oro simbolizaba el cuerpo mental.

Otro de los símbolos empleados en los misterios era el tirso: una vara con un cono de pino en el extremo que, según se cuenta, estaba lleno de fuego. En la India se emplea una caña de bambú de siete nudos. El tirso era magnetizado por un sacerdote y se aplicaba a la columna vertebral del candidato, transmitiéndole así algo del magnetismo del sacerdote; de este modo, se le ayudaba a trasladarse al plano astral plenamente consciente. El fuego simboliza a Kundalini.

Los budistas del Sur distinguen cinco poderes psíquicos que pueden ser adquiridos por el hombre que avanza en el Sendero. 1 - Pasar a través del aire y de los objetos sólidos, y visitar el mundo celestial, mientras vive en el físico. Esto tal vez signifique simplemente la capacidad de actuar libremente en el cuerpo astral, consistiendo el citado mundo celestial únicamente en los subplanos superiores del astral. 2 - Audición divina clara, lo que evidentemente equivale a la facultad astral de clariaudiencia. 3 - La capacidad de comprender y simpatizar con todo lo que está en la mente de otros, lo que parece referirse a lectura del pensamiento o telepatía. 4 - Recordar vidas anteriores. Esto es indudablemente una facultad del cuerpo mental superior o causal. 5 - Visión divinamente clara, o sea, clarividencia. En algunas listas se cita también la liberación por la sabiduría, lo que quiere decir verse libre de renacimientos. Este es verdaderamente un gran logro y aparentemente no pertenece a la misma categoría de los poderes anteriormente mencionados.

Capítulo 30

Conclusión

unque en nuestros días son relativamente pocos los que poseen conocimiento personal directo del mundo astral, de la vida y fenómenos del mismo, existen muchos motivos para creer que está aumentando rápidamente el pequeño grupo de quienes saben de estas cosas por propia experiencia, y es muy probable que el número sea considerablemente mayor en un futuro próximo.

La facultad psíquica, sobre todo entre los niños, es cada día más frecuente; a medida que vaya siendo gradualmente aceptada y deje de ser una «rareza», es muy probable que se extienda e intensifique. Así, por ejemplo, se publican y tienen muchos lectores los libros que versan sobre los espíritus de la Naturaleza, o hadas, ilustrándolos incluso con fotografías de estas criaturas aéreas y del trabajo que ejecutan en la economía de la Naturaleza. Además, a un investigador imparcial no le resultará difícil encontrar jóvenes y ancianos que ven con frecuencia hadas trabajando y jugando, así como otras entidades y fenómenos del mundo astral.

Por otro lado, la gran difusión de la que goza el espiritismo ha hecho objetivamente reales el mundo astral y sus fenómenos, y los ha dado a conocer a muchos millones de personas en todas partes del mundo.

La ciencia física, con sus iones y electrones, se halla en el umbral del mundo astral. Ya que las investigaciones de Einstein y otros consiguen rápidamente que sea aceptado el concepto de la cuarta dimensión, la cual es conocida desde antiguo por los estudiantes del mundo astral.

En el campo de la psicología, los métodos analíticos modernos pretenden descubrir la verdadera naturaleza de, al menos, la fracción inferior del mecanismo psíquico del hombre, confirmando de paso algunas de las afirmaciones y enseñanzas anticipadas en los antiguos libros orientales y por los teósofos y ocultistas de nuestro tiempo. Así, por ejemplo, un famoso autor de obras sobre psicología y psicoanálisis explicó no hace mucho al recopilador de esta obra que, en su opinión, el «complejo» es idéntico al «skândhara» del sistema budista, mientras que otro psicólogo de fama mundial confesó a un amigo de quien esto escribe que sus investigaciones psicológicas, no psíquicas, lo habían llevado inexorablemente a aceptar el hecho de la reencarnación.

Estos son algunos de los indicios de que los métodos de la ciencia occidental ortodoxa llevan a los mismos resultados conocidos desde hace siglos en ciertas zonas de Oriente, y que han sido redescubiertos durante los últimos cincuenta años por un pequeño grupo de estudiantes que, guiados por las enseñanzas orientales, han desarrollado en sí mismos las facultades necesarias para la observación e investigación directa del mundo astral y de los superiores a éste.

No hace falta decir que la aceptación por parte del mundo, en general, de la existencia del plano astral y de sus fenómenos (lo cual no debe tardar mucho tiempo) ampliará y profundizará de modo inevitable y extraordinario el concepto del hombre sobre sí mismo y sobre su destino; al tiempo que revolucionará su actitud hacia el mundo exterior, y hacia los otros reinos de la Naturaleza, tanto visibles como invisibles físicamente. Cuando el hombre haya conseguido establecer, a su propio agrado, la realidad del plano astral, se verá obligado a reorientarse y a fijarse una nueva serie de valores, con relación a los factores que influyen en su vida y determinan sus actividades.

Más tarde o más temprano, pero inevitablemente, el amplio concepto de que las cosas meramente físicas desempeñan un papel muy insignificante en la vida del Alma y del Espíritu humanos, y que el hombre es esencialmente un ser espiritual, que manifiesta sus poderes latentes con la ayuda de diversos vehículos, físico, astral y otro que de vez en cuando asume, desplazará a todos los demás puntos de vista e incitará a los hombres a reorientar por completo sus vidas.

La comprensión de su verdadera naturaleza y del hecho de que vida tras vida en la tierra, con intervalos vividos en otros mundos más sutiles, va evolucionando y haciéndose más espiritual, llevan al hombre de manera lógica e inevitable a darse cuenta de que, en cuanto lo decida, puede cesar de entretenerse en la vida y de dejarse llevar por la amplia corriente evolutiva y, en su lugar, coger el timón de su bajel donde navega en el crucero de la vida. Gracias a su entendimiento de las cosas, y en virtud de sus posibilidades inherentes, penetrará en la nueva etapa en que llegará al «antiguo y estrecho» Sendero, donde encontrará a Aquellos que, anticipándose a sus semejantes, han alcanzado la cima del desarrollo puramente humano. Ellos están ansiosos, aunque con paciencia infinita, esperando que Sus hermanos más jóvenes abandonen la vida mundana ordinaria, y entren en la vida superior donde, con Su guía unida a Su compasión y poder, los hombres se elevan a las magníficas alturas de espiritualidad, que Ellos han alcanzado, convirtiéndose, a su vez, en Salvadores y Auxiliares de la humanidad y acelerando de este modo el desarrollo del gran Plan de la evolución hacia su objetivo final.

Obras y autores consultados

Algunas experiencias ocultas	J. Van Manen	1913
Algunos vislumbres de ocultismo	C.Q. Leadbeater	1909
Auxiliares invisibles	C.W. Leadbeater	1911
Ciencia de las emociones, la	Bhagavan Das	1900
Clarividencia	C.W. Leadbeater	1908
Clave de la teosofía, la	H.P. Blavatsky	1893
Conferencias de Londres, 1907	Annie Besant	1907
Doctrina secreta, la. Tomo I	H.P. Blavatsky	1905
Doctrina secreta, la. Tomo II	H.P. Blavatsky	1905
Doctrina secreta, la. Tomo III	H.P. Blavatsky	1897
Estudio sobre la conciencia	Annie Besant	1904
Formas de pensamiento	Annie Besant y	
	C. W. Leadbeater	1905
Hombre visible e invisible, el	C.W. Leadbeater	1902
Hombre y sus cuerpos, el	Annie Besant	1900
Introducción al yoga	Annie Besant	1908
Karma	Annie Besant	1897
Lado oculto de las cosas, el, Tomo I	C. W. Leadbeater	1913
Lado oculto de las cosas, el, Tomo II	C. W. Leadbeater	1913
Ley de los fenómenos psíquicos, la	T. J. Hudson	1905
Libro de texto de teosofía	C. W. Leadbeater	1914

Índice